OLIVIER CALON

—

CÉCILE SOREL

Idole des Années folles

BUCHET • CHASTEL

ISBN 978-2-283-03732-4

1.

On ne badine pas avec l'humour

Le 12 avril 1921, Pierre Marraud, ministre de l'Intérieur du gouvernement d'Aristide Briand, adresse aux préfets une circulaire relative à la prochaine célébration de la fête de Jeanne d'Arc, organisée le 8 mai. Il leur rappelle que la mémoire de la sainte doit « unir tous les Français dans un même sentiment de reconnaissance pour l'héroïne qui symbolise l'ardent amour de la France et la plus noble abnégation patriotique ». Mais ce jour-là, c'est une autre figure nationale, moins guerrière, moins virginale, mais presque aussi populaire, qui fait parler d'elle.

Au 64 bis rue La Boétie se tient le Salon des humoristes, manifestation annuelle créée en 1907, devenue au fil de ses éditions une véritable institution. La foule s'y presse, curieuse de découvrir les dessins d'humour et les caricatures qui y sont présentés. Le Tout-Paris de la politique ou des arts s'y donne chaque année rendez-vous, espérant secrètement s'y voir caricaturé, gage de notoriété. Vers 16 h 30, une femme coiffée d'un chapeau à larges bords surmonté de plumes et vêtue d'une capeline bordée de rouge fend la foule des visiteurs à pas pressés avant de s'arrêter devant un dessin exposé. Sortant un petit objet de son sac à main, elle en frappe rageusement l'œuvre. Le verre du cadre se brise. Puis la dame tourne les talons et repart du même pas pressé qu'elle était arrivée. Saisis de surprise, les témoins de la scène n'ont pas bougé.

Très vite, la rumeur se répand dans le Salon. Cécile Sorel a tenté de détruire une caricature la représentant ! Cécile Sorel ? La grande comédienne ? La plus célèbre sociétaire de la Comédie-Française ? L'amie très proche de tant de ministres et d'écrivains ? L'ambassadrice de l'élégance et de la culture françaises ? Oui, c'est bien elle ! À 46 ans, elle n'a pas supporté de se voir ainsi moquée dans un dessin, elle qui, depuis plus de vingt ans subit les sarcasmes des caricaturistes et des chansonniers, rançon de son immense notoriété, de ses extravagances et de son talent.

Pourtant, ce jour-là, l'objet de cette colère semble presque anodin au milieu des dizaines de caricatures de personnalités exposées, d'Aristide Briand à l'ancien président de la République Raymond Poincaré en passant par Coco Chanel, Mistinguett, Maurice Barrès ou Lucien Guitry… Certes, le dessin attaqué affuble la comédienne d'un nez démesurément long, d'une bouche et de paupières outrageusement maquillées. Mais n'est-ce pas là le jeu de toute caricature ? En bas à droite, figure une signature : Bib. De son vrai nom, Georges Breitel, âgé de 33 ans, ce dessinateur peu connu a collaboré au *Charivari*, à *Gringoire* ou à *La Rampe*, quelques-unes des nombreuses publications humoristiques paraissant alors.

Inutile de dire que le coup de sang de Cécile Sorel apporte à Bib une notoriété inattendue autant qu'inespérée ! Car, relayé par la presse et la rumeur publique, l'esclandre fait très rapidement le tour du 8e arrondissement de Paris, de toute la capitale, puis de la France entière et même au-delà des frontières. Rien de surprenant car, en cette année 1921, la comédienne est une des personnalités françaises les plus célèbres. Cette notoriété, elle la doit à l'union explosive de ses trois facettes : la comédienne, la mondaine, l'extravagante. Comédienne, elle est sociétaire de la Comédie-Française depuis près de vingt ans et collectionne les succès ; mondaine, elle est une figure phare de la vie parisienne, recevant chez elle tout ce qui compte dans la politique ou la culture ; quant à l'exubérance, elle est sa marque de fabrique, sa signature, tant dans son comportement que dans ses tenues.

Mais s'en prendre au dessin de Bib ne suffit pas à calmer la colère de Cécile Sorel. Elle exige qu'il soit retiré du Salon puis assigne les responsables de celui-ci devant le tribunal des référés. Elle réclame 10 000 francs de dommages-intérêts solidairement à l'artiste et à la Société des humoristes représentée par son secrétaire général, Maurice Neumont. L'assignation est ainsi rédigée : « Attendu que M. Bib, artiste peintre, par les couleurs qui forment un violent contraste, l'expression de la physionomie, le nom de la requérante en grosses lettres en haut du tableau [...] révèle le but poursuivi qui est non pas de produire une œuvre d'art, mais de se faire une réclame sur le nom de la personnalité et aux dépens de la requérante. Attendu que ce portrait caricatural ayant été fait et produit en public sans l'autorisation de la requérante, cette dernière est en droit d'en demander la suppression. Pour ces motifs, voir dire que ledit tableau sera détruit par les soins de telle personne qu'il plaira au tribunal de désigner. »

Informés de l'événement, des milliers de visiteurs se précipitent au Salon, au grand bonheur de ses promoteurs. En plus de la curiosité, nombre d'entre eux sont mus par l'appât du gain : Cécile Sorel a promis 10 000 francs de récompense à qui retrouverait le rubis qu'elle déclare avoir perdu en frappant le tableau. À l'intérieur, des agents ont été appelés en renfort pour canaliser la foule et monter la garde devant le portrait de Bib.

Interrogée par *Comœdia*, alors seul quotidien à traiter exclusivement de l'actualité culturelle, la comédienne déclare : « Quand on se veut caricaturiste, il convient que l'on ait un tout petit peu d'esprit. Hors esprit, la caricature n'est qu'insolence et grossièreté. Et M. Bib manque terriblement d'esprit, sinon il n'aurait pas essayé d'enlaidir systématiquement une femme. J'ai donc voulu donner une petite leçon à ce monsieur. Je voudrais l'inciter à la réflexion. Qu'il tâche de devenir spirituel. Je n'avais pas d'autre dessein en intentant cette poursuite. » Alors que Bib justifie son dessin au nom de la ressemblance, Cécile Sorel justifie son geste au nom de l'atteinte à la politesse et, surtout, à la beauté, affirmant encore : « Il est criminel de tenter quoi que ce soit contre la beauté. J'ai cédé à un mouvement d'indignation, pas seulement parce que j'étais attaquée personnellement ; c'était une révolte contre la goujaterie du siècle. »

Du *Figaro* au *Peuple*, de *L'Ouest éclair* au *Télégramme des Vosges*, de *l'Action française* à *L'Écho de Sidi-Bel-Abbes*, du *Gaulois* au *Petit Bleu*, de *Paris Soir* à *Excelsior*, toute la presse s'empare de l'affaire. Si la scène est rapportée à peu près dans les mêmes termes, la description de l'« arme » employée par la comédienne pour briser le verre connaît quelques variantes : pour *Combat*, il s'agit d'une ombrelle, pour *La Charente*, d'une minuscule trousse de toilette, pour *Le Temps*, d'un sac à main, pour *La Rampe* d'un nécessaire en or, pour *La Dépêche algérienne*, d'une « menotte finement gantée qu'armait pour la circonstance un mignon drageoir en or enrichi de rubis »... Et pour les témoins ? Ils n'étaient guère nombreux et aucun n'a vu la même chose.

L'agression suscite des commentaires sévères. Certes, les chroniqueurs, comme l'opinion publique, sont habitués aux foucades de la comédienne, à ses frasques en tous genres. Ils en font leur miel depuis longtemps et, la plupart du temps, s'en amusent. Mais ce jour-là, ils jugent son emportement démesuré et inapproprié. Ils ne lui reprochent pas tant de s'en être prise au dessin mais de poursuivre en justice l'artiste et les organisateurs du Salon. Tout cela, écrivent-ils, manque d'humour. Dans son billet quotidien du *Figaro*, Hervé Lauwick écrit : « Voilà tout Paris en rumeur parce qu'une comédienne illustre vient de se casser la figure. Si j'avais le plaisir de rencontrer ces jours-ci Mme Cécile Sorel, je lui dirais : "[...] Avant votre geste, tout le monde eût passé devant ce tableau banal sans le regarder et, sans doute, en haussant les épaules. Encore une 'charge' de Cécile Sorel eût-on dit. Ce n'est pas nouveau. Ce n'est pas drôle." » *Le Temps*, lui, écrit dans un bel élan de misogynie moqueuse : « Sans doute le mal n'est pas aussi grand que lorsque les suffragettes s'escrimaient contre les toiles des musées de Londres, mais c'est curieux que les femmes aient si peu d'égards pour la peinture et que cet art leur irrite les nerfs... » Bien ennuyé et quelque peu dépassé par l'ampleur de l'événement qu'il a – involontairement – provoqué, Bib se dit prêt à envoyer des fleurs à Cécile Sorel et à ne plus la prendre pour cible.

Une semaine après son coup d'éclat, Cécile Sorel décide de retirer sa plainte. Le temps a fait son œuvre, la lecture des journaux ainsi que ses amis l'ont convaincue qu'elle avait bien plus à perdre qu'à gagner à s'obstiner dans la voie judiciaire. Le procès, que beaucoup d'échotiers attendaient avec gourmandise, n'aura donc pas lieu. Mais l'histoire ne s'arrête pas là.

Entre-temps, le dessin litigieux est acheté par Anatole de Monzie, jeune sénateur du Lot et maire de Cahors, amateur de caricatures habitant le même immeuble que la comédienne, quai Voltaire. Il ne souhaite pas garder la caricature pour lui et demande au journal *Comœdia* d'organiser sa vente au profit des nécessiteux de sa bonne ville de Cahors. *Le Figaro* écrit alors, comme une sorte de conclusion à l'affaire : « Ayant brisé d'un rubis décidé la glace de la caricature que commit d'elle le peintre Bib, Mlle Cécile

Sorel a fait deux bonnes œuvres. La première est d'avoir conduit au Salon des dessinateurs humoristes un public fort compact, ce qui décuple leurs recettes ; l'autre est d'apporter quelque adoucissement à la misère des pauvres de Cahors. C'est un résultat imprévu… »

Les enchères, étalées sur trois jours, débutent. Le directeur du cabaret parisien Les Noctambules propose la somme de 1 050 francs. Puis les prix montent. Bientôt ne restent plus en lice que deux protagonistes : Paul Franck, directeur de l'Olympia et ancien mime, et un mystérieux M. de Ruges, en réalité Guillaume de Ségur. Finalement, c'est Paul Franck qui l'emporte en proposant la somme de 3 000 francs versés directement aux œuvres charitables de Cahors, selon la volonté de son ancien et éphémère propriétaire. Les chansonniers, bien sûr, exploitent l'épisode de la caricature sur les scènes des cabarets. À la Chaumière, Augustin Martini entonne de sa voix de fausset « La grande colère de Célimène » : « Un dessinateur en folie / L'avait croquée, pauvre garçon / Madame Sorel en furie / S'y croyant un peu enlaidie / Elle lacéra le tableau / Vieillir Sorel, quelle calomnie… »

L'affaire est-elle close ? Pas encore. Le cinématographe s'intéresse à l'incident. Une importante firme de production propose à Cécile Sorel de renouveler son geste du Salon des humoristes devant une caméra. Cette prise de vue serait ensuite projetée avec les actualités. La comédienne demande quelques jours de réflexion. Interrogée par *Le Figaro* sur ce projet, elle répond : « Je ne sais pas si ce ne serait pas manquer quelque peu de dignité que de répéter cette scène. Vous comprenez bien que c'est un sujet fort délicat à résoudre. Toutefois, si ce film prenait en quelque sorte figure d'apologie pour la Beauté, je pourrais me décider. Mais il faudrait que ce soit bien spécifié et que le geste lui-même soit commenté par quelque noble pensée où la Grandeur et la Beauté seraient exaltées. » La scène, finalement, ne sera pas reproduite.

Dix ans après le scandale du Salon, Bib publiera un album de dessins sur la Comédie-Française avec, en couverture, une caricature de Cécile Sorel en majesté, vêtue en bleu, blanc, rouge, déclamant, les bras écartés. Sans déclencher, cette fois, d'hostilité de sa part.

En 1946, évoquant l'épisode dans ses souvenirs, Cécile Sorel en donnera une version largement imaginaire, en expliquant d'abord qu'elle avait « lacéré » le tableau et, ensuite, qu'il s'agissait d'une « blague ». En revanche, elle confirma l'information que seul, parmi les gazettes, l'hebdomadaire *La Rampe* avait donnée : l'arme du crime était bien une boîte en or. En 1949, Simone de Beauvoir se souviendra de cet épisode et donnera raison à la comédienne, écrivant dans *Le Deuxième Sexe* : « Ce n'est pas elle-même, c'est la Beauté que Cécile Sorel défendait quand elle brisa le verre de la caricature de Bib. »

Quant au rubis perdu dans la « bataille », il fut retrouvé dans la voiture de Cécile Sorel par son chauffeur Albert qui n'empocha pas pour autant les 10 000 francs de récompense promis.

2.

Les débuts d'une cocotte

De son vrai nom Céline-Émilie Seurre, Cécile Sorel naît le 7 septembre 1873 à Paris. Son père, Charles-Lazare est originaire de Couches-les-Mines en Saône-et-Loire où il est né, fils d'un tonnelier, en 1840. Depuis des générations, la famille est ancrée dans cette ville située entre Chalon-sur-Saône et Autun qui compte alors trois mille habitants, dont beaucoup travaillent dans les mines de fer locales. Serrurier de métier, Charles-Lazare quitte sa région natale pour Paris. En plein chamboulement haussmannien, la capitale offre d'alléchantes perspectives aux artisans. Bientôt établi comme entrepreneur en serrurerie, il s'y marie avec Léontine Bernardel, une Parisienne de neuf ans sa cadette. Leur premier enfant, Jeanne, naît en 1871 pendant la Commune. Céline-Émilie rejoint leur foyer du 3 bis impasse du Maine dans le 15e arrondissement deux ans plus tard.

Lorsqu'elle évoque ses souvenirs, Cécile Sorel manifeste une tendance très marquée à enjoliver les faits. En cela, elle suit, en la poussant jusqu'à l'extrême, la recommandation de Germaine de Staël selon laquelle « il faut que l'on soit toujours la force impulsive de sa propre destinée ». Quitte à maquiller la vérité pour la rendre plus belle... N'affirme-t-elle pas, par exemple, que ses parents se sont mariés en l'église Saint-Louis-des-Invalides, une des plus prestigieuses de la capitale, ornée des glorieux étendards militaires, à l'ombre du tombeau de Napoléon, et généralement réservée aux mariages de hauts gradés ou de personnalités politiques ? Or, les registres de l'église ne gardent nulle trace, le 5 décembre 1867, d'une telle union en un tel lieu. Mais elle prend plaisir à retailler les branches de son arbre généalogique, y ajoutant parfois des racines napoléoniennes tout à fait fantaisistes.

Mais, nul besoin d'imagination pour s'en convaincre : la jeune Céline-Émilie Seurre est belle, grande – 1,70 mètre – et éprise d'indépendance. Enfant, elle s'invente des histoires, imite son entourage, elle est drôle, mais intenable, toujours en mouvement ou plongée dans ses rêves. Dès sa scolarité chez les sœurs, elle manifeste, en plus d'une fantaisie peu compatible avec la rigueur religieuse, un esprit volontiers frondeur et indépendant au grand désespoir de sa mère. Pour valoriser sa beauté et tenter de canaliser son énergie, cette dernière la place, adolescente, chez une modiste où elle présente des chapeaux.

Bien sûr, les clientes, et leurs maris, remarquent cette jeune fille, aux traits fins, aux longs cheveux, aux grands yeux clairs et au port déjà altier. Certains hommes s'arrangent pour revenir, seuls, à la boutique, et n'hésitent pas à inviter à souper cette si charmante vendeuse. À la grande fureur de sa mère goûtant peu ces manœuvres et s'inquiétant pour la moralité de sa fille cadette qui mesure très vite l'attrait qu'elle exerce auprès des hommes. Il suffit de les regarder la regarder ! Paraître, séduire. Très tôt, Céline-Émilie Seurre découvre le pouvoir de ces mots-là. Elle est curieuse, débrouillarde, indocile. Elle écoute les conversations des clientes, se régale de leurs compliments sur sa grâce et sa silhouette. Elles sont nombreuses à l'inciter à faire de sa beauté un atout professionnel. La jeune fille pose pour des peintres amateurs. En cachette de sa mère, bien sûr. Elle a déjà ce port de tête princier qu'elle conservera toujours et qui contribuera à sa renommée. Princier sans être hautain, le front haut, le dos droit, déjà. Le menton et le nez qu'elle a assez pointus renforcent encore la force de son profil. Jouant magnifiquement de sa chevelure ondulée, elle a très vite assimilé les codes de la séduction.

Attirée par le monde du spectacle et de la musique qui lui semble offrir la liberté dont elle rêve, elle se fait engager pour quelques prestations à l'Éden-Théâtre, établissement de spectacles légers et d'opérettes situé dans le 9e arrondissement. La salle est très vaste ; la façade décorée de verres multicolores évoque la splendeur des monuments indiens. On n'y demande pas aux « comédiennes » de sortir du Conservatoire mais d'avoir une jolie frimousse, quelques appâts à mettre en valeur, le sens du rythme, un peu de voix et une certaine souplesse physique et morale. Céline-Émilie est engagée par le directeur, Paul Renard, comme choriste dans *Orphée aux enfers* d'Offenbach, dont la distribution ne compte pas moins de vingt et une femmes. Le moins que l'on puisse dire est qu'elle y découvre une étrange situation... L'Armée du salut venant de s'installer juste à côté de l'Éden, un conflit de voisinage éclate entre les deux communautés – les salutistes et les artistes –, aux antipodes l'une de l'autre. Pendant que les membres de l'Armée du salut chantent des cantiques, les musiciens de l'Éden-Théâtre couvrent exprès leurs voix en jouant très fort ; lorsque les musiciens s'accordent ou répètent, les salutistes chantent à pleins poumons leurs cantiques, toutes fenêtres ouvertes. Les actrices du théâtre sont régulièrement et grossièrement insultées par les salutistes, dirigés par la maréchale Booth, qui n'hésitent pas à pénétrer dans le théâtre pour tenter de convertir des âmes. La situation dégénère au point que la police doit intervenir. Le calme revient quand débutent les représentations d'*Orphée aux enfers*. La critique est pour le moins mitigée. *Le Figaro* écrit à propos des choristes féminines : « Je ne veux pas les nommer par galanterie ; presque toutes jeunes et jolies, elles se divisent en deux catégories : celles qui ne chantent pas, même lorsqu'elles ouvrent la bouche, et celles qui chantent trop… »

Dans la boutique où elle travaille, Céline-Émilie rencontre une jeune femme, ancienne modiste dans les grands magasins, qui fait ses premiers pas de comédienne. Elle se nomme Yvette Guilbert, elle est aussi menue que déterminée. À cette jeune fille de sept ans sa cadette qui lui confie ses rêves encore balbutiants de spectacle, Yvette Guilbert suggère de tenter sa chance au théâtre des Variétés, où elle a joué quelques semaines plus tôt. Le directeur, Eugène Bertrand, la reçoit et très vite l'engage. Lui également tombe sous le charme ravageur de cette gamine qui cache mal son ambition sous une timidité apparente. Et qui sait comment obtenir ce qu'elle veut. Il trouve à Céline-Émilie Seurre un nom de scène, plus facile à retenir et plus agréable à l'oreille. Ce sera Cécile Sorel. Sorel, comme Agnès, la favorite de Charles VII. Mme Seurre, aussi flattée qu'inquiète pour sa fille encore largement mineure, donne son accord. En décembre 1888, Cécile effectue donc ses premiers pas sur la scène des Variétés dans une comédie d'Albert Najac et Albert Millaud intitulée *La Japonaise*. La distribution est pléthorique : vingt et un personnages dont celui d'Yvette Guilbert, l'amie de Cécile. Cette dernière est heureuse de trouver un visage familier dans ce monde qu'elle découvre. Incarnant une petite marchande de violettes, Cécile n'apparaît que dans une scène et n'a qu'une phrase à prononcer. Mais qu'importe, elle est sur scène ! Et cette courte prestation n'échappe pas à l'œil du critique de *La Petite République* qui signale à ses lecteurs cette comédienne « gracieuse et jolie ».

Puis Cécile Sorel quitte le boulevard Montmartre pour celui des Italiens ; la jeune débutante est engagée au théâtre des Nouveautés à l'automne 1890. Dirigé depuis un an par Jules Brasseur, le théâtre a été reconstruit et offre aux spectateurs une coquette salle ronde de mille places, élevée de trois étages. La jeune comédienne est à l'affiche du *Samsonnet* puis enchaîne avec le *Château de Tire-Larigot*, opérette fantastique écrite par Ernest Blum et Ernest Toché. Si ces rôles ne sont guère consistants, Cécile découvre avec bonheur ce théâtre dominé par la personnalité et le talent de son directeur, entouré de ses deux fils. Elle observe, elle apprend. Les doutes que ses débuts aux Variétés n'avaient pas complètement balayés disparaissent. Sa mère, pourtant, a bien tenté de la dissuader de persévérer dans cette voie, inquiète de la voir s'engager dans un monde qui lui est si étranger et qui a si mauvaise réputation. Aucune mère, alors, ne voit avec plaisir sa fille embrasser ce métier.

Malgré l'appréhension, le mal de ventre au moment de monter sur scène, Cécile est confortée dans son choix. Elle aime être regardée, elle aime l'atmosphère qui règne dans ce théâtre. Et ses rôles sont trop modestes pour susciter la jalousie de ses partenaires féminines. Le 6 octobre, Jules Brasseur meurt brutalement d'avoir bu, dit-on, un verre d'eau glacée. Il venait d'avoir 61 ans. Cécile Sorel assiste à son enterrement à Maisons-Laffitte où se presse le Tout-Paris.

En 1891, Cécile est engagée aux Bouffes du Nord pour des rôles un peu plus denses. Elle joue dans *La Bergère de la rue Monthabor*, comédie d'Eugène Labiche et Delacour, puis dans *Le Train de plaisir* d'Alfred Hennequin et Saint-Alban. Si elle commence à être régulièrement, mais encore modestement, citée dans les rubriques « Théâtre » des journaux, elle est plus souvent présente dans les rubriques mondaines, qui ne brillent ni par leur délicatesse ni par leur bienveillance. Des potins, ragots et rosseries y sont offerts en pâture aux lecteurs.

C'est qu'en même temps qu'elle se lance sur les planches, Cécile Sorel commence très jeune une « carrière » de demi-mondaine. Et y tient rapidement les premiers rôles. Quelques mois ont suffi à la débutante pour voir son nom figurer au côté des séductrices et courtisanes du moment, que le public et les publications n'hésitent pas à nommer explicitement « les horizontales ». Elle sait se faire inviter dans les soirées où il est important de paraître. Elle se montre aux courses hippiques ; à l'hippodrome de Chantilly, elle assiste au Derby depuis la tribune de la Société d'encouragement occupée par l'aristocratie. Une demi-mondaine au milieu du « beau monde ». Cette ascension, elle la doit d'abord à sa beauté, éclatante, évidente, presque insolente, beauté de visage comme de silhouette. Elle la doit aussi à son audace qu'elle tente difficilement de cacher sous un voile de timidité dont nul n'est dupe. Elle a également très rapidement compris la nécessité d'oublier les mises en garde de sa mère quant aux dangers du désir masculin. Cécile Sorel, qui sait qu'un bijou est aussi mis en valeur par son écrin, apprend très vite à sublimer sa beauté par des tenues étonnantes. Elles deviendront exubérantes, voire extravagantes au fil des années, mais feront toujours partie de son personnage, à la ville comme à la scène. Or ces tenues coûtent cher. Sans compter qu'en tant que comédienne, elle doit alors payer elle-même ses costumes de scène. Et l'argent ne tombe pas du ciel… Il faut aller le chercher là où il est. Dès avril 1890, le quotidien *Gil Blas* la présente, aux côtés de deux autres « horizontales », sous la forme d'un quatrain :

Toute charmante, blondinette,
Ses yeux sont deux fleurs de myrtils
Et de sa tendre frimoussette
Ce qu'on aime ce sont : Ses cils !

En mai 1891, ce même journal la dépeint comme « une créature qui a toute la saveur d'un beau fruit arrivé à son plein épanouissement ». Quelques mois plus tard, il cite son nom parmi les « belles hôtesses de l'autel d'Aphrodite » qui demeurent à Paris en été alors que leurs aînées migrent vers le Midi aux premiers jours de juillet : « Les joies de Paris les retiennent maintenant jusqu'à la mi-août, amoureusement blotties dans les nids parfumés de leurs alcôves. Tout Paris est dans Paris. On n'aime que là, on ne flirte que là, on ne soupe que là. » Parmi ces « belles hôtesses », l'article cite le nom de Cécile Sorel. Confirmation quelques semaines plus tard : le chroniqueur mondain du journal *Fin de siècle* rend compte du spectacle du Cirque d'été, notant la présence dans l'assistance de « femmes toutes mignonnes, énamourées ». Parmi elles, Liane de Pougy – dont la devise, largement partagée, était « Faire payer, toujours et pour tout » –, Suzanne d'Estrées, Rose Demay, Laure Bailly… Et Cécile Sorel. Elle a alors à peine 18 ans !

L'année suivante, la même gazette, qui se complaît à chercher ses informations dans les bas-fonds, rapporte dans un article non signé : « Grand émoi dimanche à Fontainebleau. La fine crème des instantanées de Paris était descendue dès le matin dans la petite ville. Cécile Sorel, Suzanne Néry, Maria Mariani et de nombreuses amies venaient faire la fête et distraire les jeunes et brillants officiers de l'École d'Artillerie. Il y a eu ce soir-là grandes manœuvres dans les hôtelleries de Fontainebleau. On a pillé, saccagé, fourragé… »

3.

Le Vaudeville, les Variétés, l'Odéon

Beaucoup de jeunes débutantes cherchent à être célèbres et à se faire remarquer des gazettes. Mais la plupart d'entre elles passent inaperçues ou ne connaissent qu'une gloire éphémère. Ce n'est pas le cas de Cécile Sorel.

Après son rapide passage aux Bouffes du Nord, son engagement au Vaudeville en 1893 marque une nouvelle et décisive étape de sa carrière. Dirigé par Albert Carré et Paul Porel, le théâtre a derrière lui une longue histoire. C'est Paul Porel, ancien comédien, qui engage Cécile Sorel après l'avoir rencontrée plusieurs fois. Son ami le librettiste Ludovic Halévy, qui a eu l'occasion d'observer la jeune comédienne, le lui déconseille, estimant qu'elle est dépourvue de talent et de charisme. Mais Porel tient bon. Étant allé un jour chercher Cécile Sorel chez sa mère, il a pu constater, de visu, l'effet qu'elle produisait chez les passants quand elle marchait dans la rue.

Les débuts au Vaudeville sont difficiles, mais ce n'est pas de son fait. Le 22 février 1893, elle y joue *Flipote*, de Jules Lemaître. Un succès d'estime. Mais le public ne suit guère. Au théâtre, elle se lie avec le comédien Paul Franck. Ensemble, ils créent *Eux ou la Leçon d'amour*, une pantomime présentée comme « très suggestive ». Est-ce en souvenir de cette période que Paul Franck achètera trente ans plus tard la caricature de Bib au Salon des humoristes ?

C'est à l'automne 1894 que débute vraiment l'ascension de Cécile Sorel. La demi-mondaine de 22 ans se mue en une véritable comédienne. Paul Porel avait raison, Ludovic Halévy tort. Elle est à l'affiche de *Madame Sans-Gêne*. Librement inspirée à ses auteurs, Victorien Sardou et Émile Moreau, par l'épopée napoléonienne, la pièce est créée le 27 octobre avec Réjane dans le rôle-titre. Si la pièce porte cette grande artiste au sommet d'une gloire déjà bien établie, elle fait franchir à Cécile une marche décisive vers la notoriété. Et surtout vers la reconnaissance professionnelle qui lui manquait encore.

Elle débute en incarnant la duchesse de Rovigo. Mais après quelques représentations, elle remplace Madeleine Verneuil dans un rôle, plus important, celui de la reine de Naples. Et elle triomphe, recevant autant d'applaudissements que Réjane, à la popularité pourtant immense, elle qui peut tout jouer, en se renouvelant à chaque création, aussi à l'aise dans le drame cornélien que dans la fantaisie gouailleuse de *Madame Sans-Gêne*. D'ailleurs, le chroniqueur du *Gil Blas* témoigne de la performance de Cécile Sorel avec un lyrisme passionné : « Joindre à une incontestable beauté, à la grâce enveloppante qui fait le charme des jolies femmes un talent hautement reconnu et acquis par un travail opiniâtre est, en matière artistique, une chose assez rare pour qu'on la fasse connaître au grand jour quand elle se produit. C'est justement ce qui vient d'arriver pour Cécile Sorel, la délicieuse pensionnaire du Vaudeville qui tient dans *Madame Sans-Gêne* le rôle de la reine de Naples avec une autorité et des qualités dramatiques telles qu'elles font admirablement augurer des prochaines créations de cette artiste. La beauté n'exclut pas le talent, que diable ! Et ce n'est pas une raison parce que la nature vous a doté d'un joli visage qu'elle n'ait pas mis dans votre poitrine un cœur capable de vibrer et dans votre cerveau une imagination susceptible de se réveiller et de sentir. » Le 21 mai 1894, la troupe fête la deux-centième au château de la Malmaison, dans la salle à manger de l'empereur. Finalement, le rideau tombe le 11 février 1895 sur ce succès phénoménal.

Au Vaudeville, Cécile Sorel jouera aussi dans *Amoureuse* de Georges de Porto-Riche, avec à nouveau Réjane en vedette. En 1896, la voilà de retour aux Variétés, interprétant *Lysistrata* de Maurice Donnay, dont l'action se passe dans la Grèce antique. Théâtre ? Danse ? Un peu les deux, mais surtout, pour les spectateurs, l'occasion de découvrir des actrices « vêtues » de voiles transparents composer un hymne lascif à l'amour et au plaisir. Réjane est en haut de l'affiche. La jeune Cécile Sorel y exécute une danse du ventre bien que l'action se déroule en Grèce. Ce spectacle, d'après le critique du *Gil Blas* est « le plus voluptueux, le plus pervers et le plus suggestif que j'aie jamais vu de ma vie... » Puis elle se produit au théâtre du Gymnase, où son interprétation de la pièce tirée du roman de Paul Bourget, *Une idylle tragique*, ne passe pas inaperçue. Le critique de *L'Éclair* en est tout chamboulé : « Toute de grâce, elle fait songer à quelque statue grecque dont, pour la joie des yeux et du cœur, des adorations et des tendresses auraient animé le marbre. Les cheveux aux boucles indociles, d'une teinte de soleil couchant, les yeux larges où s'adoucissent en clarté les rayons qu'y fait naître le succès. Mais sa beauté ne peut faire oublier son talent. » Félix Duquesnel, journaliste et auteur dont le jugement fait autorité, lui emboîte le pas, avec moins de lyrisme mais autant d'enthousiasme : « Maintenant, qui l'eût cru, voilà que Mlle Sorel qui n'était qu'une jolie femme s'est révélée comédienne, une comédienne sincère, sobre, adroite et tout à fait charmante. »

Cette presse unanime va largement et longtemps servir Cécile Sorel, qui avec beaucoup d'intelligence et une bonne dose de culot, l'utilise à son profit et s'en fait une alliée.

Ces articles louangeurs sont sa meilleure publicité, sa plus efficace carte de visite. Elle fréquentera les journalistes tout au long de sa vie, tissant des relations avec des directeurs de journaux. Elle saisit rapidement que pour accéder à la notoriété, elle doit impérativement faire parler d'elle dans la presse. Elle doit faire rêver le public grâce à son talent bien sûr, mais aussi à sa vie amoureuse agitée, à son exubérance, à sa beauté. Elle saura s'y employer. Cette célébrité naissante contribue à donner à sa carrière un élan décisif : la voilà engagée au théâtre de l'Odéon par son nouveau directeur, Paul Ginisty. Bien qu'il traverse une passe financière difficile, l'établissement qui vient de rouvrir jouit d'une réputation flatteuse. Sarah Bernhardt n'y a-t-elle pas fait ses grands débuts de tragédienne ?

Après les fantaisies du Vaudeville ou des Variétés, Cécile Sorel choisit ainsi, courageusement, de se confronter au « vrai » théâtre. Le niveau d'exigence y est d'un tout autre calibre, elle le sait et se sent prête à y répondre. Elle tire profit de tout ce qu'elle pourra y apprendre en observant, en écoutant, en répétant. À l'Odéon, beaucoup la regardent avec une condescendance certaine, voire un mépris à peine voilé : est-elle autre chose qu'une courtisane, certes très belle, mais dont la beauté serait le seul véritable talent ? Paul Ginisty est convaincu que sa nouvelle protégée a l'étoffe des grandes comédiennes. Il va l'aider à progresser, cela fait partie de la mission d'un directeur de théâtre. Et comme l'élève se montre volontaire, tenace, appliquée – et douée –, elle apprend vite.

Cécile débute sur la scène de l'Odéon en février 1899 dans *Les Antibel*, comédie d'Émile Pouvillon et Armand d'Artois. Cette pièce en vers, sur fond de vengeance, a pour décor une maison paysanne : le fermier Antibel, veuf depuis quelques mois, se remarie avec Jane, l'une de ses servantes, dont la beauté l'a ensorcelé. La mère de la jeune fille s'oppose à cette mésalliance. Cécile Sorel incarne Jane. Elle apparaît sur scène en grosse robe de bure, les mains rougies, chaussée de sabots. La pièce connaît un vif succès, et la nouvelle pensionnaire n'y est pas étrangère ! Les spectateurs l'acclament et les critiques, à nouveau, sont unanimes. Devant cette avalanche, difficile pour elle de ne pas se sentir pousser des ailes ! *L'Écho de Paris* ouvre le bal : « Excellente et charmante, Mlle Sorel a fait se mouvoir et parler son personnage avec une justesse et une mesure qu'il faut louer grandement. Et c'est, ce soir, la débutante de qui les anciens auraient dû prendre leçon. » Le quotidien *La Patrie* renchérit : « Le début dans la vraie comédie dramatique de Mlle Sorel est une victoire pour la si jolie artiste ; elle a prouvé que les succès de beauté n'étaient pas les seuls auxquels elle pût prétendre et nous l'en félicitons grandement. »

Ce triomphe est également une victoire pour Paul Ginisty. À l'Odéon, désormais, on regarde la nouvelle arrivante d'un autre œil : la courtisane a aussi du talent.

4.

Entre les bras d'un président de la République ?

En novembre 1899, après le succès des *Antibel*, l'Odéon met à l'affiche *Chêne-Cœur*, une comédie du jeune Maurice Soulié. Les comédiennes Cora Laparcerie et Marie Marquet y tiennent les rôles principaux, mais leur prestation ne déchaîne l'enthousiasme ni des spectateurs ni des critiques. Cécile Sorel, qui joue vêtue d'une jupe froufroutante, est la seule à recueillir leurs félicitations. Mais avec, parfois, des sous-entendus explicites. Ainsi, Camille Legrand écrit dans la *Revue théâtrale et artistique* : « Cécile Sorel est jolie et s'affirme sur la scène de plus en plus, luttant avec un véritable courage contre une réputation gênante, sinon flatteuse. » Réputation gênante... Voilà bien le talon d'Achille de celle qui n'est plus vraiment une débutante, mais déjà une artiste prometteuse et remarquée.

C'est qu'un épisode célèbre de la – petite – histoire de France vient de bouleverser la vie et surtout l'image de Cécile Sorel. L'après-midi du 16 février 1899, dans le salon bleu du palais de l'Élysée, réservé aux audiences « très particulières », le président de la République Félix Faure meurt dans les bras de sa maîtresse. Il a 58 ans ; les Français le surnomment affectueusement le « Président Soleil » en raison de son amour du faste. D'autres insistent sur l'attirance immodérée que cet homme élégant aux yeux bleus et aux fines moustaches, réputé « juponnier en diable », manifeste pour les jolies femmes et sur la fréquence de ses rendez-vous galants à l'Élysée. Celui de ce 16 février lui a été fatal. À la suite d'un changement inattendu dans ses audiences de l'après-midi – l'archevêque de Paris puis le prince de Monaco se sont succédé dans son bureau avant l'arrivée de la femme qu'il attendait –, le président a dû avaler deux dragées Ysé réputées réveiller les virilités défaillantes. Mais, fabriquées à base de phosphure de zinc, elles ont aussi pour effet de bloquer la circulation rénale et d'accélérer la fréquence cardiaque. L'organisme présidentiel n'y a pas résisté et Félix Faure meurt sur son canapé, en pleine action. La mésaventure du président n'étonne ni ne choque l'opinion. Il est communément admis, en cette fin du XIXe siècle, que les bourgeois multiplient conquêtes et maîtresses, ne s'embarrassant pas des principes moraux qu'ils imposent à leurs épouses. Clemenceau ne les affiche-t-il pas publiquement ? Ferdinand de Lesseps, père de douze enfants, ne papillonne-t-il pas dans les maisons closes malgré son âge avancé ? Le roi Édouard VII, fils de l'austère reine Victoria, n'est-il pas connu pour ses frasques ?

Naturellement, sitôt rapportée, la mésaventure présidentielle suscite une interrogation : entre quels bras Félix Faure est-il mort ? Qui est la mystérieuse « connaissance partie par l'escalier » évoquée par le personnel de l'Élysée, cette « Madame S. » mentionnée par des sources proches du pouvoir ? Au vu du palmarès présidentiel, la liste des prétendantes pourrait être fort longue. Pourtant, un nom s'impose très rapidement, celui de Cécile Sorel ! Lancé, le bruit se répand à toute vitesse, dans les conversations, dans les rues, au comptoir des cafés, dans les rédactions des gazettes, au sein de la troupe de l'Odéon. Un photographe de la rue Castiglione juxtapose dans sa vitrine les photos du président défunt et de la comédienne… Ne fait-elle pas une « coupable » idéale ? Elle est belle, très belle, elle est libre, très libre. Elle est comédienne, et Félix Faure en a compté plusieurs parmi ses conquêtes réelles ou supposées. Des indices supplémentaires alimentent la rumeur : quelques semaines avant le jour fatidique, le président avait convié Cécile Sorel avec la troupe de l'Odéon à venir jouer à l'Élysée devant son invité, le prince de Galles. Pendant les répétitions et à l'issue de la représentation, Félix Faure se serait montré particulièrement empressé autour de la jeune femme, louant sans retenue sa beauté et son talent. Il aurait choisi dans un vase quelques roses pour les lui offrir et lui aurait fait visiter les salles de réception de l'Élysée. Le lendemain, il aurait fait livrer chez elle une magnifique corbeille d'orchidées. Enfin, indice essentiel : si elle ne confirme pas la rumeur, Cécile Sorel ne la dément pas non plus !

Dix jours après la mort de Félix Faure, elle participe au théâtre de la Gaîté à la matinée de bienfaisance organisée au bénéfice de la caisse de secours de la Société des gens de lettres. Elle y interprète *Faute de s'entendre*, comédie de Charles Duveyrier. Particularité, pour cette représentation unique, la distribution réunit des membres des troupes de l'Odéon, de l'Opéra-Comique et de la Comédie-Française, avec Sarah Bernhardt en tête d'affiche. Mais c'est Cécile Sorel qui en devient, un peu malgré elle, la vedette. C'est sur elle que les spectateurs fixent leur regard. Il n'est pas donné à n'importe qui de faire succomber dans ses bras un président de la République... Certes, la rumeur peut sembler embarrassante. Mais n'est-elle pas flatteuse aussi ? En tout cas, Cécile Sorel s'en accommode fort bien et cherche d'autant moins à la démentir qu'elle ne s'accompagne pas d'un quelconque opprobre moral de la part de l'opinion publique ou de ses camarades de théâtre. Qu'une jolie comédienne se retrouve dans les bras ou le lit d'un puissant de ce monde est tellement banal.

La vérité sera révélée neuf ans plus tard. Non, Cécile Sorel n'était pas la femme auprès de laquelle Félix Faure a rendu l'ultime et vibrant soupir. La mystérieuse « connaissance » était en réalité une autre « Madame S. » : Marguerite Steinheil, surnommée « Meg », célébrité parisienne, épouse du peintre Adolphe Steinheil. La révélation éclatera en 1908 à la suite d'un autre scandale, criminel celui-là, impliquant Mme Steinheil. À cette occasion, la comédienne apprendra avec étonnement qu'en 1903, cette dernière avait loué une villa à Yerres, avec son mari et sa fille, sous son vrai nom, mais qu'auprès des fournisseurs, elle se faisait alors appeler... Cécile Sorel.

Cécile Sorel ne s'est en rien démenée pour faire éclater la vérité pourtant si aisée à rétablir : elle répétait sur scène à l'heure du « crime ». Alors, sans doute cette « accusation » la satisfaisait-elle. Quelle formidable publicité ! Dans ses *Souvenirs*, Arthur Meyer, ancien patron du *Gaulois*, qui fut un fidèle ami et un amant de la comédienne, écrit : « Je dois ici apporter mon humble tribut à l'histoire de mon pays. Le bruit a couru que lorsque le président Félix Faure mourut, il se trouvait avec Mlle Sorel. C'est inexact. La nouvelle de la mort de Félix Faure parvint par le télégraphe à l'Odéon, dans l'après-midi même, au moment où Mlle Sorel était en scène. Il ne m'appartient pas de rechercher si elle avait des raisons d'être particulièrement affectée de cet événement et si elle ne fit pas pendant quelques minutes d'amères réflexions sur la fragilité des choses humaines. »

En réalité, Cécile Sorel se moque des rumeurs et des médisances. D'une part, son travail l'accapare et, d'autre part, elle cherche à conforter sa place encore précaire dans le Tout-Paris. Pour y parvenir, elle dispose d'un écrin à la hauteur de ses ambitions. Elle occupe à cette époque un appartement au 99 avenue des Champs-Élysées, à l'angle de l'avenue George-V, au rez-de-chaussée duquel s'est ouvert en 1899 le

Fouquet's. La magnificence du décor répond à celle de son occupante. Il est composé de quatre vastes pièces donnant sur les Champs-Élysées : chambre à coucher, cabinet de toilette, salon, studio. Dans la chambre trône un immense lit, copie ancienne d'un lit de Marie-Antoinette, en bois sculpté et doré. Le salon est tapissé de portraits du XVIIe siècle représentant des nobles, des fermiers généraux, des ecclésiastiques. Comme une galerie d'ancêtres… que l'occupante des lieux se serait inventée. Les lourdes tentures sont blanches, rouges et or. Les rideaux sont en dentelle immaculée, les meubles précieux finement marquetés, les chandeliers dorés, les tapis épais et la baignoire de marbre est immense.

Dans cet appartement très fréquenté, elle reçoit régulièrement Arthur Meyer, directeur du *Gaulois*, influente publication conservatrice et monarchiste. Coquet, le journaliste a débuté comme secrétaire de Blanche d'Antigny, demi-mondaine et courtisane qui inspira à Émile Zola le personnage de Nana. Petit-fils de rabbin, il est devenu catholique, antidreyfusard et reste célèbre pour s'être battu en duel contre Édouard Drumont, le polémiste d'extrême droite auteur de *La France juive*. Dans son journal, Meyer a longtemps tenu la rubrique mondaine qui consacre chaque jour plusieurs colonnes aux comptes-rendus des réceptions, spectacles, bals, enterrements et mariages. Naviguant entre les arts, la politique, les mondanités, il est un des hommes les mieux informés de Paris et pour Cécile Sorel un appui précieux. Elle lui demande des conseils, sollicite – et obtient – des articles dans *Le Gaulois*. Longtemps après la fin de leur liaison, ils resteront très proches.

Cécile Sorel termine la saison de l'Odéon en jouant *Struensée*, drame de Jules et Pierre Barbier, avec une partition de Meyerbeer. Elle est à nouveau très remarquée dans le rôle de Mathilde, la reine de 20 ans. Elle en a alors sept de plus. Après une année riche – et pas seulement en matière artistique… –, elle se repose au mois d'août dans les environs de Dieppe. Les voisins disent qu'elle est discrète, menant une vie tranquille, descendant chaque jour à la plage prendre un bain en compagnie de ses quatre chiens. Puis, requinquée, elle rejoint Paris.

Comédienne montante en cette époque où le théâtre connaît son âge d'or, personnalité en vue, objet de rumeurs parfois infondées, mais souvent exactes, Cécile Sorel est une femme entretenue. Ses cachets au théâtre ne lui permettent pas encore d'assurer son train de vie luxueux. Une existence confortable ne lui suffit pas. Elle veut plus, elle veut mieux parce qu'elle est convaincue que par sa beauté et son talent, elle vaut plus, elle vaut mieux. Elle séduit beaucoup, elle est amoureuse parfois. Elle a une intense et brève liaison avec un jeune Russe vivant à Paris, Vladimir Chtchoukine. Fou d'elle, il se rend chaque soir au théâtre pour l'admirer. Cécile Sorel accepte de souper avec lui après avoir reçu de sa part, par l'intermédiaire d'un employé du théâtre, une invitation accompagnée d'une généreuse somme d'argent glissée dans une enveloppe. La famille de l'amoureux est très fortunée. Son père, Ivan Vassilievitch Chtchoukine, est un magnat du textile et sa mère, l'héritière d'une grande famille de marchands de thé. Vladimir est le neuvième des dix enfants du couple. Cécile Sorel lui écrit : « Que tu es beau ! Tu es la seule chose que la vie ne m'a pas donnée. » Leur liaison sera de courte durée, Vladimir meurt à 27 ans.

D'amant influent en amant influent, Cécile Sorel tisse sa toile dans le monde. Avec obstination et ardeur. Mais le théâtre occupe la première place. Les encouragements d'Eugène Bertrand, aux Variétés, persuadé d'avoir mis la main sur une perle rare et le faisant savoir, les applaudissements des spectateurs de l'Odéon, les critiques enthousiastes, les articles flatteurs, les interviews, les bouquets de fleurs… Année après année, elle a reçu tout cela avec bonheur. À présent, il lui faut franchir une nouvelle marche vers la gloire. La plus haute, pour une comédienne : celle qui mène à la Comédie-Française.

Fin 1898, les tractations autour de son transfert de l'Odéon au Théâtre-Français semblent bien avancées. Les deux établissements étant liés administrativement et historiquement, ce « débauchage » est dans l'ordre des choses. Alors que le contrat n'est pas encore signé, des informations fuitent dont un chroniqueur au *Figaro* se fait l'écho aux premiers jours de janvier 1899. Par courrier, Cécile Sorel lui apporte ce démenti : « Je suis à l'Odéon, j'y travaille sous la direction d'un très bon maître, M. Ginisty, et j'y reste. » Le journaliste n'est pas dupe de ce pieux mensonge et il publie une réponse teintée d'ironie : « Nous aurions été heureux de féliciter Mlle Sorel de son engagement à la Comédie-Française. Puisque la nouvelle est inexacte, ou tout au moins prématurée, félicitons M. Paul Ginisty de garder à l'Odéon sa charmante pensionnaire. »

En réalité, l'affaire est déjà bouclée. Cécile Sorel s'apprête à quitter l'Odéon pour entrer dans la prestigieuse Maison de Molière. Dans ses mémoires, Adrien Bernheim, critique dramatique et inspecteur général des théâtres, écrit à son propos : « Un simple fait dont je fus le témoin indique avec quelle ardeur la jeune soubrette poursuivait intelligemment son but. Elle venait de remporter à l'Odéon des succès décisifs qui lui valaient son engagement immédiat à la Comédie-Française, mais un hasard malencontreux l'empêchait de jouer devant les abonnés du second Théâtre Français les deux principaux rôles classiques de grande coquette, Célimène et Elvire ; elle était prête cependant à les aborder. Elle avait nuancé de délicieuse façon la troublante Silvia du *Jeu de l'amour et du hasard* et elle savait bien qu'une comédienne qui s'aventure avec succès dans les tortueux sentiers du subtil Marivaux n'a point de peine à triompher dans les larges allées du grand Molière. »

5.

Chez Molière

Depuis le 20 octobre 1885, la Comédie-Française, le plus illustre des théâtres parisiens, est dirigée par Jules Claretie. Journaliste brillant, écrivain moyen, membre de l'Académie française, il administre son théâtre tout en naviguant avec habileté dans les méandres du pouvoir politique dont il tient sa fragile légitimité. Au cours des dernières années du XIXe siècle, les difficultés s'accumulent sur l'établissement de la rue de Richelieu : les départs de Sarah Bernhardt et de Coquelin, puis la mort prématurée de Jeanne Samary qui attiraient tous trois les spectateurs en masse, le choix assumé de privilégier la tragédie – dont les bons auteurs vivants sont alors rares – aux dépens de la comédie – très en vogue –, le poids toujours croissant des charges tandis que les subventions n'augmentent pas, tout cela plombe autant les finances que l'ambiance dans la Maison de Molière.

Le 8 mars 1900, la Comédie-Française brûle. Un incendie ravage la scène et une partie de la salle Richelieu. Le drame fait une victime, la jeune comédienne Jane Henriot, engagée depuis moins d'un an. Prise de panique, elle se perd dans le dédale des couloirs du quatrième étage et succombe asphyxiée. Les dégâts sont très importants. Sur l'air de *La Paimpolaise*, les Français chantent :

L'incendie, comme un' gerbe immense
A rougi l'ciel en un clin d'œil
Et fait que notre chère France
Voit son premier théâtre en deuil.

À la suite du sinistre, la Comédie-Française est d'abord hébergée à l'Opéra, puis au théâtre de l'Odéon et au Nouveau Théâtre. Elle rouvre au public le 29 décembre 1900, avec à l'affiche la pièce de Victorien Sardou, *Patrie*, qui se révèle un véritable succès. Pour autant, Jules Claretie, l'administrateur général, est la cible de lourdes attaques. Certains parlent de banqueroute et exigent sa démission. Les critiques les plus virulentes viennent de la droite nationaliste qui n'a pas digéré les prises de position dreyfusardes de Claretie. Mais, faisant fi des polémiques, l'administrateur général entame au début de 1901 d'importantes réformes du fonctionnement interne du théâtre, en prenant prudemment soin de s'entourer de juristes et de demander l'aval de la direction des Beaux-Arts et du chef du bureau des Théâtres, Jean d'Estournelles.

Pour pouvoir répondre aux attaques que la presse lance contre lui avec une régularité de métronome – la rubrique théâtrale occupe une place importante dans les journaux parisiens et la Comédie-Française en est une cible récurrente –, Jules Claretie dispose d'une arme efficace : collaborant au *Temps*, il peut rendre coup pour coup, article contre article. Et il ne s'en prive pas ! Avant même que ses réformes ne soient rendues publiques, des voix s'élèvent pour s'y opposer : la charte constitutive de la Comédie-Française, héritage de Napoléon, semble intouchable ! Quelles réformes envisage-t-il ? D'abord, la suppression des semainiers : jusqu'alors, il appartenait aux sociétaires de se charger, à tour de rôle, de tous les détails relatifs aux représentations de la semaine et de veiller à leur bon fonctionnement. Au mieux, les comédiens remplissaient ce rôle en traînant des pieds. Au pire, ils « oubliaient » de l'accomplir. Dorénavant, Jules Claretie souhaite que cette tâche incombe à un « régisseur de la scène » : M. Prudhon, pensionnaire de longue date, est nommé à ce nouveau poste, manière honorable de l'écarter de la scène. L'administrateur général décide également de déménager le magasin d'accessoires du théâtre et de modifier le système de retraite du « petit personnel ». Mais, décisions plus sensibles, il souhaite l'arrivée de Lucien Guitry comme « directeur de la scène » et le départ de plusieurs comédiens, qu'il estime incompétents ou fatigués, contre l'engagement de nouveaux. Parmi les entrants, Henry Mayer, Marthe Régnier, ancienne de l'Odéon, Jeanne Granier, aussi bonne chanteuse qu'actrice. Et Cécile Sorel, à qui Jules Claretie dit vouloir confier les rôles de grandes coquettes du répertoire.

Elle signe son engagement d'actrice pensionnaire le 25 avril 1901. En apposant solennellement sa signature à côté de celle de Jules Claretie en bas du document qui comprend dix articles, Cécile Sorel « s'engage et s'oblige envers l'administrateur général à jouer sur le Théâtre de la Comédie-Française tous les rôles qui lui seront distribués dans la tragédie, la comédie et le drame, soit par MM. les auteurs, soit par l'Administrateur général, spécialement dans l'emploi dit des Grandes Coquettes et rôles de genre et tous les autres rôles pour lesquels elle sera jugée nécessaire, sans en pouvoir refuser aucun, sous quelque prétexte que ce soit, et sans pouvoir en rendre, en céder ou en quitter aucun que du consentement express de l'Administrateur général. Elle s'engage aussi à paraître dans toute cérémonie et dans toute pièce à spectacle lorsqu'elle en sera requise. »

À l'annonce de sa nomination, les avis sont partagés. Si une majorité d'observateurs ou critiques approuvent ce choix somme toute logique au vu de ses prestations des dernières années, notamment à l'Odéon, certains se montrent plus réservés, voire hostiles. Dans *Le Signal*, le journaliste Albert Le Roy, pourtant soutien affiché de Jules Claretie, écrit : « Mlle Sorel a sans nul doute le charme d'une beauté prestigieuse et l'appui de nombreuses et considérables influences ; mais quel que soit l'agrément de sa silhouette ou son art de s'habiller, sera-t-elle dans les rôles de grande coquette plus et mieux qu'une jolie femme ? Qu'adviendra-t-il si elle veut débuter dans Célimène ? »

En quelques lignes, le journaliste fait à Cécile Sorel ce double procès alors récurent chez d'autres observateurs : être très belle et très « soutenue » ne remplace pas le talent et prive de légitimité. D'autant que la comédienne n'a pas été formée au Conservatoire, ce qui, aux yeux de beaucoup, suffit à la disqualifier. Ceux-là considèrent qu'elle ne fait qu'ajouter son nom à la liste déjà trop longue des « petites protégées recommandées » à Jules Claretie par des personnages influents, ce favoritisme expliquant à leurs yeux qu'en dépit de sa réputation, ce théâtre compte une proportion anormalement élevée de mauvaises comédiennes. Le cas le plus célèbre est sans doute celui de Léonide Leblanc, maîtresse – parmi bien d'autres personnalités – du duc d'Aumale, engagée par Claretie. L'administrateur avait été fait dans la foulée officier de la Légion d'honneur et certains avaient vu dans cette distinction une récompense à cette faveur… virtuelle puisque Claretie avait interdit à Léonide Leblanc de se produire sur scène. Quelques années plus tard, l'administrateur sera fait, cette fois, commandeur de la Légion d'honneur à la suite – du moins, beaucoup l'affirment – de l'engagement de Renée du Minil, « protégée » elle aussi.

Contrainte de prouver qu'elle est, aussi, une grande comédienne, Cécile Sorel se trouve, rue de Richelieu, face à la rude concurrence d'actrices renommées : Caroline Eugénie

Weber, dite Segond-Weber, entrée comme pensionnaire en 1887, Marthe Brandès, la muse de Jules Barbey d'Aurevilly, Louise Lara, Marie-Thérèse Kolb ou Marie-Louise Marcy, toutes trois premiers prix de comédie du Conservatoire. Cécile Sorel débute à la Comédie-Française le soir du 17 juillet 1901. Elle incarne la marquise d'Auberive dans la comédie d'Émile Augier, *Les Effrontés*. Sur les douze personnages de la pièce, neuf sont masculins. Les trois rôles féminins reviennent à Marie-Rose-Eugénie Muller, deuxième prix de comédie du Conservatoire, Isabelle Persoons, une ancienne de la troupe du Gymnase, et Cécile Sorel qui a dû apprendre en quelques semaines un rôle très lourd connu pour ses difficultés. Dès la première, la pièce se joue à guichets fermés. L'objet de curiosité n'est pas la reprise de la comédie d'Émile Augier créée en 1861, mais bien l'apparition de cette nouvelle pensionnaire à la flatteuse réputation sur et hors scène et dont le nom seul attire le public. Il apparaît d'ailleurs clairement que la décision de Jules Claretie d'engager Cécile Sorel repose également sur des considérations financières : la mettre à l'affiche garantit des recettes importantes. Et en ces temps de banqueroute annoncée…

Pour nombre de spectatrices, l'attrait d'une pièce réside en partie dans les costumes des comédiennes. S'ils sont historiques, ces derniers sont confectionnés au sein de l'atelier de la Comédie-Française, mais les tenues modernes sont, elles, commandées chez les meilleurs couturiers parisiens qui pratiquent alors d'importantes ristournes. Et, avec *Les Effrontés*, le public est servi ! Cécile Sorel y change trois fois de tenue dont chaque apparition soulève des cris d'admiration. Jules Claretie n'a pas lésiné sur les moyens et choisi de faire jouer la pièce en costume d'époque ; il sait que la célébrité de sa nouvelle recrue tient aussi à ses toilettes à la ville. Sur scène, elle apparaît d'abord dans une robe d'intérieur

Second Empire en mousseline de soie blanche, avec un pardessus de dentelles brodées. Elle porte ensuite une robe de velours bleu roi, un corsage légèrement drapé et un chapeau de satin noir à plumes. Enfin, la voilà à la fin de la pièce vêtue d'une somptueuse robe de bal en soie blanche brodée d'argent, d'un corselet descendant en pointe, brodé de pierreries et de glands en perles, fermé par une ceinture rose. Comme à son habitude, elle est éblouissante !

Quand le rideau tombe, les spectateurs se lèvent. Des salves d'applaudissements et des rappels saluent les comédiens et, d'abord, la célèbre débutante qui a fait ce soir-là la démonstration de son talent. Les critiques aussi accueillent favorablement cette reprise et la plupart de ceux qui contestaient sa nomination doivent, à l'unisson du public, se rendre à l'évidence : Cécile Sorel a parfaitement tenu son rôle, montrant une aisance inattendue et une totale maîtrise. *L'Écho de Paris* s'enthousiasme : « Elle semblait faite pour figurer ce rôle qui est des plus difficiles. En vérité nous admirons ce soir quel chemin a accompli en cinq années de vouloir et de travail le talent de Mlle Sorel. » *L'Autorité* n'est pas en reste : « Avec Mlle Sorel, la Comédie-Française possède enfin la « grande coquette » qui lui manquait depuis si longtemps. » Dans *Le Journal*, Catulle Mendès qui a pourtant le compliment rare s'emballe : « Il serait invraisemblable que tant de méritoire soin ne fît pas bientôt de Mlle Sorel une comédienne remarquable, même au Théâtre Français où les artistes remarquables ne laissent pas d'être nombreux. » Quant au *Gaulois* de son ami Arthur Meyer, il trouve la débutante « exquise de coquetterie et de charme » et souligne « le début sensationnel d'une jeune et jolie comédienne qui, depuis plusieurs années, a travaillé avec ardeur pour conquérir sa place parmi cette admirable phalange d'artistes ; ce début est l'événement du jour ».

Trois semaines avant ses grands débuts sur la scène de la Comédie-Française, la nouvelle pensionnaire avait étrenné son titre tout neuf dans l'une de ces soirées privées dont elle raffole. Le vicomte de Saint-Géniès, littérateur à ses heures, l'avait invitée à se produire au cours d'une réception donnée en son hôtel de la rue Frédéric-Bastiat, dans le 8e arrondissement parisien. Elle y lut des extraits des *Chansons de Bilitis*, un texte sensuel et poétique écrit par Pierre Louÿs. Afin d'admirer la comédienne, une impressionnante délégation de l'aristocratie française s'est déplacée. Pour le plus grand plaisir de Cécile Sorel, éblouie par ce monde auquel elle n'appartient pas mais qui la subjugue. Dans la salle se pressent le marquis et la marquise de Villeneuve, le comte et la comtesse de Goutant, la marquise de Bonneval, la comtesse Pillet-Will, la comtesse de Boisgelin, le comte et la comtesse de Toulouse-Lautrec, le comte et la comtesse de Gasquet, et bien d'autres noms prestigieux. La France a beau être en République, l'aristocratie occupe encore largement le devant de la scène, nombre des plus importantes charges publiques civiles et militaires lui reviennent, elle régente bien des hauts lieux de la sociabilité parisienne et de la vie artistique. Aux soirées données par le vicomte de Saint-Géniès autour de comédiens célèbres s'ajoutent celles qu'organisent, entre autres, dans cette même tradition, la princesse Edmond de Polignac, la princesse de Brancovan ou la comtesse de la Villeneuve. Cécile Sorel aime participer à ces soirées brillantes. Quelle formidable occasion de rencontrer les célébrités du moment et d'assouvir la fascination que, durant toute sa vie, l'aristocratie, ses salons et ses mondanités ont exercée sur elle !

Mais le Tout-Paris ne constitue pas ses seules fréquentations. À l'automne 1900, elle tient à rencontrer Oscar Wilde, dont elle connaît les succès passés et la déchéance actuelle. Sa condamnation pour homosexualité par la justice britannique l'a ruiné financièrement, moralement et physiquement. L'homme qu'elle a devant elle, dans cet hôtel de la rue des Beaux-Arts où il vit désormais, n'est plus que l'ombre de lui-même. Cécile Sorel décrit ainsi l'ancien dandy : « Un gros homme voûté qui ressemblait à un taureau blessé ; ses yeux étaient vitreux, sa bouche lasse. Celui qui avait ébloui Londres et Paris par son esprit étincelant, les orchidées de sa boutonnière et ses bagues paraissait maintenant le plus misérable des humains ; on sentait que tout ressort était irrémédiablement cassé en lui. » Quelques jours plus tard, elle l'invite à un somptueux dîner pour tenter de lui rappeler sa splendeur passée. Mets raffinés, chandelles, personnel en livrée, musiciens, hôtesse parée de diadèmes et de colliers… Mais, témoigne-t-elle : « Il touchait à peine les mets délicats qu'on lui présentait ; ses mouvements étaient étriqués, hésitants, comme s'il eût perdu dans sa cellule l'habitude et l'ampleur des gestes libres. » L'écrivain meurt quelques semaines plus tard.

6.

Célimène et Elmire

Cécile Sorel a été engagée à la Comédie-Française pour jouer les « grandes coquettes » du répertoire : Elmire dans *Le Tartuffe*, Marianne des *Caprices de Marianne*, la Comtesse dans *Le Mariage de Figaro*, Célimène dans *Le Misanthrope*. Avant elle, d'autres grandes comédiennes ont brillé dans ces emplois exigeants qui font et défont les réputations et façonnent les postérités : Adrienne Lecouvreur, Mlle Grandval, Louise Contat, Émilie Levert, Mlle Nathalie... Sans remonter, bien sûr, à Armande Béjart, l'épouse de Molière. L'ambition de la nouvelle pensionnaire : les égaler. Et pourquoi pas, les surpasser. Consciente de son talent et de sa beauté, elle a la lucidité de l'être aussi de ses limites. Pour maîtriser ces grands rôles, la technique se révèle insuffisante. Les comédiennes qui les interprètent doivent également savoir en percevoir la psychologie, les ressorts intérieurs et la complexité pour mieux les restituer au public. Autant que des rôles à apprendre, ce sont des personnages à comprendre. *Le Misanthrope* est programmé pour début janvier 1903 avec – Jules Claretie le lui a promis – le rôle de Célimène attribué à Cécile Sorel. D'ici là, elle pourra parfaire son jeu en apparaissant dans cinq pièces très différentes qui s'enchaînent tout au long de l'année 1902.

Elle joue d'abord dans *Le Nuage*, comédie de Gustave Guiches. Chose rare, l'administrateur général, Jules Claretie est présent lors de toutes les répétitions, de la première à la dernière. Sur scène, Cécile Sorel porte un large chapeau à plumes blanches, une robe-habit en soie bleue brodée, sur une jupe blanche. Un soir, le roi des Belges Léopold II assiste à une représentation depuis la loge numéro 34. À l'époque, une soirée à la Comédie-Française – comme à l'Opéra – fait partie de toute visite officielle d'un souverain ou chef d'État étranger. À la fin de la représentation, le roi lui-même vient la saluer, sûrement sensible au charme de la belle pensionnaire. C'est le premier souverain auquel elle est présentée ! D'autres suivront.

Cécile Sorel se produit ensuite dans *Le Marquis de Priola* de Henri Lavedan, *Le Plaisir de rompre* de Jules Renard – qui témoignera ainsi de sa rencontre avec elle : « Inutile de vous dire que je suis encore amoureux de cette femme-là ! » –, *Mademoiselle de Belle-Isle* d'Alexandre Dumas, puis dans *L'Autre Danger* de Maurice Donnay.

Un homme, Gustave Larroumet, va lui apporter une aide décisive dans son apprentissage. De vingt ans son aîné, il présente un impressionnant pedigree. Originaire du Lot, ce franc-maçon est agrégé de grammaire, a enseigné à la Sorbonne et publié plusieurs livres sur Victor Hugo, Marivaux ou Molière, est membre de l'Académie des beaux-arts et passionné de théâtre. Il est aussi critique au journal *Le Temps*. Ses jugements font référence ; ils sont souvent acides, mais toujours judicieusement argumentés et conclus par une invitation au public à se faire sa propre opinion. À la suite d'un de ses articles, Cécile Sorel avait tenu à le rencontrer. Ensuite, les rendez-vous dans l'appartement des Champs-Élysées se sont multipliés. L'homme se fait pédagogue, il la conseille avec autorité sur son jeu, décortique les personnages qu'elle sera amenée à jouer – Célimène en premier lieu –, l'encourage, la guide, la met en garde. Il est l'enseignant qu'elle n'a jamais eu. Exigeant et bienveillant, il devient au fil des rendez-vous, son amant.

En 1953, André de Fouquières, chroniqueur mondain témoignera ainsi à propos de Cécile Sorel et de Gustave Larroumet : « Elle avait alors l'âge de cette Célimène dont le savant professeur en Sorbonne lui montrait toutes les complexités d'âme et à qui elle devait plus tard s'identifier. Se choisissant un tel maître, la jeune ambitieuse se montrait fort avisée. Larroumet était en effet titulaire du feuilleton dramatique du *Temps*. Parlant de la jeune comédienne au lendemain d'une réception générale, le critique aurait-il pu désavouer son propre enseignement ? »

Étrange duo que ce maître et son élève, mélange de sensualité d'un côté et de rigueur intellectuelle de l'autre, de l'apparente frivolité et du travail. Régulièrement, Larroumet reproche à son « élève » de consacrer trop de temps à ses toilettes et de trop courir bijoutiers, couturiers et modistes, affirmant que ce temps serait mieux utilisé à étudier ses personnages et à donner à son jeu toutes les nuances qu'ils exigent. Bien plus tard, Cécile Sorel rapportera ainsi ces scènes :

> Mes yeux devinent au loin sur mon balcon une petite ombre. C'est Larroumet qui m'attend. J'ai peur des paroles qu'il va dire. Je cours vers lui, tout inquiète, je bavarde pour m'étourdir, je veux lui prendre les mains. Mais il pose, brûlantes, les siennes sur mes épaules et ses reproches m'entrent dans le cœur.
>
> « Cécile, vous perdez à parer votre corps un temps qu'il faudrait passer à orner votre esprit. »
>
> Désolée de la légèreté, j'arrache mes gants, ma voilette, mon chapeau ; je les jette à l'autre bout du salon et je tombe à ses pieds.
>
> « Pardon, pardon ! »

Gustave Larroumet épaule et accompagne Cécile Sorel dans sa préparation du rôle de Célimène. Il veut qu'elle brille de tout son éclat dans ce rôle majeur. Un peu parce qu'il est amoureux. Beaucoup parce qu'il est convaincu que ce rôle lui va comme un gant. Et parce qu'ils savent tous deux qu'une comédienne doit s'imposer dans trois rôles exigeants pour gagner ses galons à la Comédie-Française. Cécile a remporté la première manche avec un sans-faute dans son interprétation de la marquise d'Auberive. Célimène sera le deuxième rôle, Elmire, du *Tartuffe*, le troisième. La complexité du rôle de Célimène tient aussi aux différentes images qu'ont données de ce personnage ses nombreux exégètes et interprètes. Derrière son apparence de coquetterie et de légèreté, Célimène est-elle une Messaline, capable et coupable de tous les vices ? Ouvre-t-elle, machiavélique, son éventail comme on tire un poignard ? Cette image négative prévaut alors à la Comédie-Française depuis quelque temps déjà. Sous le maquillage, c'est la face noire, la beauté froide du personnage qui est mise en avant. Et Théophile Gautier, chroniqueur théâtral du *Moniteur*, n'a pas contribué à redorer le rôle, qu'il reconnaît pourtant comme un des plus difficiles du répertoire, en déclarant un jour à propos des comédiennes qui s'entichent du personnage : « Célimène, c'est le hangar des vieilles putains… » Pourtant, aidée et inspirée par Gustave Larroumet qui veut rendre le personnage le plus proche possible de ce qu'en imagina Molière, Cécile Sorel va lui donner un visage plus lumineux et plus léger, sans jamais basculer dans la mièvrerie. Sa Célimène ne sera ni majestueuse ni guindée, mais souriante, jeune et gaie, loin de l'image de pimbêche qu'on lui a si souvent collée. Les hommes ne s'inclinent pas devant cette femme inexpérimentée comme devant une statue, mais comme devant une femme d'esprit, de charme et de grâce. Et le seul crime qu'elle commette est celui d'être libre, d'être belle, d'avoir l'inconscience de ses 20 ans et de savoir se montrer indulgente face à tous ceux qui disent l'aimer. Elle cherche un homme auquel elle pourra s'attacher et le moins que l'on puisse dire est qu'elle a peu de raisons de le trouver parmi ceux qui l'entourent. Alors, faute de bonheur, place aux plaisirs !

La première représentation du *Misanthrope* avec Cécile Sorel dans le rôle de Célimène a lieu le 18 janvier 1903. La mise en scène, trop chargée, suscite quelques avis négatifs, certains comédiens ne font guère l'unanimité, mais, ce soir-là, elle triomphe. Elle a parfaitement maîtrisé ce rôle écrasant. Le public est debout, l'ovation dure, dure. Dans la salle, Gustave Larroumet ne peut retenir une larme. Jules Claretie exulte. Non seulement la recette du jour est exceptionnelle, mais ce succès laisse bien augurer des mois à venir. Et surtout, il est désormais convaincu qu'il a fait le bon choix et que les autorités de tutelle sauront lui en être reconnaissantes. Le lendemain, la critique, unanime, partage l'enthousiasme du public. Albert Le Roy, qui avait pourtant vivement dénoncé son engagement, écrit dans *Le Signal* : « La représentation, tout à fait remarquable en son ensemble consacre définitivement le talent de Mlle Sorel. Elle a surpassé nos attentes dans la difficile épreuve des "portraits" et surtout dans le couplet mondain de la réplique à Arsinoé. » Le critique Adrien Bernheim écrira plus tard dans ses *Souvenirs* : « Quand Mlle Sorel parut à la Comédie dans ce rôle redoutable entre tous, elle conquit d'emblée tous les suffrages : les juges les plus difficiles déclaraient que la vraie grande coquette était née : ce fut un enchantement. » Alors, fantasque, Sorel ? Courtisane ? Mégalomane ? Oui, trois fois oui. Mais comédienne avant tout.

Elle a triomphé dans le rôle de Célimène : la deuxième manche est gagnée. Mais le printemps suivant est teinté de tristesse. Gustave Larroumet voit sa santé chanceler. Il doit rester alité, veillé par sa femme et ses fils. Il meurt prématurément en août 1903, victime d'une laryngite tuberculeuse. Quelques semaines plus tôt, les académiciens avaient rejeté sa candidature quai Conti : en plus de la souffrance physique, une cruelle blessure d'amour propre.

Cécile Sorel, qui l'appelle « mon maître », a relaté leur dernière entrevue avec l'emphase dont elle teinte ses souvenirs :

> Mourir, il va mourir. Ah ! donner mon sang, ma jeunesse, ma vie pour le sauver ! J'étreins son corps léger.
>
> Ne m'approchez pas, je suis contagieux, maintenant je le sais.
>
> Moi, je veux tout prendre de vous.
>
> Aucune faiblesse ne le diminue. Il est comme un soldat qui attend la mort, debout. J'éclate en sanglots sur sa poitrine où je voudrais m'enfermer comme dans un temple sacré.

Avec la mort de Gustave Larroumet, Cécile Sorel perd un amant et un guide intellectuel. Pour ce qu'il lui a appris, la comédienne gardera à jamais envers lui une reconnaissance aussi profonde que justifiée. Avec ce *Misanthrope* triomphal, elle entre, sans le savoir, dans la légende de la Comédie-Française. Elle a rendu à Célimène sa légèreté, sa grâce et sa gaieté. Au fil de ces représentations de 1903 et des dizaines qui se succéderont pendant les décennies suivantes, en France comme hors des frontières, elle va définitivement lier son nom à celui de l'héroïne de Molière. Elle « sera » Célimène comme Sarah Bernhardt « fut » l'Aiglon, ou Coquelin aîné Cyrano et, à l'étranger, elle incarnera à travers ce personnage la tradition culturelle française. Elle y gagne le surnom de « notre Célimène nationale » qui l'accompagnera toute sa vie. Les journaux la nommeront ainsi, même quand elle aura cessé d'interpréter le rôle. C'est une consécration, bien sûr, la reconnaissance d'un talent. Seul risque, celui d'être enfermée dans un personnage.

Quelques semaines après la mort de Gustave Larroumet, la comédienne attaque un nouveau morceau de choix du répertoire, Elmire du *Tartuffe*. Avec quelle science et quel enthousiasme, ce « professeur » avait-il évoqué ce personnage avec elle ! Au moment d'endosser ses habits pour la première fois, comment échapper à ces souvenirs ? Elle partage l'affiche avec Louis Leloir dans le rôle d'Orgon et Eugène Silvain dans celui de Tartuffe. Elle a beaucoup travaillé le rôle. Elle sait qu'après celui de Célimène, c'est un nouvel examen de passage. La critique aussi l'attend au tournant. Mais avec bienveillance, à l'image de l'hebdomadaire spécialisé *Le Monde artiste*, qui écrit : « Mlle Cécile Sorel est une jolie femme – je n'ai certes pas à vous l'apprendre – et, qui plus est, une femme très intelligente. Elle a voulu entrer au Théâtre-Français : elle y est entrée. Elle a voulu avoir du succès : elle en a eu. Elle désire, désir bien légitime, être nommée sociétaire le plus tôt possible : ce sera sans doute chose faite à la fin de l'année. Chose faite et bien faite, ajouterons-nous : Mlle Sorel n'est pas seulement une très jolie femme qui a de très bons et de très chauds amis, elle a du talent et tout ce qu'il faut, vraiment, pour tenir d'agréable façon l'emploi des grandes coquettes ; elle le prouvera dans Elmire, du *Tartuffe*. »

Mais les choses ne sont pas si simples... Cécile Sorel aborde le personnage en souhaitant en faire une « grande coquette ». Après tout, c'est pour cet emploi-là qu'elle a été engagée à la Comédie-Française et Jules Claretie lui a attribué ce rôle en connaissance de cause. Elle fait du personnage une femme capricieuse, un brin allumeuse. Pendant les premières répétitions, Charles Le Bargy, sociétaire depuis 1887 et professeur au Conservatoire, est effondré... Et, fort de son prestige, « le comédien aux trois cents cravates » (d'autres disent mille ; autant que ses conquêtes supposées) s'adresse à la jeune pensionnaire et lui dit tout de go qu'elle joue faux, qu'Elmire est une femme pudique et timide et non une grande coquette, comme Célimène, ainsi qu'elle voudrait le faire croire. Furieuse, Cécile Sorel lui cloue le bec et, lorsqu'il lui réitère ses critiques un peu plus tard, lui claque au nez la porte de sa loge. Deux jours plus tard, elle reprend les répétitions, adoptant un tout autre registre. Et Charles Le Bargy, cette fois, applaudit et la félicite, lui disant qu'elle a bien fait de suivre ses conseils. Alors Cécile Sorel le toise : « Des conseils ? Vous ai-je demandé de m'en donner ? Ou alors, je ne vous aurais pas entendu. »

Un bel exemple de l'absolue mauvaise foi dont Cécile Sorel sait faire preuve quand cela l'arrange. Pourtant Le Bargy avait raison. Ce soir-là, Cécile Sorel enthousiasme et surprend le public et la critique en choisissant de mettre en avant la pudeur et la réserve de son personnage, d'en donner en quelque sorte une version assagie, en rupture avec des interprétations précédentes qui appuyaient sur son caractère de coquette. Inattendue, cette simplicité séduit le public et les observateurs. Après avoir apporté de la légèreté à Célimène, elle offre de la profondeur à Elmire ! Et une élégance qui lui va si bien. Le costume d'Elmire donne tout son éclat à la beauté de la comédienne. Cécile Sorel rapporte que lorsque l'audacieux Eugène Silvain devait l'embrasser pour les besoins de la pièce, il lui racontait ses émois dans le creux de l'oreille, ne lui faisant grâce d'aucun détail. Et en sortant de scène, il disait à sa femme qui, comme toujours, le surveillait jalousement en coulisses : « J'ai failli violer Cécile en scène. »

Une nouvelle fois, l'enthousiasme du public autant que la critique consacre son interprétation. Ainsi, pour *Le Petit Parisien*, « Cécile Sorel a interprété le rôle selon des dons naturels qui sont excellents et avec une rare habileté ».

Dans *Le Temps*, Adolphe Brisson, qui a remplacé Gustave Larroumet, écrit : « Cécile Sorel fut délicieuse ; depuis le départ de Mlle Marsy, nous manquions d'une Elmire ; nous l'avons. » Après la marquise d'Auberive des *Effrontés*, après Célimène du *Misanthrope*, la troisième marche est gravie.

Le 23 décembre 1903, l'annonce est officielle : Cécile Sorel devient sociétaire de la Comédie-Française à compter du 1er janvier 1904. La 339e de son histoire. La seule cette année-là. Elle reçoit des mots de félicitations des membres de la troupe de la Comédie-Française, bien que cette promotion passe mal auprès d'eux, estimant qu'elle intervient trop tôt et qu'elle ne repose pas, loin de là, que sur des critères professionnels. Ce n'est pas tant à la comédienne que s'adressent leurs reproches ; tous l'apprécient comme camarade. C'est plutôt un système qu'ils dénoncent. Cécile Sorel n'ignore rien de ces critiques. Peut-être même les trouve-t-elle en partie justifiées. Dans ses mémoires, Albert Carré, comédien, dramaturge et directeur de théâtre, écrira d'elle : « Son talent n'avait rien d'impressionnant ; mais je n'ai jamais rencontré une actrice aussi courageuse, aussi acharnée à la tâche, aussi avide de se perfectionner. » Du travail, du travail, assorti à une inébranlable confiance en soi, voilà la clé.

Un autre homme a joué un rôle important dans cet apprentissage : Maurice de Féraudy, sociétaire de la Comédie-Française depuis 1897, qui sera plusieurs fois son partenaire sur scène et qui lui prodigue des conseils, convaincu que ce talent naissant ne demande qu'à s'épanouir. Si Gustave Larroumet lui avait permis de mieux comprendre la psychologie des personnages, de Féraudy, fort de sa longue expérience de la scène, la conseille sur son jeu et lui apprend quelques astuces et ficelles du métier. Cécile Sorel lui témoignera à maintes reprises sa reconnaissance. Ainsi, elle lui écrit un jour : « Je sens que j'ai fait mieux qu'auparavant ; c'est à vous que je dois ce succès ; c'est à vous que je crie merci du fond du cœur. Votre toute reconnaissante et dévouée élève. »

Le cadeau de Noël du sociétariat est complété le lendemain par un long article qu'elle découvre dans *Le Figaro* : « Mlle Sorel aurait pu se contenter d'être une jolie femme ; la Beauté est un bien rare et magnifique et le destin, s'évertuant sans doute pour la joie de nos yeux, l'en avait comblée. Il lui plut un jour d'être une artiste, et une comédienne se révéla. La voici sociétaire et tout le monde applaudit à son élection. Elle n'est point de ces "enfants de la balle", comme on dit, dont la jeunesse a respiré l'odeur des planches et qui, un beau soir, entrent dans un manteau de théâtre aussi naturellement que si elles y étaient prédestinées. Mlle Sorel offre aux méditations des moralistes l'exemple et le modèle d'une obstination têtue et victorieuse. Elle voulut avoir du talent ; elle en a, et du plus riche métal. [...] Elle est rentrée chez nous par la grande porte, celle de la Comédie-Française et soudain il apparut qu'une artiste nous était née. »

7.

La comédienne la plus élégante de Paris

En 1905, la revue *Je sais tout* publie un classement des comédiennes les plus élégantes. C'est Cécile Sorel qui l'emporte : « Son chic est légendaire. Le moindre petit bout de ruban qu'elle arbore, la plus frivole fantaisie d'un jour deviennent célèbres dès le lendemain. On imite les détails de sa toilette et de sa personne. Elle est l'actrice la mieux habillée de Paris. » Certes ses chapeaux, certes ses tenues... Mais, au-delà de ses accoutrements, son aura fait que l'on ne voit qu'elle quand elle entre dans une pièce, dégageant un magnétisme qui attire les regards. Et comme elle possède un sens très travaillé de la mise en scène, Cécile Sorel séduit et fascine. En même temps qu'elle agace et irrite. Elle le sait. Elle en joue. Elle en rajoute. Mais ce qui était un jeu est peu à peu devenu sa vraie nature. Ce qu'elle montre désormais, c'est ce qu'elle est ; ses excès sont sincères, ses exubérances naturelles.

Suit-elle la mode ? Non, elle « est » la mode puisqu'elle la fait. Bien sûr, elle fréquente les grands couturiers : elle est une cliente régulière de Madeleine Vionnet qui, fait exceptionnel, se déplace parfois chez elle, de Jeanne Lanvin, dont elle n'hésite pas à emprunter les robes de scène pour les porter à la ville, ou de Jacques Doucet qui, séduit par sa beauté, lui vend 50 francs des robes que la comédienne cède ensuite, à ce même prix, très bas, à certaines de ses amies.

Elle est aussi une habituée de l'atelier d'Elsa Schiaparelli, place des Victoires. La couturière se souvient ainsi de sa célèbre cliente : « Cécile Sorel vint donner à nos employées la représentation de sa vie. Elle fit son entrée, ressemblant à Athos, à Porthos, à d'Artagnan, à Célimène, à la *Victoire de Samothrace* et à la Folle de Chaillot, créant à elle seule un cortège. Elle devait paraître à un concours d'élégance automobile et demanda une longue cape rouge. Nous lui en fîmes une qui traînait par terre, mais jamais elle ne la jugeait assez longue. Toujours et encore plus longue. Lorsqu'enfin, la cape fut à sa convenance, elle décida de l'essayer place Vendôme, et nous nous mîmes toutes aux fenêtres pour la voir. Elle pénétra, royale, dans une toute petite Citroën, se tint debout à l'arrière, prit son attitude la plus Comédie-Française possible et intima, d'un geste, l'ordre au chauffeur de démarrer. La vaillante petite voiture se mit à tourner et à tourner autour de la place, tandis que Cécile Sorel demeurait debout, sa cape se gonflant derrière elle, tel un immense étendard. Après un certain nombre de tours, elle descendit de l'automobile, sa traîne accrochée à son bras. »

Mais, au-delà de son admiration pour ces créateurs d'élégance, la comédienne préfère imaginer elle-même les tenues qu'elle porte, souvent inspirées du XVIIIe siècle. Elle s'en explique : « Je passe du temps dans les galeries et les musées. Une peinture peut me fournir l'idée d'une robe ou d'un chapeau. Un Van Dyck m'a donné l'idée d'un vêtement de fourrure que la mode a adopté. Mais les idées m'arrivent de toutes les façons. Parfois j'exécute une petite esquisse d'après une description ancienne que j'ai vue. Je crois toutefois que mon succès vient de ce que je suis d'une grande originalité de caractère. Je ne me suis jamais souciée de ce que portaient les autres femmes et lorsque j'ai commencé à paraître dans des créations de ma propre fantaisie, j'éprouvais le plaisir le plus aigu à soulever les critiques de mon propre sexe ; j'avais ma récompense et ma vengeance quand je les voyais copier. Car n'est-il pas vrai que l'imitation est la forme la plus sincère de la flatterie ? »

Le résultat est le plus souvent surprenant. La chanteuse et comédienne Simone Berriau en témoigna avec l'indulgence de l'amitié : « Elle était l'extravagance faite femme. J'ai vite compris qu'il était impossible de l'imaginer dans des robes sages ou simplement à la mode ; totalement indifférente à ce qui se faisait ou ne se faisait pas, elle avait une petite couturière à qui elle demandait les tenues les plus insensées et ne tenait aucun compte de l'opinion des autres. Les badauds se moquaient souvent d'elle et elle savait qu'on la trouvait grotesque, mais elle n'aurait renoncé pour rien au monde à son délire. Elle avait poussé son personnage à l'extrême et franchi le point de non-retour : il lui aurait été impossible de revenir aux normes. Elle allait au-delà du ridicule et on était finalement obligé de l'admirer. » Signalons que la « petite couturière » en question avait quand même été « première d'atelier » d'une grande maison de couture. Marlène Dietrich se souviendra d'une de ses rencontres avec Cécile Sorel portant « un chapeau cloche en velours noir garni de plusieurs rangs de perles et le bas du manteau, également de velours noir, garni de huit rangs de renards argentés disposés jusqu'à la taille. » Difficile, dans ces conditions, de passer inaperçue, à supposer que cette idée saugrenue l'ait seulement effleurée.

En plus de l'originalité, la comédienne recherche la liberté de mouvement. Ainsi, elle déteste tout vêtement qui bride les femmes : « Je trouve odieux, par principe, tout ce qui constitue une entrave morale ou matérielle. J'adore la liberté absolue des mouvements et de la pensée. La jupe entravée n'est pas harmonieuse ; elle n'est pas faite pour la femme, elle n'est pas féminine. Je déteste ce qui ôte à la femme ne serait-ce qu'une parcelle de son élégance naturelle. J'ai toujours été ennemie de cette mode ridicule qui supprime ou plutôt annihile tout libre arbitre en faisant de la malheureuse qui en est affublée une pauvre prisonnière, une espèce de Chinoise de l'ancien régime se trainant le long des murs sur des moignons déformés. »

Par ailleurs, Cécile Sorel n'aime pas les phénomènes de mode et reproche aux femmes de les suivre de trop près : « La mode devrait être une harmonie, elle devrait participer d'une évolution régulière, ne pas avoir de ces à-coups subits qui la renouvellent brutalement. C'est qu'une mode nouvelle ne se borne pas à changer le costume de la femme, elle transforme profondément la femme-même ; on n'a pas le même geste, pas la même démarche, la même façon de s'asseoir ou même de parler que l'on porte une entravée ou une robe à paniers. Passer de l'une à l'autre sans transition est une faute, un crime de lèse-beauté. »

Cette exigence permanente d'élégance à la ville comme à la scène explique qu'en réalité, ce sont d'abord les femmes qui ont assuré la notoriété de Cécile Sorel. Elles veulent la connaître, l'étudier « sous toutes les coutures », au sens propre, elles admirent son raffinement, voire son audace, et cherchent à l'imiter. À leurs yeux, elle est une sorte de mannequin national qui représente glorieusement l'art de se vêtir et de se parer, dans n'importe quel endroit public, salle d'exposition, scène de théâtre, représentations officielles, estrades en tous genres. Elle est, dans toute l'acception du terme, une « grande coquette ». Non, elle est « la » grande coquette... Avec son inévitable cortège de poses, de manières, de chichis, d'attitudes justement qualifiées de « théâtrales ».

Les chapeaux ont toujours constitué une des armes de séduction massive de sa coquetterie. Impossible de l'imaginer sans eux qu'elle conserve en toute circonstance lorsqu'elle est en visite et qu'elle conservera encore lorsque, âgée, ils mettront de l'ombre sur son visage. Elle les porte de toutes formes, de toutes tailles – avec néanmoins une préférence très marquée pour les plus imposants et les plus empanachés, à larges bords –, et en change plusieurs fois par jour. Un de ses secrets consiste à les porter bas sur les yeux, ce qui l'oblige, si elle veut bien voir, à lever la tête... Liane de Pougy en témoigne : « Elle s'est avancée sautillante, le pas ailé, le sourire fleuri, le visage encadré de bouclettes blondes *for ever*. Elle avait un beau manteau de velours noir garni de skunks et un chapeau Louis XIV abritant le visage. » De son côté, Simone Berriau racontera que, quand elle emmenait Cécile Sorel dans sa Bugatti décapotable, sa passagère était obligée de tenir fermement son chapeau à deux mains, mais que pour rien au monde elle ne s'en serait séparée. Le fait est si connu que les chansonniers de Montmartre, bien sûr, ne passent pas à côté de ce sujet de plaisanterie :

Écoutez là-bas cette voix qui résonne
J'en reconnais le pur cristal
Cécile Sorel en personne
Sous un chapeau monumental

En 1910, on lui attribue une part de responsabilité dans « la guerre des chapeaux ». Fatalement, ses admiratrices ne se contentent pas de l'applaudir ; elles copient à l'envi ses magnifiques chapeaux. Et cela sans se soucier des dimensions de ces coiffures qui deviennent catastrophiques pour les spectateurs placés derrière elles. Du théâtre, le « conflit » s'étend aux salles de cinéma. Au point que le journal *Vedettes* décide de lancer une campagne et se fait l'avocat des spectateurs qui, « trop souvent assis derrière de véritables échafaudages de plumes ou de rubans, se démanchent vainement le cou ». Sont épargnés par cette polémique la Comédie-Française, l'Opéra-Comique et le théâtre Sarah

Bernhardt dont les directeurs ont pris la décision – courageuse et difficile à imposer – d'interdire aux spectatrices de porter un chapeau.

Cécile Sorel ne se fait pas prier pour énoncer quelques principes de base que toute femme devrait, selon elle, appliquer. Elle donne ainsi quelques conseils, sous forme d'injonctions personnelles, dans l'hebdomadaire *Claudine* : « Que tu aies 40 mètres de tissu autour du corps ou que tes pieds soient pris dans un anneau, apprends à faire toujours de petits pas. Au besoin, exerce-toi dans ta chambre en t'attachant les chevilles. Une femme qui sait marcher écarte à peine les genoux. Les escarpins à semelle mince te rendent boiteuse. Avance toujours la pointe des pieds et ne pèse que sur tes orteils. Plus tes robes sont étoffées aux hanches et plus tu dois tenir tes flancs immobiles. Si tu ne surveilles pas ton mouvement, tu auras l'air d'une sirène d'estaminet. Je te prie aussi de redresser ton dos et d'effacer tes épaules en présentant hardiment ta poitrine. Il faut lever le menton et porter haut la tête. Pour l'amour de l'amour, si tu portes une jupe fendue, ne croise jamais tes jambes ! Même consigne pour les robes à paniers. Tu te contenteras, comme le faisait la Pompadour, de poser tes petits pieds l'un sur l'autre. » Mais Cécile Sorel garde pour elle certaines astuces en concluant : « Les bons cuisiniers ne donnent jamais intégralement leurs recettes. »

Les costumes de scène participent à son élégance et évoluent depuis les débuts de la comédienne. Finie, la taille de guêpe obligatoire, fini, le corset ! En 1905, Marthe Régnier avait fait sensation sur la scène du Vaudeville en portant une robe sans col. Très rapidement ensuite, on a vu apparaître des manches courtes aux robes et les bouffants disparaître. Cécile Sorel attire l'attention en portant sur scène des robes en velours souple. Dans une interview donnée à la RTF, elle déclarera : « Le costume, pour moi, grande coquette, c'était mon état d'être, de vivre, de représenter. Je représentais les grandes pécheresses de la Comédie-Française de toutes les époques, Louis XIV, Louis XV, même moderne. Alors j'ai dû naturellement exprimer la somptuosité de chaque époque jusqu'à celle de nos jours. Je ne voulais pas de modèles de costumes éculés depuis des années, j'ai rénové le style, tout en m'attachant à respecter la vérité historique. »

L'élégance, le maintien, c'est au nom de la sacro-sainte beauté, de la Beauté avec une majuscule, qu'elle les envisage. La beauté est pour elle bien plus qu'une préoccupation de femme coquette ou qu'un outil de séduction, c'est un véritable sacerdoce, une sorte de mission qu'elle se doit d'accomplir. Au-delà du théâtre, de la renommée, de l'exubérance, la grande affaire de sa vie publique, c'est la beauté. Si elle approuve Stendhal quand il estime que « la beauté est une promesse de bonheur », elle a aussi retenu les mots de Coco Chanel : « La nature vous donne votre visage de 20 ans, la vie modèle votre visage de 30, mais celui de 50, c'est à vous de le mériter. » Bien que la nature l'ait plus que gâtée en lui offrant un beau visage, un corps gracile – une photo d'elle, nue de dos, prise par Louis-Amédée Mante, révèle une silhouette parfaite, légèrement potelée comme on les aimait à l'époque –, une peau qui pendant longtemps a semblé ignorer les rides et des cheveux épais et faciles à coiffer, la comédienne doit néanmoins donner quelques coups de pouce au destin en utilisant quantité de crèmes, onguents, fards, pommades... La toilette et le maquillage occupent une grande partie de sa matinée. Et il lui faut souvent recommencer avant la sortie du soir. Simone Berriau rapporte que son amie passait des heures à se maquiller, utilisant une recette de masque aux jaunes d'œufs – qu'elle qualifie de « redoutable » – et qu'elle se couvrait le visage d'une sorte d'omelette pendant une bonne heure. Simone Berriau tenta un jour de l'imiter, mais trouva le traitement insupportable au bout de dix minutes. Cécile Sorel a une autre habitude à laquelle elle ne déroge pas : elle utilise du rouge à oreille qui donne bonne mine et que, d'après elle, les hommes remarquent tout de suite…

Cécile Sorel a aussi ses petits « trucs » pour se mettre davantage en valeur chez elle. Ainsi Coco Chanel révèle qu'elle avait demandé à Fernand Jacopozzi, ingénieur électricien et éminent spécialiste de l'éclairage de monuments, surnommé « le magicien de la lumière », de lui installer chez elle un système d'ampoules indirectes dissimulées parmi les bougies et destinées à lui donner un joli teint… Contrainte du stratagème : elle doit s'asseoir toujours à la même place pour que le « miracle » s'accomplisse ! Autre astuce : sa chaise, à table, est plus haute que celle des convives. De quoi à la fois tout superviser et dominer la conversation ! Le recours – rare à l'époque – à la chirurgie esthétique fait également partie des petits arrangements avec la nature. Un jour, discutant avec Marlène Dietrich, cette dernière lui avoue sur le ton de la confidence qu'après avoir tourné *L'Ange bleu*, elle a eu recours à un chirurgien esthétique, une cure d'amaigrissement trop rapide la faisant « flotter dans sa peau », vieillissant son visage de dix ans. Cécile Sorel, de vingt ans plus âgée que l'actrice allemande et habituée de ce type d'intervention, fait alors mine de s'étonner et lui dit innocemment : « C'est donc vrai que ça existe, ces opérations-là ? » Pourtant, les interventions qu'elle a subies l'ont fait beaucoup souffrir. Elle en témoignera ainsi : « Ce n'était pas une partie de plaisir. Quand je m'éveillais dans mon lit, je passais un bien mauvais moment et je serrais les dents pour ne pas crier de douleur. »

Mais si, à ses yeux, la beauté n'a pas de prix, elle a un coût. Invitée, avant la guerre de 1914, à donner une conférence sur l'élégance féminine, elle déclare : « Je tiens à prévenir mes auditrices que, pour suivre avec quelque fruit mes conseils, il faut pouvoir consacrer au moins 25 000 francs par an aux simples soins de beauté. » Le propos, qui ressemble à une provocation, suscite immédiatement un tollé de réactions indignées. Cécile Sorel fera amende honorable et tentera de répondre que ses propos ont été mal interprétés, mais rien n'y fera. Cette petite phrase la poursuivra longtemps. Assistant à la conférence, Laurent Tailhade, polémiste libertaire qui avait déjà lancé des piques dans la presse contre elle, l'avait apostrophée à la fin de la séance, par ces mots repris par la presse :

> Je connais une adorable personne et qui ne consacre pas un sou aux soi-disant soins de beauté.
> Comment fait-elle ? demande sèchement Cécile Sorel.
> Elle a 20 ans, madame, répond Tailhade, théâtral.

La comédienne confie ses cheveux au célèbre Antoine – Antoine Cierplikowski – dans son salon de la rue Cambon où, innovations, le lavage des cheveux est obligatoire et les premiers sèche-cheveux sont installés. Le salon est fréquenté par les célébrités et les têtes couronnées du moment. Cécile Sorel exhibera toujours une chevelure blonde, expliquant : « Vénus était blonde ; quand on naît brune, il faut se teindre. La femme doit porter une chevelure couleur d'or et de triomphe. » Injonction sans appel ! En 1920, elle donnera – vendra – son nom à une lotion anti-cheveux blancs et antipelliculaire. André Varel est son dentiste dont la spécialité est de refaire le sourire de célébrités, comme Suzy Delair ou Louise de Vilmorin. À ses heures perdues, le praticien écrit des poèmes. Il finira par abandonner la blouse blanche et la roulette… pour la chanson, formant avec Charles Bailly un duo qui connaîtra un certain succès. Faisant face un jour à une urgence dentaire, la comédienne se fit soigner par le docteur Antoine-Paul Cayrol. Son fils, l'écrivain Jean

Cayrol, témoignera : « Un jour, papa soigne dans l'urgence la grande Cécile Sorel. "Elle a encore toutes ses dents !" dit-il, tout émoustillé à l'idée d'avoir soigné une déesse. Il n'oubliera plus son parfum. » Son parfum ? Le numéro 5 de Chanel, toujours...

8.

« Architecte des âmes et des pierres »

Fin 1906, Cécile Sorel joue *Poliche* d'Henry Bataille. Mais ce que le public et les critiques retiennent d'abord de la pièce, c'est la présence comme élément de décor... d'une auto. Une véritable automobile sur une scène aussi prestigieuse ! Certains observateurs s'offusquent de voir un objet si vulgaire sur cette scène qui a vu jouer *Polyeucte* ou *Phèdre*. Le dernier acte se déroulant dans une gare, ils ignorent que la présence d'un wagon fut envisagée, avant d'être abandonnée.

Elle partage l'affiche de *Poliche* avec Maurice de Feraudy, Marie Lecomte et Berthe Cerny. Pendant ces représentations, cette dernière met la Comédie-Française en ébullition. De son vrai nom Françoise-Berthe-Hélène-Lucie de Choudens, pensionnaire depuis cette année après un premier prix de comédie au Conservatoire, elle se voit refuser par Jules Claretie d'accéder au sociétariat. Pour elle, il s'agit d'une mesure discriminatoire et injuste. En réalité, il est exceptionnel qu'un comédien change ainsi de statut en une année seulement. Mais l'affaire fait grand bruit dans le Landerneau théâtral. Car Berthe Cerny, sûre de son bon droit et de son talent, plaide sa cause auprès du ministre des Beaux-Arts, Aristide Briand, sous l'autorité duquel est placé l'administrateur de la Comédie-Française. Elle n'obtiendra pas satisfaction et devra attendre 1909 pour devenir sociétaire. Mais elle y gagnera un amant. Sa liaison avec Aristide Briand durera presque dix ans. Sitôt rendue publique par quelques indiscrétions, elle est une aubaine pour les chansonniers. « Cerny a les yeux Briand et Briand a les yeux Cerny », chante-t-on dans Paris, et Berthe Cerny – qui entretiendra ensuite une liaison avec Paul Reynaud, un autre homme politique – est surnommée « la Brillante ». Décidément, entre le monde des hommes politiques et celui des comédiennes, la porosité est grande… Berthe Cerny et Cécile Sorel ne s'apprécient guère. Peut-être cette dernière a-t-elle appris que Berthe Cerny disait d'elle : « Elle n'a aucun talent mais elle arrive à le faire croire. Quel génie ! »

Bien loin des bisbilles de la Comédie-Française, une rumeur insistante court de part et d'autre de la Manche, faisant état d'un coup de cœur d'un aristocrate anglais pour notre Célimène nationale. Un mariage est même évoqué. L'homme se nomme lord Rosebery. Le *London Evening Time* écrit : « Que peut désirer lord Rosebery ? Il a déjà eu tout ce que l'Angleterre peut lui offrir, sauf la couronne. Il paraît qu'il y a encore autre chose qu'il désire, mais ce n'est pas en Angleterre qu'il le trouvera, car c'est la main de la plus belle femme de France, Mlle Cécile Sorel… » En plus d'être aristocrate, lord Rosebery est pair d'Angleterre et extrêmement riche. Détail qui a son importance : il est marié à Anna de Rothschild et un divorce risquerait de le rendre beaucoup moins riche. Interrogée sur cette liaison, la comédienne laisse planer le mystère. Pourtant, le lord anglais se fait rapidement oublier. Le cœur de Cécile Sorel ne traversera pas la Manche ! Pour une bonne raison : il bat désormais pour un Américain qu'elle rencontre à Versailles et qui va bouleverser le cours de sa vie, Whitney Warren. De onze ans son aîné, marié, ce diplômé de l'université de Columbia est un architecte réputé dans son pays et au-delà. Il est par ailleurs très fortuné. Amateur d'art et collectionneur, il est de haute taille, avec de larges épaules, un front puissant, des traits racés – Cécile Sorel évoquera son profil de médaille romaine –, un air de grand seigneur mâtiné d'artiste. Il se trouve à Paris pour parfaire sa formation et fréquente les Beaux-Arts. L'Institut, bientôt, l'accueille. Camille Saint-Saëns qui l'y croise le dépeint « aussi parfait gentleman que grand artiste ». Georges Clemenceau, de son côté, qui sera proche de lui comme de la comédienne, dira de Warren, avec la légère touche de rosserie qui est sa signature : « Je le connais très bien. C'est un fou, mais un fou sympathique. Ce qu'il dit ou rien, c'est la même chose. Bel homme et riche, cela lui a permis de posséder Cécile Sorel. » Rapidement, la rumeur se répand dans Paris : il lui verserait 100 000 francs or par mois ! Et l'emmène, bien sûr, chez Cartier, Worth, Molyneux, Poiret...

Tomber amoureux de Cécile Sorel qui, à ses yeux, représente ce que la France a de meilleur, renforce encore chez Whitney Warren son amour pour ce pays. Il aime sa culture, son histoire, ses paysages, sa liberté, son raffinement et le prouvera avec éclat pendant la Première Guerre mondiale. Mais qui parle alors de guerre ? Paris est la capitale du plaisir et des arts, ses théâtres et ses cafés sont pleins, on rit avec ses chansonniers, on chante dans ses cabarets, la mode s'y invente, les esprits les plus fins s'y donnent rendez-vous, les femmes y sont élégantes, les hommes galants et conquérants, le tout nouveau métro circule entre Nation et Porte-Dauphine, les magasins de luxe émigrent place Vendôme, les artisans s'activent pendant que les oisifs arpentent l'avenue du Bois. L'Alsace et la Lorraine ? Elles hantent les cœurs, mais avec la certitude qu'un jour, bientôt, ces deux provinces annexées par l'Allemagne rejoindront le giron national.

Whitney Warren ne se contente pas d'être très riche. Il est également cultivé, curieux et cache un goût prononcé pour la fantaisie sous un masque de sérieux. Certes, le monde de Cécile Sorel est fort éloigné de celui qu'il a l'habitude de côtoyer, mais il est fasciné par son culot et sa liberté autant que par sa beauté. Son attachement pour elle ne faiblira jamais. Amant longtemps, il restera son ami, son confident et son admirateur. Plus tard, la comédienne évoquera ainsi cet « architecte des âmes et des pierres », dans un bouillonnement tout sorélien : « Votre être était l'incarnation de votre âme, votre corps en était comme "responsable". Mains fines, bouche mince, nez droit, cheveux fauves, des yeux toujours lointains et, au-delà, une présence qui suffisait à nous révéler l'état de grâce. On n'entendait pas cette vie qui élevait, évoquait, inspirait tout autour d'elle. Il y a des hommes dont le silence intérieur nous invite à nous recueillir et à nous incliner comme si nous passions devant une église. De quelle planète veniez-vous donc ? »

L'été, ils voyagent ensemble en Italie. À Florence, dans les musées, il est son professeur. À Venise, il est son amant ; elle s'interroge : « Vers quoi me guide un amour qui veut aller jusqu'au plus profond et au plus pur de lui-même ? » Au côté de cet Américain qu'elle qualifie d'« homme d'élite », Cécile Sorel découvre d'autres univers, des manières plus directes, « à l'américaine ». À son contact, lui découvre, de l'intérieur et poussé jusqu'à l'outrance, cet art de vivre « à la française » qui l'attire tant.

Aspect beaucoup plus terre à terre, Whitney Warren contribue largement à installer la comédienne dans ses – nouveaux – meubles. Et l'expression prend alors tout son sens. L'appartement du quai Voltaire où elle emménage alors – un des plus beaux de Paris, d'après tous ceux qui y furent conviés – est à son image : extravagant et raffiné. Son loyer est à la hauteur : 15 000 francs par mois. Face au Louvre, sur la rive gauche, un long balcon de pierre en corbeille sur une façade grise désigne du dehors l'appartement du 7 quai

Voltaire, ouvert sur la Seine à travers de larges fenêtres. La maison, ancien hôtel Glucq devenu hôtel Choiseul-Beaupré puis hôtel d'Aumont-Mazarin au gré de ses propriétaires successifs, date du Grand Siècle. Elle fut la demeure de la duchesse de Mazarin puis de Louise d'Aumont. En haut d'un vaste escalier aux marches usées et à la rampe en fer forgé, propice aux montées lentes et nobles de jadis dans le bruissement des traînes, la porte d'entrée s'ouvre sur un buste de Louis XIV en marbre, sa face souveraine tournée vers les visiteurs. À ses côtés, ceux de Molière et de Racine. Dans la salle à manger, tout est d'époque Régence. Évoquant son décor, Cécile Sorel écrira : « L'art parfait de la Régence m'inspirait une obsédante passion. J'aimais ce style dans tous les artistes qui contribuèrent à son éclat, ses peintres, ses sculpteurs, ses ébénistes, ses orfèvres. Combien de fois me suis-je relevée la nuit pour voir, pour palper un meuble unique que je venais d'acquérir ! À le regarder, mes yeux s'emplissaient de volupté. Je m'agenouillais devant ses formes parfaites pour le caresser avec dévotion. » Liane de Pougy, qui fut plusieurs fois invitée quai Voltaire, témoigna ainsi : « Cécile Sorel nous fit déjeuner chez elle un beau matin où la Seine prenait des frissons de moire bleue, dans la belle salle à manger, sur la table de marbre qui a coûté 100 000 francs. Cette table était couverte de drap rose, transparaissant sous de la gaze d'or jonchée de tulipes colorées et d'odorants mimosas à leur tour parsemés de pêches, de poires, de raisins, de bananes. Les belles mains de Célimène couraient dans ce verger fleuri et distribuaient les fruits à tour de rôle. » La table de marbre vient du Trianon. Le dallage blanc et rose – sang de pigeon, selon la terminologie exacte –, aussi. Les murs sont couverts d'onyx. Une peinture grandeur nature représente l'occupante des lieux en costume Grand Siècle. Le salon de boiseries vert émeraude est tendu de damas vénitien rouge. Des peaux de tigre sont posées sur le sol, sous un buste de Mme Adélaïde signé Jean-Baptiste Lemoyne. Devant un immense paravent de Coromandel du XVIe siècle – comme au *Ritz* –, où les feuilles de laque noire et or jettent leurs reflets, se trouve un canapé aux coussins de pourpre royale sur lequel la comédienne aime recevoir ses invités, tout près d'une fontaine en porphyre où deux dauphins dressés sur leur queue crachent une eau vert émeraude recueillie dans une conque d'or. Sur la massive cheminée, on admire le buste d'un torse grec rapporté, paraît-il, des fouilles de Délos. Aux murs, des portraits signés de Largillière, Perronneau ou La Tour, des toiles de Guardi, de Nattier ou de Tiepolo. Sur les rayons de la bibliothèque s'alignent de précieuses reliures. Un lustre de cristal éclaire un bureau Régence devant des chaises signées par Charles Cressant. Dans la chambre tendue de parme, trône le lit qui fut celui de la comtesse du Barry, en bois à baldaquin doré à quatre colonnettes, surmonté d'une couronne de roses. Le boudoir est de marbre rose. Dans la salle de bains en lapis-lazuli, un divan de peau de panthère pour les massages, une table de bronze pour accueillir flacons et brosses. La baignoire dorée aux robinets en masques de lions à laquelle on accède par trois marches est encastrée dans un sarcophage romain en marbre représentant quatre scènes dionysiaques. Long de deux mètres, ce sarcophage, ancien joyau de la collection de la famille Borghèse, avait appartenu à Émile Zola. Après Cécile Sorel, il appartiendra à Paul Reynaud. En 2009, il sera adjugé chez Sotheby's pour 1,5 million de dollars.

Nulle faute de goût, mais de la démesure, du luxe, de l'inattendu. Et le culte de la grandeur passée : « Auprès des œuvres d'art, j'ennoblissais ma personnalité, expliquait-elle ; tout cela me représentait, il me semblait y retrouver mes existences antérieures. » Elle aime le clinquant ? Oui, mais à condition qu'il soit authentique. Et tant pis si parfois quelque antiquaire peu scrupuleux lui vend d'authentiques… copies.

Dans ses souvenirs, Cécile Sorel évoquera la présence, sous l'hôtel du quai Voltaire, d'un passage souterrain menant à la Seine où était amarrée une gondole venue, écrit-elle, directement de Venise. Venue surtout directement de son imagination. Reconnaissons toutefois que remonter la Seine en gondole aurait été du dernier chic sorélien ! Cet appartement servira de cadre à d'innombrables réceptions qui verront défiler les plus hautes personnalités des arts, de la culture ou de la politique. Dans l'effervescence du salon ou dans l'intimité de la chambre à coucher, que de rencontres, que de conversations, que d'intrigues, que de débats et d'ébats !

9.

L'appel de l'étranger

En juin 1911 se déroule à la Gaité Lyrique le traditionnel Gala des associations de courriéristes et de secrétaires de théâtre. Le Tout-Paris s'y donne rendez-vous et les plus grands artistes du moment y participent : parmi eux, le compositeur Reynaldo Hahn côtoie la cantatrice Kousnetzoff, Lucien Guitry remplace Gabriele d'Annunzio qui s'est décommandé, le comique Galipaux fait rire le public, Sem réalise des caricatures en direct, Franz Lehar, compositeur de *La Veuve joyeuse*, accompagne des interprètes au piano. De son côté, la troupe de la Comédie-Française, Cécile Sorel en tête, joue *Sapho*, pièce programmée pour la saison suivante rue de Richelieu. La comédienne aime cette pièce tirée du roman d'Alphonse Daudet. Elle se sent bien dans le rôle de son héroïne, Fanny Legrand, et comprend qu'il peut marquer sa carrière. Désirant ardemment jouer la pièce au cours de la saison suivante, elle écrit, de sa gigantesque écriture, un petit mot à son ami Arthur Meyer, un des organisateurs de ce rendez-vous :

> Grand ami, Je suis encore heureuse et émue du succès que les Parisiens ont fait à la nouvelle *Sapho* et cela me donne du courage pour la saison prochaine que notre administrateur a choisie pour mettre la pièce au répertoire. Un mot sur son aimable promesse l'aiderait peut-être à ne pas

l'oublier si toutefois vous faites un compte-rendu de votre belle matinée d'aujourd'hui. Grand merci et mille affections de votre Cécile Sorel.

PS. Vous me causeriez un nouveau et sensible plaisir en voulant bien donner à la note ci-jointe une place dans vos échos.

L'administrateur général tiendra sa promesse et programme *Sapho* en 1912. La pièce raconte l'aventure déchirante de Fanny Legrand et Jean Caussin. Auprès de Georges Grand interprétant ce dernier, Cécile Sorel reprend le rôle de l'héroïne tenu avant elle par Réjane, Jane Hading ou Sarah Bernhardt. Figure dramatique, à la beauté mûre, Fanny Legrand, au passé chargé d'intrigues et d'amours, est ardente de passion. Certains critiques reprochent à Cécile Sorel de donner à son personnage plus de finesse et de subtilité qu'il n'en a dans le roman de Daudet. Mais le public lui fait un triomphe, à nouveau. Et les spectateurs ne peuvent qu'admirer les différents chapeaux qu'elle porte. Dessinés par Maria Guy, chapelière place Vendôme, ils ont été choisis avec un soin tout particulier par la comédienne. Tête nue au premier acte, elle arbore au deuxième une manille de velours encadrant le visage, avec des brides se terminant par de longs pans sur l'épaule et ornée d'un discret petit bouquet de roses et de marguerites. Au troisième acte, plus sombre, elle porte un simple petit chapeau gris légèrement penché sur le côté. Au quatrième, un feutre de couleur cuivre cabossé d'une manière originale et décoré d'une cordelière. Enfin, au dernier acte, elle apparaît coiffée d'une toque de voyage délicatement posée sur la blondeur des cheveux. En juillet, Cécile Sorel joue *L'Aventurière*, comédie d'Émile Augier, au théâtre de plein air d'Enghien-les-Bains avec les membres de la troupe de la Comédie-Française. C'est la première fois qu'elle se produit en extérieur. Mis en avant par les organisateurs, cet argument se révèle efficace : la salle est pleine. Et parmi le public, beaucoup d'Anglais en villégiature, attirés par les thermes de la ville autant que par son casino.

Les succès sur scène s'accumulent, mais la comédienne a d'autres bonheurs : un temps infidèle à Whitney Warren, elle est amoureuse d'Albert Flament. Journaliste, critique et auteur, mondain et raffiné, il a cinq ans de moins qu'elle, porte une élégante moustache brune, une écharpe blanche. Il signe ses articles de multiples pseudonymes : il est Sparklet dans *L'Écho de Paris*, Zakouski dans *La Vie Parisienne*, Bridge dans *Le Gaulois*, Martin-Gale dans *La Presse*... Beaucoup de ses articles portent sur la vie mondaine, littéraire et artistique de la capitale. Leur amitié du début n'empêche pas, déjà, une familiarité certaine : « Je vous en ai voulu de partir, du fond de ma baignoire, cela me faisait plaisir de vous voir. Je crois que je vous déteste » Rapidement, leur relation change et l'amitié devient passion : « Tu es le seul ami qui sache l'être, j'en suis toujours infiniment touchée et t'en remercie du plus sensible de mon cœur. Je t'embrasse très très affectueusement, cher, cher Albert. » Ils se rencontrent chez elle ou chez lui mais aussi au *Figaro*, chez Doucet, dans des restaurants... Avec les semaines, le ton se fait plus enflammé : « Tous nos souvenirs me sont remontés au cœur, il était trop rempli pour ne pas déborder, et, s'il trouve un écho dans le tien, viens que je me jette sur tes lèvres. Je t'aime. » Elle le félicite : « Que tu as du talent, ma charmante sale bête et quelle joie jalouse tu m'as donnée hier. Je me croyais plus forte ; je suis pressée de connaître que tu peux encore me faire souffrir. Je t'aime. » C'est Albert Flament qui mettra fin à cette brève liaison. Mais Cécile et lui resteront amis et se croiseront à de nombreuses reprises.

À l'automne 1911, Cécile Sorel reçoit à la Comédie-Française un mot personnel signé de l'empereur d'Allemagne

Guillaume II l'invitant à venir jouer au théâtre impérial de Berlin quelques œuvres classiques du répertoire. C'est flatteur mais pour le moins embarrassant, en ces temps de lourdes tensions entre les deux pays. Cécile hésite : la proposition est allèchante, et ce genre de visite pourrait être de nature à réchauffer ces relations bilatérales glaciales. Elle s'en ouvre au ministre des Affaires étrangères, Raymond Poincaré, le plus apte à donner un avis éclairé. Elle témoignera que ce dernier, irrésolu, tergiverse longtemps, sans apporter de réponse claire, avant de lui demander de ne jamais parler de leur rendez-vous. Finalement, elle ne franchira pas le pont d'or jeté par le Kaiser entre Paris et Berlin pour ses beaux yeux ! La comédienne s'attribue le mérite de cette décision courageuse. Il est fort à parier qu'en réalité, Poincaré voyait d'un très mauvais œil cette initiative susceptible de créer des incidents diplomatiques.

Les relations avec la Russie étant plus apaisées, la tournée qu'y effectue cette année-là la Comédie-Française, Cécile Sorel en vedette, à l'invitation du tsar Nicolas II, reçoit l'approbation du Quai d'Orsay. Au même titre que le champagne, la mode ou les parfums, Sorel représente à l'étranger le raffinement français. À elle seule, la comédienne peut apporter la beauté, l'élégance, les grands textes du répertoire, mais aussi ce petit grain de folie qui lui appartient. Partie début février par le Nord-Express, la troupe se produit à Saint-Pétersbourg au théâtre Michel. La presse rapportera que la tournée de la Comédie-Française a failli virer à l'incident diplomatique. Reçue à dîner chez le grand-duc Boris, à Saint-Pétersbourg, Cécile Sorel aurait giflé un laquais qui lui aurait dit « salope ». Scandale ! Renseignement pris, le malheureux lui avait demandé, en russe, « votre manteau », phonétiquement assez proche de l'insulte qu'elle avait cru entendre. Un autre incident, avéré celui-là, se déroule avant la représentation à laquelle doit assister le tsar. Alors que la troupe répète, une vingtaine de soldats armés, lanterne à la main, arpentent la scène et la salle, au point de provoquer la colère des comédiens qui ne peuvent travailler dans ces conditions. En réalité, les lieux sont passés au peigne fin dans la crainte d'un attentat contre Nicolas II. À l'issue d'une représentation du *Misanthrope*, Cécile Sorel, conduite par le grand-duc Boris, est présentée au tsar en grand uniforme d'amiral. Elle lui trouvera un air « timide et doux ». Logée à Saint-Pétersbourg à l'*Hôtel d'Europe*, elle visite le musée de l'Ermitage, assiste à une messe en la cathédrale Notre-Dame-de-Kazan. Là, rapportera-t-elle, elle est frappée par le contraste entre les dames couvertes de perles et de zibeline et les pauvres qui se pressent à la sortie de l'église. Elle écrit : « Une mère – était-ce pour le nourrir ou pour le protéger contre l'épidémie qui sévissait ? – avait fait boire à son bébé une cuillérée d'huile prise dans une veilleuse sacrée brûlant au pied d'une icône. »

Au jour prévu pour son retour, de nombreux journalistes guettent son arrivée gare du Nord, pour recueillir ses premières impressions sur son déplacement au pays du tsar. Manque de chance pour eux, elle est rentrée l'avant-veille, incognito. Mais une désagréable surprise l'attend à son retour : les lionceaux que Henri de Rothschild lui avait offerts ont grandi... Ils ont saccagé une partie de l'appartement et failli dévorer leur maîtresse. La voilà obligée de les confier au Jardin des plantes. Un an plus tôt, au magazine *Femina* qui l'avait interrogée sur sa passion déclarée pour les lions – partagée avec Sarah Bernhardt – la comédienne avait répondu : « J'ai toujours été charmée par ce qui est beau, ce qui est grand, ce qui est fort. La fantaisie et un peu le hasard m'ayant mise en possession d'un couple de lions, je ne puis me lasser d'admirer leurs ébats, leurs mouvements d'une souplesse si harmonieuse, la majesté tranquille et imposante de leurs attitudes. Même très jeunes, les lions ont déjà cette assurance tranquille que l'expérience de la vie parvient, seule, à donner à un petit nombre d'hommes supérieurs. Ils ne sont pas comme nous, disciplinés, pliés sous la vie ; ils ont une énergie révoltée qui donnerait aux caractères les plus veules l'ambition de la force. » Plus tard, évoquant sa philosophie de l'existence, elle aura encore recours à la métaphore du lion : « Il faut être une dominatrice dans la vie, prendre la vie par la crinière et la secouer furieusement. » Dans ses mémoires, elle écrira : « Cherchez l'animal auquel vous ressemblez. Moi, c'est le lion. J'en ai la majesté, la sauvagerie, la crinière. » Bien que née sous le signe de la Vierge, Cécile Sorel mettra toujours un point d'honneur à affirmer qu'elle est du signe du Lion...

En 1912, à son retour de Russie, elle reprend le rôle de Célimène qu'elle n'a pas joué depuis six ans. Un nouveau triomphe : la salle est pleine, les habitués de l'orchestre ont dû se rabattre sur le parterre faute de places. Et à la fin du cinquième acte, neuf rappels ! Le journal *Comœdia* s'enthousiasme : « Six ans ! Cela paraît extravagant quand on songe que pour la plupart des gens, d'après les articles de journaux, les échos, les conversations, Célimène et Mlle Sorel sont devenus synonymes. Cette 1 259e représentation du *Misanthrope* depuis 1680 comptera parmi les plus brillantes grâce à l'éclat que lui a donné l'interprétation de Cécile Sorel. » Les jours suivants, le même enthousiasme du public accueille la vedette pour son retour dans son rôle fétiche. Célimène, c'est Sorel, Sorel, c'est Célimène !

Au même moment, des échotiers rapportent que la comédienne aurait reçu d'un imprésario sud-américain la coquette somme de 200 000 francs pour une série de représentations à donner début 1913, à Buenos Aires. À ces rumeurs, elle répond dans un grand sourire : « *Forse che si ! Forse che no !* » Ce qui, en revanche, est une certitude, c'est qu'une longue tournée est prévue en janvier 1913 qui doit la mener jusqu'à Vienne, Budapest, Constantinople, Athènes, Alexandrie, Le Caire... Pour cette tournée que Cécile Sorel doit effectuer avec Georges Grand, autre sociétaire de la Comédie-Française, l'impresario Jean Bertran a prévu un itinéraire et un calendrier approuvés par les deux comédiens. Mais les troubles dans la région des Balkans le contraignent à les modifier. La comédienne décide alors d'annuler la tournée, estimant que la nouvelle proposition qui l'oblige, dit-elle, à jouer tous les soirs dans une ville différente ne lui convient pas. Surpris, Georges Grand apprend la résiliation de l'engagement de sa partenaire par un courrier de l'impresario et lui répond aussitôt : « De qui se moque-t-on ? Qui est de mauvaise foi ? Vraiment, mon nom est tout de même mis en cause et je trouve qu'on ne doit pas me traiter avec cette désinvolture. Si cela vient de Mlle Sorel, elle se conduit d'une façon étrange. Si vous ne voulez pas faire la tournée, ayez la franchise de le dire et ne lanternez pas. Je trouve votre conduite plus qu'étrange. Meilleurs compliments. » Il s'avérera impossible de trouver un terrain d'entente.

10.

Jouer en temps de guerre

Le dimanche 2 août 1914, la mobilisation de l'armée française est décrétée. La pièce *L'Ami Fritz* qui était programmée ce jour-là à la Comédie-Française est retirée de l'affiche : les chevaux qui devaient apporter les lourds décors ont été réquisitionnés. Soulagement général ; *L'Ami Fritz* chez Molière, alors que les Allemands attaquent, aurait été du plus mauvais effet...

En réalité, la question ne se pose même pas : dès la déclaration de guerre, la Comédie-Française ferme ses portes et les membres de la troupe sont tenus de rester à la disposition du théâtre. Albert Carré vient d'y remplacer Jules Claretie, mort en décembre 1913, au poste d'administrateur général. La disparition de Claretie qui l'a engagée et beaucoup soutenue attriste profondément Cécile Sorel. Ce qu'elle ignore, c'est que, bien des années avant, elle permit, malgré elle, à l'administrateur de faire la démonstration de sa malignité et de son sens de la diplomatie... Les auteurs à succès Robert de Flers et Gaston Arman de Cavaillé, qui avaient écrit une comédie, *L'Amour veille*, désiraient voir Cécile Sorel dans le rôle principal. Or la comédienne refusa. Estimant ce refus inadmissible, les auteurs en appelèrent à Claretie qui leur donna raison. En frappant du poing sur son bureau, il leur dit « je l'y forcerai ! » avant d'ajouter aussitôt sur le même ton « mais voudra-t-elle ? ». Elle ne le voulut pas et les deux auteurs repartirent bredouille.

Dans le sillage des autorités, beaucoup de figures du Tout-Paris se replient à Bordeaux. Cécile Sorel est du voyage. Sur place, elle retrouve la comtesse de Noailles, Edmond Rostand, Robert de Flers, Georges Feydeau, Sem, Galipaux, le couturier Poiret, etc. La presse locale ironise : « Bordeaux donne l'aspect d'une ville conquise. L'avant-garde et la vieille garde cosmopolites ont pris par attaque brusquée les cafés, les restaurants et les garnis », écrit *La Petite Gironde.* D'autres commentaires sont plus précis : « On parle beaucoup à Bordeaux d'une équipe de jeunes actrices de la Comédie-Française, Mlle Cécile Sorel en tête, réservant leurs inspirations aux hommes puissants qui, peut-être par un reste d'habitude, pourraient le leur demander. » Les mauvaises langues, les journaux à sensation évoquent une « Capoue moderne », des « sarabandes effrénées ». Mais sur place, c'est plutôt la mélancolie, la tristesse et l'ennui qui prévalent.

Au bout d'un mois, Cécile Sorel rentre à Paris. Elle visite des blessés, leur apportant des fleurs et essaie d'obtenir des nouvelles de ses deux neveux mobilisés. L'un, Jean Reutlinger, mourra à 23 ans dans les tranchées. En novembre 1914, elle assiste à la séance annuelle de l'Académie des beaux-arts qui proclame le nom des lauréats des grands prix de Rome. Mais aucun n'est présent, tous sont au front. Alors, il faut se contenter de discours d'académiciens, dans une salle gelée ; le chauffage a été coupé. Parmi les invités, la comédienne fait sensation, emmitouflée dans un improbable manteau de fourrure. Dans son intervention de président de l'Académie, le peintre Dagnan-Bouveret, exalte les lauréats absents : « Tous combattent pour le salut de la patrie. Que cette séance soit consacrée à leur souvenir. Que la fidèle ardeur de nos vœux et la fraternelle ferveur de nos pensées les accompagnent et les protègent ! »

La Comédie-Française rouvre ses portes en décembre. Albert Carré, mobilisé, y est remplacé par Émile Fabre, âgé de 46 ans, au poste d'administrateur général. Natif de Metz, chauve à barbiche, portant lorgnon, il est auteur dramatique comme son prédécesseur, mais également metteur en scène. Il restera en poste dix-neuf ans. Comme tous les théâtres pendant la Grande Guerre, la Comédie-Française doit verser au moins 15 % des recettes à une œuvre de bienfaisance. Son programme est modifié. Des lectures et soirées poétiques y sont proposées. Cécile Sorel y récite des poèmes de Hugo ou de Bainville.

En compagnie d'artistes de l'Opéra, de l'Opéra-Comique, de l'Odéon ou de l'Athénée, elle participe, au nom de la Comédie-Française, à la matinée donnée au profit de l'Œuvre du secours aux artistes français et belges. En 1915, elle interprète *Le Mariage de Figaro* puis *L'Aventurière* dans le rôle de Clorinde, au côté d'Eugène Silvain, Paul Mounet, Albert Lambert et Yvonne Ducos. Dans le contexte de la guerre, son texte subit quelques modifications. Ainsi, la phrase : « Ulrich n'est pas un bourgeois de Munich, c'est un des plus riches et des plus nobles gentilshommes d'Allemagne » devient « Ulrich n'est pas un bourgeois de Madrid, c'est un des plus riches et des plus nobles gentilshommes d'Espagne ». Un peu plus loin, les vers « Mais, seigneur, cette histoire a tout l'air d'un roman / Rien n'est plus naturel chez un noble allemand » se transforment en « Mais, seigneur, cette histoire a l'air d'un conte fol / Rien n'est plus naturel chez un noble espagnol »... Un soir, Cécile Sorel se trompe et prononce le premier vers original. Erreur aussitôt rattrapée avec habileté en modifiant ainsi le vers suivant « Rien n'est plus naturel chez un grand castillan ».

Pendant la fermeture estivale de la Comédie-Française, elle se rend à Genève avec la troupe et se produit au profit d'œuvres de bienfaisance françaises et suisses, vendant des fleurs aux spectateurs pendant l'entracte. Cette tournée a pour objectif de lutter contre la propagande menée par les Allemands dans ce pays, un des derniers à rester neutres. L'administrateur général s'explique : « Même avant la guerre, les Allemands, fidèles à leur procédé de concurrence sans loyauté, ne se sont pas fait faute de jeter le discrédit sur notre théâtre. Ce sont des commerçants perfides. Ils se servaient de nos classiques mêmes pour représenter notre peuple comme dégénéré. » Émile Fabre regrette que la France ne se soit pas donné les moyens de lutter à armes égales sur ce terrain-là. Il rêve d'emmener sa troupe aux États-Unis pour favoriser un engagement des Américains au côté des alliés, mais l'aventure serait trop compliquée et trop onéreuse.

À la rentrée de la Comédie-Française, Cécile Sorel incarne Dorimène dans *Le Mariage forcé* de Molière. Comme les autres établissements, le théâtre a l'obligation de fermer ses portes à 23 heures. En novembre 1915, Cécile Sorel retourne à Bordeaux. Mais cette fois, pour y jouer. À l'appel de l'Œuvre des ateliers de guerre, elle y interprète *Le Demi-Monde* d'Alexandre Dumas. Puis, à Genève, elle reprend *Le Misanthrope*. Alors qu'elle vend comme d'habitude en ces temps de guerre des bouquets dans la salle pendant l'entracte au profit de sociétés de bienfaisance, se produit un événement dont la presse se fera largement l'écho. *Le Rappel* le rapporte ainsi :

> Mlle Sorel s'avançait au milieu des rangs pressés et distribuait des fleurs. Un spectateur s'approche. Il est grand fort et blond, les moustaches relevées en croc, la carrure,

dont tout indique l'appartenance à la race détestée. Il prend d'autorité une rose et dépose dans la corbeille un billet bleu.

« J'emporte cette fleur en souvenir de vous, madame », dit-il d'un fort accent tudesque.

Et comme le tact n'est pas la qualité première de ces gens-là, il insiste : « Elle me portera bonheur dans l'Est, où je vais me battre. »

Alors Célimène, redressée, lui répond dans un sourire : « Oui, elle fera bien sur votre tombe. »

Entre deux représentations, la comédienne multiplie les participations à des soirées de bienfaisance. À l'hôpital de la Croix-Rouge, elle apporte aux blessés des cigares ainsi que des brins de raphia pour qu'ils confectionnent des corbeilles destinées à être vendues. Elle se produit avec Béatrix Dussane devant les malades de l'hôpital Garibaldi, joue pour les amis et bienfaiteurs de L'Œuvre, présidée par Jean d'Estournelles de Constant, elle vend des sacs à main au profit de la Croix Verte, association de blessés sans famille.

Le 26 février 1916, Cécile Sorel et Berthe Cerny provoquent indignation et consternation au sein de la Maison de Molière, et au-delà. Elles ont en effet brillé par leur absence lors de la célébration de la naissance de Victor Hugo qui voit traditionnellement sociétaires et pensionnaires défiler, lauriers en mains, devant le buste du poète. Les deux plus jolies comédiennes de la troupe ! Au-delà du manquement au « devoir », c'est l'absence de sanction qui irrite. L'indulgence d'Émile Fabre, le nouvel administrateur général de la Comédie-Française, n'est-elle pas la marque d'une certaine servilité, ces deux pensionnaires bénéficiant, de notoriété publique, de certaines protections haut placées ? Les observateurs se demandent s'il fera encore preuve d'une semblable mansuétude si d'autres pensionnaires ou sociétaires moins « protégées » manquent à l'appel lors des prochains couronnements de Molière ou de Racine.

L'incident est encore dans tous les esprits quand débutent les représentations de *La Mégère apprivoisée*. La pièce de Shakespeare adaptée par Paul Delair n'a pas été jouée rue de Richelieu depuis dix-huit ans. Deux personnages dominent la pièce : Petruccio et Catarina. Le premier est interprété par Georges Grand, la seconde par Cécile Sorel. Si Georges Grand est très loin de convaincre dans ce rôle et si la réécriture versifiée, pompeuse et lourde, de la pièce accuse le poids des ans et paraît démodée, Cécile Sorel donne à Catarina une jeunesse et une légèreté remarquables. Sa mégère n'est pas une femme méchante ; elle a juste mauvais caractère et ses colères sont drôles, avant sa soumission au maître qui l'a conquise. Louis Schneider l'applaudit dans *Le Gaulois* : « Mlle Cécile Sorel s'est installée dans le personnage de Catarina et l'a fait sien avec une intelligence, une verve, un entrain, une jeunesse, une pétulance agressive qui lui ont valu un succès complet ; elle a conquis le public par sa sauvage beauté, par la pittoresque splendeur de ses costumes, par l'eurythmie de ses attitudes. »

Soucieux d'apporter aux soldats un peu de distraction, Émile Fabre crée alors le Théâtre aux Armées, s'inspirant du Théâtre du maréchal de Saxe qui, au XVIIIe siècle, divertissait les troupes autour des champs de bataille. Pour l'administrateur général de la Comédie-Française, « soutenir le grand renom littéraire et artistique de la France, faire applaudir les productions de notre génie national, opposer les chefs-d'œuvre de notre esprit aux entreprises d'un ennemi qui cherche à nous vaincre sur tous les terrains, c'est livrer un bon, un juste combat ». Venant de tous les milieux du spectacle, et tous volontaires, des artistes se produisent dans les cantonnements et les hôpitaux. Cécile Sorel, comme beaucoup d'autres, participe à cet élan patriotique de solidarité.

Avec une obligation à respecter : dès qu'ils arrivent en zone armée, les artistes sont soumis à la stricte discipline militaire et sont encadrés par un lieutenant désigné par le Grand Quartier général. Ils n'ont que vingt minutes pour se préparer et se maquiller avant toute représentation et sont parfois contraints de porter un masque à gaz.

Le 15 juin 1916, un train conduit Cécile Sorel à Dunkerque. De là, une automobile la mène auprès de soldats combattant à Nieuport, en Belgique. Elle n'est pas seule. Whitney Warren est également du voyage, de même que Jean Cocteau – réformé, il s'est engagé dans le convoi de la Croix-Rouge créé par le comte Étienne de Beaumont –, Beatrix Dussane, autre sociétaire de la Comédie-Française, les deux danseuses de l'Opéra Carlotta Zambelli et Antonine Meunier ainsi que Lucy Isnardon, soprano de l'Opéra de Paris. Le 17, la troupe du Théâtre aux Armées est reçue à La Panne, près de Nieuport, par des fusiliers marins, et loge à l'hôtel *Terlinck*. Des représentations sont organisées au camp Bador de Coxyde-Bains. Passé l'étonnement des soldats face à ce débarquement haut en couleur, l'accueil est chaleureux. Cécile Sorel en témoigne, avec le lyrisme qui sied à la situation : « Au loin, le ronflement sourd et continu du canon. Devant nous, au premier rang, des généraux ; derrière, les officiers et après eux, pressés, serrés, entassés, nos chers poilus, les soldats bleus aux grands yeux clairs. Ils écoutent de tout leur être, la tête en avant, les épaules tassées. Et voilà qu'ils s'enthousiasment, juvéniles. On sent battre le formidable cœur de la foule héroïque. Ah ! il n'est pas d'empereur, pas de roi, pas d'altesse qui vaille ce parterre de soldats de France devant lesquels on voudrait s'agenouiller dans une admiration sainte [...]. Nous sortons de scène, ivres d'émotion devant la splendeur d'une telle race, l'orgueil de lui appartenir... » Se glissant dans les tranchées, elle porte casque et capote de cavalerie, comme le règlement l'impose. De quoi ressembler à un « vrai » soldat. Beatrix Dussane témoignera de cette équipée en racontant que deux poilus, tout surpris en découvrant que sous cet uniforme se trouvent deux femmes, s'écrient en chœur : « Oh merde, des gonzesses ! » Quelle étrange équipée au milieu de ces poilus ! Jean Cocteau se souvenant de cet épisode évoquera la comédienne entonnant *Sambre et Meuse* dans une chambrée à 2 heures du matin, ou encore des soldats perçant à la baïonnette la tente qui lui servait de loge improvisée... Autant d'événements qu'il tournera en dérision dans son roman *Thomas l'imposteur* inspiré par ces quelques jours passés à Coxyde : « Parfum Sorel embaume secteur, mais pauvres cabotins accumulèrent les gaffes chantant des *Marseillaises*, donnant des conseils d'héroïsme et du réconfort ridicules. Rien au monde n'énerve plus les poilus... »

Parmi les gradés que Cécile Sorel rencontre à l'occasion de cette plongée dans les combats, le colonel et futur général Louis Mougin occupe une place à part. Ils échangeront des courriers pendant toute la guerre, et même après. De retour à Paris, elle lui écrit : « Mon colonel, vive la France ! Vive les poilus ! Vive le 201e ! Je suis fière de vous et pour vous. Je voudrais aller vous embrasser tous là-bas. » En mai 1918, le colonel enverra à la comédienne un bouquet de muguet. Elle lui répond : « Je suis infiniment touchée de votre exquise pensée, mon colonel, du délicieux muguet que vous avez cueilli pour moi. J'ai su que vous et votre régiment avez été admirables ces derniers combats. Je suis fière de votre amitié. »

En juillet 1916, la Comédie-Française clôture la saison en consacrant presque entièrement une semaine à Cécile Sorel qui joue successivement *L'Aventurière*, *Le Marquis de Priola*, *La Mégère apprivoisée* et *Le Misanthrope*. Un superbe hommage en même temps qu'une belle performance !

11.

Warren s'engage pour la France

En janvier 1915, la Comédie-Française ressemble, pour quelques heures, à un hôpital : la matinée des Gloires françaises y est organisée. Fauteuils et loges y sont presque tous occupés par des blessés, des mutilés ou des convalescents. Cette matinée de gala mêlant patriotisme et charité est donnée au profit de l'œuvre Pour le front que préside la princesse Joachim Murat. Le principe est simple : les places achetées par des donateurs sont offertes à des soldats blessés. Parmi ces donateurs, on relève le nom des ministres de l'Intérieur, de la Marine, des Travaux publics, du sous-secrétaire d'État aux Beaux-Arts, du vice-président du Conseil d'État, du bâtonnier de l'Ordre des avocats, de députés, de nombreux aristocrates. Sur scène, quelques morceaux de bravoure : la *Marseillaise*, récitée par Mme Segond-Weber, le poème d'Henry Bataille, *Aux mères douloureuses*, dit par Madeleine Roch, des extraits de *Marion Delorme* et du *Médecin malgré lui*. À l'entracte, blessés, mutilés, officiers et soldats fraternisent au milieu des comédiens.

Pendant que Cécile Sorel enchaîne les pièces et les galas de bienfaisance, Whitney Warren use de toute son influence pour pousser les États-Unis, son pays, à s'engager aux côtés des Alliés. Par amour de la liberté, par amour de la France. Dès le début de la guerre, il met tout en œuvre – son énergie, ses relations, son argent – pour établir un pont entre son pays natal et son pays de cœur, et maintenir entre eux un contact moral. Il témoignera ainsi, après le conflit : « Depuis que cette abominable guerre dévastait l'Ancien Monde, je ne me supportais plus dans une Amérique en paix. Je n'y étais pas plutôt rentré que j'y avais tout de suite le mal de France. Je rebouclais ma valise et sautais dans le premier bateau. » Le bombardement de la cathédrale de Reims, au tout début de la guerre, révolte l'architecte amoureux des arts et le conforte encore davantage dans l'idée que son pays doit agir. Il enquête sur les violations commises par les troupes allemandes contre les monuments. Dans ce cadre, il se rend à Monaco où il rencontre le prince Albert 1er. À Paris, il déclare publiquement désapprouver la politique de non-intervention des États-Unis : « Nous avons laissé commettre sans protester, des iniquités dépassant toute compréhension. Nous nous sommes rendus coupables d'une grave erreur en n'élevant pas la voix dès le début. »

Manque de chance, le président américain Wilson envoie en Europe son conseiller, Edward House, surnommé le colonel House bien qu'il n'ait aucun titre militaire. Ce diplomate de carrière ne parle pas un mot de français et n'éprouve aucune sympathie pour la France. Ses entrevues avec Théophile Delcassé, le ministre des Affaires étrangères, ne donnent rien. Et pour cause : l'Américain n'a pas grand-chose à proposer et ne comprend guère la situation. De son côté, Whitney Warren s'active. Ainsi, le 9 décembre 1915, désireux de convaincre l'opinion publique américaine opposée à une entrée de son pays dans la guerre, il réunit de nombreuses personnalités influentes à l'hôtel *Ritz* de New York et leur déclare : « Je suis un dévot passionné de la France parce qu'elle m'apparaît comme la réunion et la gerbe de toutes les choses qui, dans ce monde, sont dignes d'être aimées : beauté, générosité, liberté, justice ; parce qu'elle unit la grâce et la force, le courage et la gentillesse, la patience et la fantaisie. Je suis un dévot de la France parce que sa vertu n'est pas arrogante, parce qu'elle consent volontiers à faire oublier cette vertu par des faiblesses qui ont toujours, à quelque degré, leur charme ; parce qu'enfin elle ne sait pas ce que signifie la médiocrité et que, dans toute son histoire, elle s'est constamment montrée unique dans ses mérites comme dans ses fautes. L'essentiel, dans la vie, aussi bien pour les nations que pour les individus, est de n'être pas vulgaire. La France ne l'a jamais été, la France ne peut pas l'être... C'est pourquoi, même si la France, dans cette guerre, avait eu tort, j'aurais aveuglément épousé son parti. Comment ne l'épouserais-je pas deux fois, et les yeux largement ouverts, puisqu'elle a raison ! »

Dans une lettre du 19 novembre 1915 adressée à Aristide Briand, président du Conseil, Whitney Warren propose d'organiser dans son pays un service de propagande en faveur de la France et de ses alliés, et donc d'une intervention américaine. Il écrit : « Vu qu'en Amérique, l'alimentation de la presse, du côté français, manque à peu près absolument ainsi que l'alimentation du cinématographe ou des conférenciers alors que l'Allemagne fournit tout ce qu'il faut et encourage la propagande par ces trois moyens, ne serait-il pas bon pour combattre cet état de choses de nommer un Américain bien au courant des mœurs et coutumes des deux pays, qui serait délégué ou agréé du ministre des Affaires étrangères et du ministre de la Guerre auprès de la presse américaine, des compagnies cinématographiques et des conférenciers ? »

Le 27 novembre, le général Gallieni à qui la lettre a été transmise, écrit à l'état-major : « Je ne vois, en ce qui me concerne, que des avantages à l'organisation, sur les bases qu'il propose et sous la direction de M. Warren, des méthodes et des moyens dont il m'a donné un aperçu détaillé. Je suis tout prêt à accepter les offres qu'il a faites ;

elles me semblent de nature à servir utilement les intérêts de la Défense nationale. »

Mais les projets de Warren vont être contrariés par le général Henri Berthelot, chargé du dossier. Dans son argumentation, ce dernier écrit, avec une sévérité sans nul doute injuste ou, du moins, excessive : « Ceci n'est pas possible. M. W.W. est un homme agréable, sympathique, de bonne volonté, mais artiste, bohème, un peu loufoque, sans suite dans les idées. On peut donner toute facilité à ceux qu'enverra W.W., mais nullement le déléguer seul. » Le général Bertelot est connu des Français de l'époque pour avoir refusé d'imaginer une invasion allemande de la France à travers la Belgique et d'avoir pour cela subi une période de disgrâce. Après la guerre, il sera un des principaux artisans de la construction de la ligne Maginot.

Sans doute, aux yeux des militaires, le lien, de notoriété publique, entre Warren et Cécile Sorel, connue pour ses extravagances et ses relations dans le monde politique, n'a-t-il pas joué en sa faveur. Malgré l'échec de son offre de service, Whitney Warren continue de lutter de toutes ses forces en faveur de l'intervention américaine. Celle-ci deviendra réalité en avril 1917 après une longue opposition du président Wilson à une entrée dans le conflit, soutenu par une large partie de son opinion publique tentée par la neutralité. Il ne fait pas de doute que, par son obstination et ses interventions, Whitney Warren n'est pas tout à fait étranger à ce changement d'attitude.

12.

Les planches et les armes

Pour Cécile Sorel, l'année 1917 commence mal. Souffrante et ayant besoin de plusieurs jours de repos, elle doit annuler ses représentations prévues du *Chandelier* et ne fait sa rentrée que fin janvier en reprenant cette pièce puis en jouant la baronne d'Ange dans *Le Demi-Monde*. La pièce de Dumas qui avait été jugée « immorale et choquante » lors de sa création un demi-siècle plus tôt avait alors été admise sans aucune difficulté par le public parisien.

L'année est marquée par une nouvelle tournée dans le cadre du Théâtre aux Armées. En mai, Cécile Sorel joue le *Tartuffe* en Suisse pour la propagande française. De retour de Suisse, le 28 mai, elle organise un dîner quai Voltaire. Philippe Berthelot, secrétaire général du ministère des Affaires étrangères, et sa femme Hélène sont conviés, ainsi que Marthe Davelli, célèbre cantatrice, maîtresse de Constant Say, héritier de la compagnie sucrière, le journaliste Léon Bailby, le peintre François Flameng, auteur de plusieurs portraits de Cécile Sorel, le peintre catalan José Maria Sert et sa compagne Misia Godebska. Gabrielle Chanel est également présente, accompagnée d'Arthur Capel – dit Bob – son amant. La rencontre avec Misia Godebska sera déterminante pour la couturière : cette excellente musicienne née à Saint-Pétersbourg sera la seule femme qui exercera une réelle influence sur elle et à qui elle accordera du génie. Or, surprise, ce jour-là, Cécile Sorel arbore les cheveux courts. Coco Chanel, qui a coupé les siens, l'a convaincue de faire de même. Cinq ans avant la parution de *La Garçonne*, le roman à scandale de Victor Marguerite, plusieurs femmes célèbres ont déjà sacrifié leurs cheveux longs par souci de liberté et comme marque d'indépendance, comme la danseuse Caryathis, Colette ou Marthe Letellier, considérée comme une des femmes les plus élégantes de Paris. Loin de ce monde-là, les ouvrières qui ont remplacé dans les usines les hommes partis se battre se coupent elles aussi les cheveux ; mais ce n'est pas par coquetterie, juste pour éviter qu'ils ne se prennent dans les machines.

En septembre 1917, la comédienne se rend cette fois en Italie, toujours dans le cadre du Théâtre aux Armées, lors de l'avancée vers Trieste des troupes du général Cadorna. À Venise, elle partage le repas des aviateurs. Parmi eux, son ami le capitaine Gabriele d'Annunzio, croisé plusieurs fois à Paris puis devenu un intime. Étranges retrouvailles au milieu des bombardements ! D'Annunzio donne à Cécile une photo de lui dans son avion, au retour d'un raid sur l'Hermada. Le lendemain, guidée par un général italien, Cécile visite les lignes du front de l'Isonzo où se déroulent de violents affrontements, les Français se battant au côté des Italiens. À son retour, Cécile Sorel témoigne de ces moments dramatiques et exaltants dans un texte publié par *Excelsior* : « Avant de quitter le front, nous rendîmes visite aux artilleurs français qui participaient à l'avance. De même que les aviateurs du Lido, ils célébrèrent la valeur de nos alliés, nous répétèrent les nobles raisons que nous avions de les aimer, de les aider et de les glorifier. » Plus loin, elle évoque « les mains rugueuses et invincibles de nos soldats, leur énergie virile, leur volonté mâle et calme, leur sincérité rude », ajoutant « jamais je n'ai autant regretté de ne pas être soldat, servir comme eux ! ».

Début 1918, elle reprend *Poliche* à la Comédie-Française, arborant une nouvelle fois une impressionnante série de chapeaux. Ceux qu'elle porte dans la pièce proviennent de l'atelier de Marie Louise, installé boulevard Malesherbes. Dans *Le Gaulois*, la chroniqueuse Jeanne Tournier s'enflamme : « Ce n'est presque plus de la mode, c'est davantage... C'est une étude approfondie des lignes, des proportions, des nuances et des ombres qui tient plus de l'art du peintre que de celui de la modiste. » En ces temps de guerre, la Comédie-Française n'est pas à l'abri des bombes. En avril 1918 y est joué *L'Abbé Constantin*, pièce inspirée du roman de Ludovic Halévy, avec Maurice de Féraudy dans le rôle-titre, Charles Granval, Cécile Sorel... Au cours d'une représentation, l'alerte retentit, signalant que la grosse Bertha recommence à tirer. Alors, Féraudy s'approche du public, l'invite à garder son calme tout en lui laissant la possibilité de quitter la salle s'il le souhaite et annonce que la pièce continue. Aucun spectateur ne se lève et tous applaudissent, applaudissements couverts par le bruit d'un deuxième coup de canon. Les instructions du ministère de l'Intérieur sont formelles : seules les attaques aériennes justifient l'interruption des représentations. Lorsque cela se produit, les spectateurs se réfugient dans les caves où ils sont rejoints par les comédiens qui récitent des vers ou des tirades.

Quelques jours plus tard, la troupe de la Comédie-Française se rend à Nice pour une série de représentations. L'événement est ainsi annoncé par ce communiqué officiel : « Mlle Cécile Sorel est partie hier pour Nice entourée de ses camarades. Elle jouera les grands rôles du répertoire qu'elle n'a pas cessé d'interpréter à Paris et au Théâtre aux Armées depuis le début de la guerre et qui lui ont valu un si éclatant succès. » Cette formulation crée de nombreux remous au sein de la Comédie-Française, surtout parmi les membres de la troupe, mais aussi au-dehors. Le quotidien *Le Petit Bleu de Paris* s'en fait l'écho en ces termes : « Non, mais vraiment, qu'est-ce que cela veut dire ? S'agit-il d'une tournée Sorel ou d'une tournée de la Comédie-Française ? Dans le premier cas, on aurait lieu d'être surpris de voir une sociétaire autorisée à organiser une tournée en dehors de la maison. Dans le second, que signifie cette publicité outrancière autour du nom d'une artiste qui, pour en valoir d'autres, ne vaut pas plus que tant d'autres et pourquoi ne pas annoncer simplement que les artistes de la Comédie-Française sont partis en tournée à Nice ? Le cabot a toujours été l'enfant chéri du public, c'est entendu. Mais à soigner leur réclame avec l'impudeur dont ils font preuve, surtout, dirait-on, depuis le début de la guerre, ils finiront par se rendre odieux à tous. » La charge est violente. Certes, Cécile Sorel fait tout son possible pour attirer sur elle la lumière des projecteurs. Cependant, la Comédie-Française semble y trouver son compte, tant dans le domaine des finances que dans celui du prestige. Les échotiers, les soiristes et l'ensemble de la presse sont fascinés par ce personnage talentueux et unanimement reconnu, son exubérance qui lui confère un statut à part au sein de la Comédie-Française. Et nul ne peut nier que, depuis le début de la guerre, la comédienne a montré un engagement solidaire et national sans faille, participant à de multiples actions de soutien ou de charité, n'économisant ni son temps ni sa santé.

Dans ses mémoires, Cécile Sorel rapportera que, durant ces années de guerre, son appartement du quai Voltaire était devenu « une sorte de quartier général de l'arrière, un centre de liaison où se retrouvaient les officiers permissionnaires, les ambassadeurs, les hommes politiques de diverses nations [...]. Guynemer, Nungesser, Garros, entre deux combats dans les airs, volaient vers ma porte... » Elle raconte ainsi être restée seule dans l'appartement un soir de bombardement, alors que les convives apeurés gagnaient prudemment la cave. Elle regardait tomber les bombes lorsqu'une « voix sortit de l'ombre » : c'était Guynemer la félicitant pour son cran en dépit du danger... Son concierge témoignera quelques années après la fin du conflit, de l'intense activité mondaine de l'appartement du quai Voltaire et qu'un soir, alors que les lumières de l'appartement de la comédienne étaient encore allumées après l'heure du couvre-feu, des agents de police se présentèrent à la loge pour le signaler. Le concierge leur répondit : « Allez le dire à Mlle Sorel, mais je vous préviens : il y a cinq ministres là-haut... »

Le 11 novembre 1918, comme tous les Français, elle ressent une joie intense à l'annonce de la fin des combats. L'après-midi même, elle est à la Chambre des députés pour écouter le discours de victoire de Clemenceau. Dans l'hémicycle, elle compte beaucoup de proches, voire de très proches, qu'elle convie régulièrement quai Voltaire. Familière de l'Assemblée, elle n'a aucune difficulté à y pénétrer, contrairement aux milliers de Parisiens en liesse bloqués devant les grilles et qui devront se contenter de rester dehors.

Fin décembre, Cécile Sorel participe au gala du Trousseau du gosse, association visant à fournir des chaussures aux enfants des régions dévastées par la guerre. L'objectif de cette matinée très parisienne et de la tombola qui l'accompagne est d'expédier trois mille paires de souliers. Les donateurs doivent verser 30 francs. Non contente d'y participer, elle tente de sensibiliser ses connaissances à cette noble cause. Ainsi, elle écrit ces quelques lignes à la comtesse Mniszech, d'ascendance polonaise dont le père, naturaliste, a vendu sa collection d'animaux empaillés au célèbre établissement Deyrolle : « Maintenant que le sort des armes a décidé de nos victoires, il nous reste à remplir un devoir : aider ceux dont les pays furent les champs de nos combats. Les enfants des régions libérées ont souffert, souffrent et souffriront si nous ne leur donnions tous nos soins. C'est pour eux que je sollicite votre aide, certaine de l'obtenir. Nous organisons à la salle Hoche une matinée de gala suivie d'un thé et d'une tombola. Vous me ferez la grâce de prendre quelques billets en songeant qu'ils serviront à rendre moins malheureux de pauvres petits qui ont froid et demandent secours. Agréez, madame la comtesse, l'expression de mes sentiments reconnaissants. » Ce même texte, elle en fera une vingtaine de copies pour rallier à cette cause diverses personnalités.

13.

Une adresse très courue

En quelques années, Cécile Sorel est devenue une des hôtesses les plus en vue de Paris. L'appartement somptueux du quai Voltaire sert d'écrin aux dîners qu'elle y organise, et nombreux sont ceux qui donneraient cher pour « en être ». Y être convié confère une aura particulière, un prestige certain. Au fil du temps, elle a su tisser des relations dans les milieux des arts, de la culture ou de la politique par curiosité, par amitié. Par intérêt parfois aussi et elle ne s'en cache pas. Elle possède un talent certain pour mettre du liant, faire se rencontrer des personnes très différentes, voire opposées, faire converser des opinions contraires. Bien sûr, chez elle, elle domine, c'est elle qui reçoit et elle tient à le montrer, mais elle sait mettre ses hôtes en valeur et favoriser les rencontres et les échanges. Elle s'intéresse aux autres et sa curiosité, alors, n'est jamais feinte. Cela ne l'empêche pas d'adorer désarçonner les gens et elle ne s'en prive pas. Chez elle, on se donne du « chéri », « chérie » à tour de bras. Sauf la maîtresse de maison qui a l'habitude d'appeler ses amis et amies « ma pigeon ». Pourquoi ce volatile et pourquoi ce féminin ? Elle-même dit l'ignorer.

Certes, à Paris, d'autres femmes peuvent réunir des aréopages de personnalités célèbres dans des lieux souvent plus prestigieux encore. Ainsi, la vicomtesse de Trédern, place Vendôme, la comtesse d'Eu, à Boulogne-sur-Seine, la comtesse Cornet, boulevard Haussmann, Mme de Flitz-James, une Autrichienne très fortunée, rue de Constantine... Mais il s'agit de femmes oisives, issues de l'aristocratie et bénéficiant des relations de leur mari. Rien à voir avec Cécile Sorel ! L'oisiveté n'est pas dans ses gènes, elle travaille, elle est comédienne et consacre beaucoup de temps à son métier entre les représentations, les répétitions, les obligations diverses. Avant chaque création, elle consulte Céline Chaumont, célébrité qui a abandonné le théâtre en 1897 pour se consacrer au professorat. La méthode de cette femme au physique peu gracieux mais à la grande influence est aussi personnelle que controversée car, formée à l'ancienne, elle encourage ses élèves à chercher l'effet sur scène, affirmant que l'on peut en faire un sur chaque réplique et même sur chaque mot.

C'est d'abord le travail qui a fait de Cécile Sorel ce qu'elle est devenue et c'est à lui qu'elle doit son réseau de relations. Sans doute ses particularités donnent-elles un attrait supplémentaire à sa présence, à sa conversation. Elle aime admirer, mais c'est une certitude : elle est admirée par ses convives en raison de son talent, de sa beauté, de son art de recevoir, de sa curiosité, de son ouverture d'esprit. Et de cette exubérance qui peut faire sourire, mais qui fascine aussi. Une telle liberté ! Une telle originalité ! Elle possède l'art de recevoir. Une qualité pas si fréquente, comme le souligne alors le chroniqueur et essayiste Gérard Bauër, fils naturel d'Alexandre Dumas : « Un dîner bien composé doit comporter des représentants de l'Institut (cinq classes), du Quai d'Orsay, du Sénat, de la Comédie-Française, deux ou trois romanciers connus, un poète et, de temps en temps, une vedette étrangère. C'est ce qui fait qu'un salon passe pour parisien aux yeux de ceux qui y sont admis. Quelques maîtresses de maison excellent à ces réunions mosaïquées. Il y faut de l'entregent ; certaines d'entre elles savent les animer remarquablement. » C'est à coup sûr le cas de Cécile Sorel. Déjà dans son appartement des Champs-Élysées se croisaient des personnalités du Tout-Paris. Mais le premier étage du 7 quai Voltaire verra pendant quinze ans un défilé impressionnant !

Les réceptions y sont toujours somptueuses. Les visiteurs sont accueillis par Ahmed, le serviteur égyptien, vêtu du costume traditionnel avec fez, babouche et djellaba blanche. Pendant le repas, il se tient derrière sa patronne au service de laquelle il est spécialement affecté, s'acquittant de ses fonctions avec une dignité non dénuée de fierté. Cécile Sorel commande des plats raffinés chez les meilleurs traiteurs et sert de grands crus. Nappe en drap d'or, porcelaine ultrafine, timbales d'argent... Tout est fait à la fois pour éblouir et pour satisfaire les invités. La femme de chambre, Mme Mélie, supervise l'organisation et recrute du personnel pour servir. En 1919, cette dernière recevra un coup de téléphone du ministre Léon Bérard en personne lui annonçant qu'il va lui remettre la médaille des bons serviteurs. *L'Œuvre* ironisera : « C'est ainsi qu'un surintendant des Beaux-Arts, sous la République de M. Poincaré, peut s'acquitter auprès des soubrettes des étoiles des théâtres subventionnés... »

Hôtesse empressée et loquace, Cécile Sorel a rapidement acquis les codes d'un monde dans lequel elle n'est pas née. Elle y ajoute sa spontanéité et sa gaieté naturelles. Et le mélange fait mouche. Sa propension à surjouer, à faire de chaque moment un moment théâtral, à se transformer en princesse de comédie dans la vie quotidienne amuse et surprend plus qu'elle n'agace. Son excentricité fait sourire, sans choquer. Elle ne cherche jamais non plus à écraser, à blesser, encore moins à humilier. Lors de ces soirées, elle soigne son entrée, comme au théâtre. Et comme au théâtre, un bref silence de surprise suit ce moment, le temps pour ses invités de découvrir la tenue et le chapeau, forcément invraisemblable, du jour.

Ses amis aiment son franc-parler et son naturel. Ils s'amusent de ses jugements parfois aussi déroutants que ses tenues. Bien sûr, elle sait être mauvaise langue et caustique, cela fait partie du jeu. Mais toujours avec plus de drôlerie que de méchanceté. Ainsi, quand elle dit d'un de ses collègues comédiens : « Sur scène, il joue les fauves, dont il a l'odeur sans avoir les muscles. » Ses invités sont friands des petites histoires de la Comédie-Française et du milieu du théâtre. Elle est friande des petites histoires de l'Assemblée ou du monde de la presse.

Tout ce qui brille à Paris se rend quai Voltaire. L'hôtesse des lieux a l'habitude de faire graver des petites plaques de laiton sur lesquelles figure le nom de ses invités les plus prestigieux ou les plus chers à son cœur. Elle les fixe ensuite entre les moulures de son salon. Certains s'y trouvent toujours, portant les noms de Barrès, d'Annunzio, Maeterlinck, Wilde, Weygand... De ses invités, Cécile Sorel attend beaucoup : « Si dans ces agapes je prends la parole pour exalter le goût des combats ardents par des idées chevaleresques, et la poésie des gestes braves je n'ose espérer que cela puisse avoir en France la moindre conséquence. Cependant, il ne me déplairait pas, avec toute la flamme que j'y mets, de susciter des héros dans mon auditoire. » Parmi les hôtes, beaucoup d'hommes politiques. On connaît la rumeur qui court dans Paris : les gouvernements qui se succèdent à un rythme rapide se font et se défont autour de la table ou dans l'alcôve du 7 quai Voltaire bien davantage qu'à la buvette du Palais-Bourbon ou sous les ors des ministères. De mauvaises langues surnomment Cécile Sorel « le passage de la République », en raison de l'accueil qu'elle réserve aux dignitaires du régime, de la même façon que Hortense Schneider avait été surnommée en son temps « le passage des princes », en raison de sa manière de recevoir les souverains en visite dans la capitale. Elle-même le reconnaît aisément : « Je suis en quelque sorte la Du Barry de la République. » De son côté, Gabriele D'Annunzio, fidèle invité, déclare à propos de l'hôtesse du quai Voltaire : « J'ai reçu d'elle des baisers historiques : en la quittant, on a l'impression d'avoir étreint le Conseil des ministres. »

Attirée par la qualité des individus davantage que par leurs opinions, la comédienne manifeste un vif intérêt pour les affaires publiques, sans esprit partisan marqué ; ses amitiés vont de l'Action française aux radicaux et aux socialistes. Elle aime assister aux débats houleux de l'Assemblée, écouter les discours des grands orateurs qu'en spécialiste de la déclamation, elle admire : Clemenceau, Briand, Herriot, Caillaux, Lemire... Cet intérêt pour la vie et les mœurs politiques et son assiduité à la Chambre – elle y entre par une porte réservée aux parlementaires et les gardiens la connaissent – suscitent souvent des moqueries parmi les échotiers. L'éditorialiste du *Petit Moniteur universel* écrit : « J'ai beaucoup de sympathie pour les gens de théâtre, j'y compte de bonnes amitiés et nul plus que moi ne se réjouit de leurs succès. Toutefois, je les aime assez pour leur dire ce que je pense et je n'y manque jamais, dès qu'il me paraît qu'ils s'exagèrent leur importance à la ville. Une jolie femme, une des plus jolies même, dit-on, doublée d'une excellente artiste, Mlle Cécile Sorel, de la Comédie-Française, s'est avisée que son opinion sur nos hommes politiques pouvait et devait avoir une importance, du moins, le lui a-t-on fait croire. » En écho, *La Critique indépendante*, sous la signature anonyme et mystérieuse de « Prince Sans Rire », écrit : « Quand Mme Cécile Sorel honore de sa royale personne les tribunes de la Chambre, les orateurs s'arrêtent respectueusement, les ministres s'inclinent gracieusement, M. Jaurès lui-même se trouble et reboutonne son gilet. Seul

M. Deschanel est imperturbable. » En réponse, Cécile Sorel s'explique : « Pourquoi je vais aux séances du Parlement ? Mais parce que c'est du théâtre vivant. Je conviens que la pièce est fréquemment mauvaise, que les acteurs ne savent pas bien leur rôle. Mais dans l'ensemble, malgré l'absence d'éloquence, malgré la trivialité de certains à gauche, malgré la correction parfois horripilante de la droite, malgré les entrées manquées et les fausses sorties, il y a quelque chose de prenant, qui m'enchante, moi femme artiste. »

Ainsi, elle connaît la plupart des grands acteurs de la vie parlementaire ; beaucoup sont ses amis ; plusieurs sont ses amants. Parmi eux, Aristide Briand occupe une place à part. Elle a une affection toute particulière pour ce fils d'aubergiste, orateur prestigieux à la fausse indolence, grand amateur de poésie et rêveur à ses heures. Par ailleurs, entre Clemenceau et Cécile Sorel s'est joué un étrange ballet de séduction-répulsion. Cécile Sorel aurait probablement aimé occuper auprès du Tigre une place privilégiée qu'il n'était pas désireux de lui offrir. Mais sans doute aussi, l'indépendance de la comédienne dérange-t-elle la conception des femmes qu'a le misogyne bougon de la rue Benjamin-Franklin qui moque régulièrement son exubérance et la traite d'« autruche ». Pourtant, il se murmura à un moment, sans que rien ne le confirme, que Clemenceau écrivait une pièce pour elle.

Journalistes et responsables de journaux sont également accueillis quai Voltaire. Le plus fidèle et le plus ancien est Léon Bailby, patron de *L'Intransigeant*, qu'une longue amitié lie à Cécile Sorel qui admire son érudition, son humour, sa finesse et qui écoute avec ravissement cet observateur très bien informé. Dans les lettres qu'elle lui adresse, elle écrit « je vous embrasse et vous aime » avant de signer. D'autres hommes de plume, comme Albert Flament, qui fut son amant, figurent parmi les invités réguliers, ou Maurice

Barrès, amant également, qui lui fera vivre, selon ses propres dires, « les magnificences de la passion tendre et décorative » et qui présente à ses yeux le double avantage d'être à la fois écrivain et parlementaire. Pourtant, s'il semble le maîtriser avec brio, l'art oratoire nécessaire à cette dernière fonction n'est pas naturel à l'auteur de *Sous l'œil des barbares*, comme l'écrit Cécile Sorel : « Il s'extériorisait difficilement ; sa voix blanche ne résonnait qu'en lui, elle ne dominait pas les assemblées orageuses. » Alors, Maurice Barrès vient répéter ses discours quai Voltaire où la maîtresse de maison donne des conseils à celui qu'elle décrit comme « grave et tourmenté, les mains longues et racées, les yeux lointains et doux, au masque d'ivoire torturé d'angoisses mystiques ». Ils seront brièvement amants, comme en témoigne cette savoureuse révélation de Cécile Sorel, qui fit le tour de Paris et que rapporteront en des termes presque semblables, Georges Clemenceau puis, plus tard, Michel Déon : « Maurice Barrès, je l'ai bien connu… très bien, rapporte-t-elle. Un jour, il est venu chez moi et m'a jetée sur la table de la salle à manger pour me trousser et me forcer. Et moi, je me disais : "Retiens-toi, ma petite, retiens-toi… Ce soir, il ne s'agit pas de jouir, il s'agit d'observer… C'est de l'Histoire. Regarde, regarde, c'est Barrès…" »

C'est chez elle aussi que Maurice Barrès et Gabriele d'Annunzio se réconcilient. Une rivalité intellectuelle et morale opposait les deux hommes, profondément différents, le premier, ascète tourmenté, le second don Juan, célèbre pour ses costumes, ses cravates, ses boutonnières fleuries et les belles éplorées qu'il exigeait autour de lui. Ce repas – que des observateurs baptiseront ironiquement plus tard le « dîner du Drap d'or » en référence au camp du Drap d'or, la rencontre diplomatique entre François 1er et Henri VIII d'Angleterre en 1520 – prend des airs de conspiration secrète car Barrès doit ignorer jusqu'au dernier moment la présence de d'Annunzio. Les autres convives – la duchesse de Gramont, Ida Rubinstein, Léon Bérard, Robert de Montesquiou – sont dans la confidence. Cécile Sorel place les deux hommes côte à côte à table. Ils sont bien obligés de se parler, même si Barrès demeure longtemps obstinément mutique face à un d'Annunzio volubile. Mais la réconciliation est en marche. Maurice Barrès fera ensuite le voyage à Venise pour visiter d'Annunzio dans la chambre noire où les médecins l'ont reclus après l'accident d'avion qui l'a laissé aveugle.

Plus tard, Cécile Sorel tenta une autre réconciliation « impossible »... Au printemps 1917, le théâtre du Châtelet présente *Parade*, un spectacle commandé par Diaghilev pour les Ballets russes, avec orchestration d'Erik Satie, décors de Pablo Picasso, poème sans paroles de Jean Cocteau. Belle affiche ! Mais, trop audacieux et particulièrement hermétique, *Parade* fait fuir une grande partie des spectateurs et reçoit un accueil particulièrement glacial de la critique. Il ne reste que quelques jours à l'affiche. Un peu plus tard, Cécile Sorel organise un dîner chez elle et place à table, l'un à côté de l'autre, Jean Cocteau l'auteur malheureux – qu'elle accueille d'un tonitruant et provocateur « Entrez, triomphateur ! »... –, et le journaliste Pierre Lalo qui, dans sa critique du *Temps*, a assassiné le spectacle, le qualifiant de « prétentieuse niaiserie ». Électrique au début, la rencontre entre les deux hommes se scelle par une poignée de main – presque – amicale. Cécile Sorel a ainsi le goût de réunir les contraires.

Très amie avec Édouard Herriot, en qui beaucoup de conservateurs voient un dangereux républicain anticlérical qu'ils surnomment « l'homme qui piétine le trône et l'autel », Cécile organise un de ces dîners hétéroclites dont elle a le secret pour tenter de favoriser la discussion entre lui et des personnalités *a priori* opposées. « Je voulais voir, dit-elle, briller cette rare intelligence par toutes ses facettes ; je voulais recevoir Herriot dans un cadre digne de lui, le réunir avec ses pairs afin qu'ils servent tous notre pays en plein accord. » Elle l'invite sans lui dévoiler le nom des autres convives. Il y a là Anna de Noailles, dont Cécile Sorel dit qu'elle était « toujours un peu amoureuse de chaque homme au pouvoir », Albert Flament, Maurice Barrès, Whitney Warren, Philippe Berthelot, l'âme de la diplomatie française, et sa femme Hélène, la princesse Murat, le fidèle Léon Bailby, le chanteur Adolphe Bérard, Robert de Montesquiou, la duchesse de Gramont, Anatole de Monzie, Jean Cocteau, Isadora Duncan et le dessinateur Sem. Une assistance éclectique et brillante, mais guère acquise aux idées d'Herriot ! La maîtresse de maison le sait : « Je craignais les préjugés et même l'hostilité franche de mes amis contre le ministre républicain. » Mais, miracle de l'accueil et de la conversation, la soirée se révèle amicale et riche en échanges. Herriot, brillant orateur, séduit les convives. À la fin de la soirée, des bougies manquent de faire couler leur cire sur son costume, voire de l'enflammer. Isadora Duncan se précipite en disant : « Vous avez une cathédrale dans le dos ! » Alors, le radical anticlérical répond : « Si les cierges de sainte Cécile me consument, qu'ils soient bénis puisqu'ils me réconcilient avec le Seigneur… »

D'autres dîners se révèlent plus aléatoires. Cécile Sorel ayant appris un jour avec bonheur de la bouche d'Arthur Meyer que Sarah Bernhardt, alors âgée de plus de 75 ans, souhaitait être invitée chez elle, s'empresse de la convier à un déjeuner quai Voltaire, avec une vingtaine de personnes. Mais Sarah Bernhardt n'arrive pas. Jointe au téléphone par Arthur Meyer, elle lui dit qu'il l'a réveillée et qu'il lui est impossible de venir puisqu'elle a besoin de plusieurs heures pour se préparer. Le déjeuner se passe donc sans elle, à la grande colère de l'hôtesse. Quelques jours plus tard, la rencontre entre les deux femmes se déroulera autour d'un déjeuner, au domicile de Sarah Bernhardt, boulevard Pereire. Formidable face à face entre ces comédiennes qui ont toutes deux profondément marqué leur époque à une génération de distance. Ces deux monstres sacrés – expression créée par Jean Cocteau pour désigner Sarah Bernhardt – ont tant de points communs : des débuts de courtisane, l'Odéon, la Comédie-Française, le Théâtre aux armées, un goût immodéré pour l'extravagance, des amants nombreux et prestigieux, une immense popularité, l'amour des fauves, le goût des intérieurs somptueux, les tournées triomphales à travers le monde où toutes deux incarnèrent l'élégance et l'esprit français... Et le talent, bien sûr. Après le repas, Cécile Sorel évoquera ainsi son illustre hôtesse et ce moment partagé : « Ses attitudes, son rythme, sa voix avaient été le haut modèle de ma jeunesse. Elle était étendue sur un immense divan, belle, gaie, charmante, spirituelle ; ce déjeuner qui avait dû lui coûter une fortune qu'elle n'avait plus fut un inoubliable enchantement ».

Cécile Sorel sait aussi jouer les intermédiaires. Ainsi, en 1913, elle reçoit un jour à sa table Mata Hari qui exécute un numéro de danse pour les invités. Parmi eux, Gaston Menier. L'héritier de la dynastie du chocolat est subjugué par la danseuse et désire l'inviter. Mais n'osant faire la demande lui-même, il en charge Cécile Sorel qui écrit à Mata-Hari : « Vos belles danses ont enchanté mes invités et M. Menier désire les revoir chez lui le vendredi 19. Êtes-vous libre ? Vous danseriez dans un cadre digne de votre grand art... »

Qu'est-ce qui séduit Cécile Sorel chez ces gens qu'elle reçoit ? Évidemment, le pouvoir et le talent. Elle aime admirer, tout en se plaçant souvent sur un pied d'égalité avec ses convives. D'eux, elle aime apprendre, près d'eux, elle aime briller. Être reçu par elle est pour eux un motif de fierté. Les recevoir est pour elle une marque de reconnaissance. Elle reçoit, mais elle est à son tour reçue. C'est un échange de civilités, le signe d'appartenance à un même monde. « Les poètes, les artistes, les hommes d'État, des rois incognito prenaient plaisir à se retrouver dans ma demeure », dira-t-elle. De son côté, Arthur Meyer témoignera ainsi de la place centrale qu'elle occupe dans ce « monde-là » : « Ce que femme veut, Dieu le veut. Ce que Sorel veut, *on* le veut. Il y a plus de vertu dans ce nom que dans toute la personne de celle qui le porte ; c'est une vertu magique qui ouvre toutes les serrures, qui force tous les cœurs. Les électeurs se donnent bien vainement le mal de défendre leurs opinions par des mots, par des votes, par des coups ; ils prétendent imposer une politique à leur victime parlementaire et ne semblent pas se douter que quels que soient les ministres qui se réunissent à l'Élysée, le véritable conseil des ministres se tient dans le boudoir de Mlle Sorel, et que l'attitude du gouvernement, aussi bien du sous-secrétaire d'État des Postes et des Télégraphes que du Président de la République, a pour but d'amener un sourire sur les charmantes lèvres de cette femme heureuse. Nous sommes à une époque, je ne crains pas de le dire, où le devoir de tout Français qui se dit patriote est de plaire à Mlle Sorel. Depuis la Pucelle d'Orléans, on n'avait pas vu une femme disposer d'une autorité pareille. »

Au-delà de l'emphase de la comparaison, voilà bien la preuve du rôle joué par la comédienne dans la vie publique, au-delà de ses seules prestations artistiques…

14.

Une grève, un maréchal et un évêque

Après la guerre, la Comédie-Française retrouve peu à peu la vie d'avant. Les diverses restrictions – de chauffage, d'éclairage, de nourriture... – sont levées une à une. Heureuse surprise, malgré les quatre années de guerre, l'équilibre financier a été préservé.

En reprenant la pièce *L'Abbé Constantin*, Cécile Sorel arbore une nouvelle fois une tenue, imaginée par Coco Chanel, qui provoque l'étonnement des spectateurs : au-dessous d'un profond décolleté, une crinoline en jersey de soie, étrangement aplatie à l'arrière comme si elle avait été comprimée et dont les ailes rebondissent sur les côtés au gré des mouvements, avec de larges poches bouffantes et une ceinture nouée haut sur la taille. Certes, il est de notoriété publique que son élégance permet à Cécile Sorel de porter n'importe quelle tenue et de donner l'apparence du beau aux vêtements les plus baroques, mais cette tenue ne fait guère l'unanimité...

En avril, elle reprend *Le Marquis de Priola* de Henri Lavedan, en juin *Le Chandelier* d'Alfred de Musset, puis en juillet, *Tartuffe*. Mais, au début de 1919, la Maison de Molière traverse des turbulences sociales, comme l'ensemble des établissements de spectacle. De nombreux conflits opposent les personnels aux directeurs de théâtre. Le 1er mai 1919, à la Bourse du travail de Paris, artistes dramatiques, artistes lyriques et de music-hall, musiciens, danseurs, choristes réclament un relèvement de leurs cachets, le paiement intégral des répétitions et, surtout, l'adjonction à leurs contrats d'une clause imposant aux directeurs l'emploi exclusif de personnels syndiqués. Le 5 mai 1919, par un vote massif, l'assemblée générale de l'Union des artistes dramatiques et lyriques des théâtres français approuve la création d'un syndicat représentatif. La CGT menant l'offensive après la création d'une section destinée à défendre les professionnels du spectacle, c'est une appartenance à ce syndicat qui est implicitement exigée. Cette clause, appelée « numéro un » pour bien montrer qu'elle est un préalable à toute négociation, va faire l'objet de grèves dures et très suivies entre 1919 et 1920. Pour appuyer leurs revendications, la très grande majorité des comédiens adhèrent au syndicat dirigé par Léon Jouhaux. Voilà Cécile Sorel encartée à la CGT, ce qui ne manque pas de faire sourire certains ! Peu à peu, l'ordre revient dans les théâtres, mais ces événements laissent des traces profondes. Des divisions sont apparues, des divergences, parfois violentes, se sont fait jour.

En juillet puis en octobre, Cécile Sorel reprend *Le Marquis de Priola*. Maurice Escande, admis l'année précédente à la Comédie-Française, fait partie de la distribution. Une très longue et très fidèle amitié liera les deux comédiens. Jusqu'au bout, Escande, qui sera nommé administrateur général de la Comédie-Française en 1960, lui témoignera un affectueux dévouement.

En novembre 1919, un an après la signature de l'armistice, Cécile Sorel reçoit à déjeuner chez elle le maréchal Foch. Ce dernier l'avait publiquement remerciée de son engagement auprès des soldats pendant la guerre lors d'une fête organisée au Cercle interallié. Évoquant plus tard la figure du maréchal, Cécile Sorel écrira : « J'admirais cette belle figure lumineuse et décidée, où se devinait une grandeur d'âme digne de l'antique. La richesse de sa vie intérieure expliquait l'ascendant de cet animateur. Ses grands yeux de ciel pleins d'éclairs projetaient une confiance qui ne l'abandonnait jamais. » Touchante attention, à l'occasion de ce repas partagé quai Voltaire, elle fait marquer sur les rondelles de beurre l'effigie du maréchal à l'aide d'un moule spécialement fabriqué pour l'occasion. Ce n'est pas la première visite du soldat quai Voltaire. L'hebdomadaire *Aux Écoutes* écrit dans un entrefilet dès septembre : « On jase beaucoup sur l'assiduité du maréchal auprès de l'actrice. Cette semaine, le maréchal Foch y fut, suivi d'un officier d'ordonnance. Mais on ignore encore si le brillant collaborateur du vainqueur des Allemands suivit partout son chef et s'il s'attacha à Mlle Sorel. » Cette publication n'est pas la seule à évoquer cette proximité entre le soldat de 68 ans et la comédienne de vingt-deux ans sa cadette. Le prestige de l'uniforme sans doute, ou la gloire du vainqueur...

L'année 1919, déjà riche, se termine par une polémique à laquelle Sorel apporte sa contribution. L'archevêque de Paris, Mgr Amette, déclare publiquement souhaiter que les jupes des dames, trop courtes à son goût pour être décentes, soient rallongées de quelques centimètres. Il ne le dit pas, mais sans doute rêverait-il qu'elles soient aussi longues que la robe des ecclésiastiques qui recouvre même les chaussures. Interrogée sur le sujet, Cécile Sorel se range à ses côtés, même si elle insiste davantage sur l'élégance et la dignité que sur la seule pudeur : « Quand je vois l'accoutrement de certaines spectatrices, je comprends le mécontentement du cardinal. Après cinq ans d'une guerre affreuse, il est compréhensible que les femmes songent à leurs toilettes. Mais puisqu'elles ont été si admirables de sacrifice et de dévouement dans la tourmente, qu'elles demeurent pleines de tact au lendemain de l'épreuve. Le monde entier a encore les yeux tournés vers la France. Soyons élégantes, parons-nous pour sourire à la victoire, mais restons dignes. » La polémique se clôt rapidement, les Français ayant d'autres préoccupations en cet immédiat après-guerre.

Cécile Sorel achève cette année en conviant chez elle pour le réveillon l'infant d'Espagne, la duchesse de Gramont, José Maria Sert, Francis de Croisset et Marcel Proust. C'est Léon Daudet, qui éprouve autant d'admiration pour l'écrivain que pour la comédienne, qui les a présentés l'un à l'autre. Membre de l'académie Goncourt, il a beaucoup œuvré pour que Proust obtienne son prix malgré son âge – 48 ans – et la concurrence des *Croix de Bois* de Roland Dorgelès. Mais l'état de santé de l'écrivain s'est détérioré. Il passe cette soirée du réveillon devant la cheminée, se plaignant de son récent déménagement. Il a dû quitter son appartement du boulevard Haussmann pour s'installer rue Laurent-Pichat où le bruit l'insupporte : celui de la rue, passante, et celui de ses voisins dont les ébats amoureux sont beaucoup trop sonores à son goût…

15.

Molière en tournée

L'année 1922 est marquée, à la Comédie-Française, par la célébration du troisième centenaire de la naissance de Molière. Les 7 et 15 janvier, elle présente un grand défilé au cours duquel pensionnaires et sociétaires figurent les grands personnages de ses comédies. Un gala est également organisé à l'Opéra sous l'égide de Lucien Guitry. *Le Malade imaginaire* y est représenté, interrompu par une minute de silence à la réplique précise où l'auteur fut pris du malaise fatal. Dans le cadre de cet anniversaire, Cécile Sorel, elle, incarne Dorimène dans *Le Bourgeois gentilhomme.* Le 17, autre décor, elle assiste au congrès de Versailles qui élit Raymond Poincaré président de la République. Elle s'y présente sans carton d'invitation et se fait donc refouler par l'huissier. Heureusement, rapportent les échotiers, un sous-secrétaire d'État arrange prestement l'affaire...

Fin mai, la troupe de la Comédie-Française se déplace à Londres pour y jouer *L'Avare*, *Le Misanthrope* et *Un ami de jeunesse* d'Eugène Sue. Ces deux dernières pièces sont représentées devant le roi George V et la reine Mary lors d'une soirée de gala. À la porte du théâtre, un immense dais de velours rouge est installé pour cette visite royale. Le retour en France de Cécile Sorel est prévu en avion. Son baptême de l'air ! C'est à bord d'un Farman F-GEAC qu'elle atterrit au Bourget où l'attendent la presse et des admirateurs.

Au reporter de *Comœdia* elle déclare, enthousiaste : « Un vol admirable ! Je ne connais pas d'impression plus captivante. Nous avons eu un pilote remarquable. Il a su nous éviter la "danse" qui est, paraît-il, fréquente au-dessus du détroit et malgré la brume, nous n'avons mis que deux heures et demie pour parcourir la distance de Londres à Paris. Je suis enchantée. »

Le 11 octobre 1922, c'est à nouveau sous le feu des appareils photo des reporters qu'elle quitte la France pour une tournée nord-américaine. Elle emporte quarante malles – pour sa tournée américaine en 1880, Sarah Bernhardt en avait apporté deux de plus ! –, quarante-huit toilettes et autant de chapeaux dessinés par la maison Lewis. Un journal de New York annonce l'arrivée sur le continent « de la plus belle femme de France » ! À en croire les gazettes américaines, ce voyage qui doit la mener au Canada et aux États-Unis aurait dû se dérouler plus tôt, mais la comédienne l'aurait, de mois en mois, reporté à plus tard. Pour quelle raison, selon la presse américaine ? Les bains de champagne qu'elle prendrait, dit-on, chaque matin, secrets de sa beauté ! Or, en ces temps de prohibition, impossible de lui en fournir aux États-Unis ni d'accepter qu'elle y débarque avec ses propres bouteilles... Seulement voilà, ces bains de champagne sont une invention des médias américains. En revanche, le goût de la comédienne pour cette boisson est une réalité. Bien des témoins ont affirmé que la vue d'une bouteille d'eau sur une table provoquait systématiquement quelques railleries de sa part.

La tournée nord-américaine commence par le Québec. L'accueil y est enthousiaste. Sauf de la part des ligues de vertu. Pour elles, Cécile Sorel exhale un parfum trouble de scandale et de libertinage, comme Sarah Bernhardt en son temps. Le monde politique, lui, l'accueille sans réserve. Pour la première représentation au théâtre de l'Auditorium, tout le gratin de Québec est présent. Le lendemain, elle et Albert Lambert, les deux têtes d'affiche, sont invités à l'ouverture de la session parlementaire. La presse locale raconte ainsi la scène : « Se voulant à la hauteur de sa réputation, Mlle Sorel, dont le teint émaillé est un prodige de la science moderne, se présente au salon rouge, enveloppée d'une somptueuse et longue toge de fourrure et coiffée d'un impressionnant chapeau à plumes. » Une entrée fort remarquée ! Au dîner, elle se retrouve assise à côté d'un religieux italien d'origine française, dont l'habit éclipse presque le sien : le père Saveri Dell Immacolata porte le manteau et la robe d'apparat de son ordre, soit une soutane blanche marquée d'une grande croix rouge. Heureusement, le religieux a le sens de l'humour et s'amuse beaucoup, diront les témoins, en compagnie de son exubérante voisine.

De son côté, après un long séjour en France ponctué de nombreux allers et retours, Whitney Warren, l'ami-amant-mécène américain, est retourné dans son pays natal. C'est lui qui contribue à organiser cette tournée américaine. Pour que le décor du *Misanthrope* soit à la hauteur de la pièce, il meuble lui-même la scène de New York avec ses propres joyaux achetés en France : table de Boulle, tapisserie de Bérain, lustre et fauteuils Grand Siècle... Il y en aurait, dit-on, au bas mot pour dix millions de francs.

En plus des représentations, une réception suivie d'une conférence, est prévue à Boston, organisée par Mrs Vanderbilt, miss Morgan, lady Mendel, trois grandes amies de la France où elles avaient, pendant la guerre, financé des services d'accueil aux blessés.

Le 12 décembre, elle embarque à New York sur le paquebot *Paris* à destination de la France. Un autre passager célèbre se trouve à bord, Georges Clemenceau, qui rentre d'une tournée politique. Sa présence ne doit rien au hasard, la comédienne a volontairement retardé son retour de quelques jours pour voyager en même temps que lui.

Le 20 décembre, le *Paris* accoste au Havre. En descendant du bateau, Clemenceau est bougon et se montre peu aimable avec ceux qui sont venus à sa rencontre : son frère, son fils, sa bru, le directeur de la Compagnie transatlantique, ses anciens collaborateurs Georges Mandel et André Tardieu, ainsi, bien sûr, qu'une meute de journalistes. Interrogée à la descente du bateau, Cécile Sorel avance une explication à cette mauvaise humeur : « M. Clemenceau est charmant ; il m'a confié qu'il avait passé la première partie de sa vie à être odieux, mais qu'il avait bien changé. Mais il s'est couché trop tard. À Plymouth, des reporters anglais ont voulu l'interviewer. Il leur a demandé de le laisser tranquille, disant qu'il était en train de valser avec Mlle Sorel et que c'était très agréable ; je suis donc un peu responsable de sa lassitude. » Habile manière de toujours se replacer au centre du jeu. Peut-être, Georges Clemenceau avait-il une raison d'être de mauvaise humeur, lors d'un gala de charité organisé à bord, sa photo dédicacée avait atteint 650 francs. Mais celle de Cécile Sorel, 2 000 !

La comédienne tait à la presse que quelques semaines plus tôt, elle avait déjà rencontré Georges Clemenceau au *Ritz* de New York et qu'elle s'était littéralement « jetée à ses pieds » selon le témoignage du Tigre qui, plus tard, évoquera avec cruauté cette étonnante scène qui a dû sidérer ceux qui y assistaient : « En entrant dans le hall du *Ritz*, j'ai été accueilli par une sorte de travesti empanaché et à travers les plumes, j'ai fini par reconnaître l'autruche : c'était Cécile Sorel. Elle s'était surpassée, ce qui me paraissait impossible. La perruque de Louis XV, un sombrero de conquistador, une robe pour le Carnaval de Rio ou le couronnement du roi Pausole. Quand elle fut à deux mètres de moi, elle se laissa tomber par terre, de tout son long, en beuglant : “Oh

Clemenceau, grand ami, homme magnifique, admirable, je vous adore !" Il y a de quoi surprendre, n'est-ce pas ? Je ne savais plus où me fourrer. Je me précipitais pour la relever en lui disant tout bas : "Arrêtez, Cécile, je vous en prie, arrêtez !" Alors, elle se colle à moi, mais ce qui s'appelle coller, frétillante, ondoyante, m'embrassant à pleine bouche, si fort que je restais peinturluré pendant toute la journée, comme un Indien, du carmin brûlant de Mme Cécile Sorel... »

Au Havre, Cécile Sorel prend le train pour Paris. Sa mère et sa sœur l'attendent à la gare Saint-Lazare. Ainsi, à nouveau, qu'une meute de photographes. Du *Paris*, la sociétaire avait envoyé ce télégramme à Émile Fabre, l'administrateur général de la Comédie-Française : « Rentre le cœur enthousiaste de notre grande sœur américaine. Prête à me remettre au travail avec beaucoup de courage. » Mais elle est en retard ; elle aurait dû revenir une semaine plus tôt, comme le spécifiait le contrat. Alors, le règlement étant formel, l'administrateur général est contraint de lui infliger l'amende prévue en cas de retard. Qu'elle paie rubis sur l'ongle. Et puisque le public n'attend pas, Cécile Sorel est programmée pour jouer *Marion de Lorme* de Victor Hugo, dès le 29 décembre puis *Le Mariage de Figaro*, deux jours après.

Un peu plus tard, c'est en terre de Turquie puis d'Égypte qu'elle porte la voix du théâtre français. Elle joue *Le Misanthrope* à Istanbul. Au *Figaro*, elle confie : « Que je suis fière d'être française et quels assauts le peuple de Constantinople, dans sa joie débordante, donna à ma sensibilité et à mon patriotisme. » Elle reprend la pièce au Caire, au palais du roi Fouad, puis joue *La Dame aux camélias*.

Elle profite de ce déplacement pour visiter les ruines de Karnak, la Vallée des rois, les Pyramides de Guizèh. Dans ses souvenirs, elle racontera avoir obtenu du souverain égyptien le privilège « inouï » de grimper au sommet du sphinx. Elle précise ne pas y être montée, « comme tout le monde » avec une échelle de bois, mais en escaladant une… « échelle humaine » ! Cette escalade du sphinx ainsi que le moyen employé semblent tout droit sortis de l'imagination fertile de la comédienne. Mais qu'importe, l'image est belle ! Elle inspirera les humoristes qui trouvent dans son âge un inépuisable sujet de moquerie. Ainsi, au théâtre des Noctambules, Jean Marsac – dont Cécile Sorel est la tête de Turc – fait rire la salle en racontant que l'immémorial sphinx, lorsqu'il la rencontra, lui aurait glissé à l'oreille un respectueux et tendre… « Maman ! »

Cécile Sorel reprend le bateau au Caire, vêtue d'un long manteau Lanvin bordé de soutache de velours rouge et de fourrure. Du bateau, elle envoie à nouveau un télégramme à Émile Fabre : « Énorme succès pour propagande française. Vive la France ! » Mais comme d'habitude, elle est en retard et a dépassé la date prévue pour son retour. L'administrateur général lui répond : « Félicitations. Si pas rentrée jour convenu, amende convenue. »

16.

À votre bon cœur !

Véritable institution nationale, Cécile Sorel est sans cesse sollicitée pour des manifestations diverses. Le 7 février 1921, elle participe à la première édition du gala de charité organisé au profit de l'œuvre des Petits lits blancs qui vient en aide aux enfants parisiens atteints de la tuberculose, dont beaucoup sont envoyés au sanatorium de Roscoff. Imaginée par son ami Léon Bailby, directeur de *L'Intransigeant*, la manifestation se déroule au théâtre des Champs-Élysées. Le repas, pris par petites tablées, est suivi d'un grand bal. Placé sous le haut patronage du président de la République, l'événement accueille la fine fleur de la finance, de l'aristocratie, de la politique et du spectacle. Cécile Sorel, bien sûr, n'est pas en reste. Coiffée d'un immense chapeau aux plumes frissonnantes, elle arrive au milieu du repas. *Le Monde illustré* évoque « une entrée sensationnelle, suivie de sa cour, comme la Cléopâtre de Tiepolo au palais Labbia de Venise ».

Après le dîner dont le menu est chanté par la célèbre cantatrice Félia Lidvinne, des centaines de couples en habits et robes de soirée dansent dans la grande salle du théâtre, alternant valses et fox-trot. Ce soir-là, Cécile Sorel danse longuement avec Paul Morand qui se souviendra qu'elle était « huppée en oiseau de paradis »... Ce tourbillon de luxe permet de récolter 300 000 francs pour les petits tuberculeux. À cette somme s'ajouteront d'autres dons d'amis de l'œuvre absents du gala. Ainsi, le maréchal Pétain offre 100 francs, Mme David-Weill 1 500, M. Basil Zaharoff, le célèbre mais si discret marchand d'armes, 5 000.

Quelques semaines plus tard, une autre manifestation caritative fait également beaucoup de bruit. Anne Morgan, fille du richissime J.P. Morgan, fondateur de la banque du même nom, organise à Paris, au Trocadéro, un grand gala en faveur des populations des régions dévastées par la guerre. Elle sollicite Charlie Chaplin, l'invitant à venir présenter son film *The Kid* en avant-première, persuadée qu'à elle seule sa présence permettra de collecter des fonds supplémentaires. Chaplin accepte, pensant profiter de ce séjour pour se reposer un peu après une longue période d'intense activité. Si Anne Morgan a vu juste quant aux effets de la notoriété du comédien, celui-ci se trompe sur ses possibilités de repos. Arrivé à Paris, l'acteur et réalisateur est harcelé par les reporters. Logeant à l'hôtel *Claridge*, il doit utiliser mille ruses pour leur échapper. Le soir du gala, la salle est archicomble – six mille personnes, dit-on. Le film soulève des tonnerres d'applaudissements. Puis, vient le moment où Chaplin doit être présenté à la foule. Des milliers d'yeux se tournent alors vers sa loge et découvrent Cécile Sorel. Chargée de chaperonner le comédien, elle apparaît dans un somptueux costume de bal, rayonnante et coiffée d'un immense chapeau. Un spectateur non averti pourrait croire que c'est elle, la vedette de la soirée… Frêle, Charlie Chaplin se tient derrière elle, se montrant à peine.

Il distribue ensuite sur la scène des autographes en échange desquels les participants offrent la somme qu'ils désirent, destinée à contribuer à l'œuvre d'Anne Morgan. Un interminable défilé commence. Charles Chaplin signe à tour de bras et Cécile Sorel récupère l'argent versé. L'ensemble de la soirée rapporte 280 000 francs, dont 30 000 provenant des seuls autographes. Évoquant cette cérémonie, le journal

Comœdia, écrit : « Charlie Chaplin, tu as reçu avant-hier soir la double consécration parisienne : le Trocadéro et Cécile Sorel. Le premier ne s'ouvre que pour les grandes manifestations, la seconde ne se déplace que pour les têtes couronnées. »

La charité mondaine connaît alors un âge d'or ; on ne compte plus les marquises et autres princesses parrainant une association caritative, en créant une, organisant des réceptions au profit de l'une, une vente de charité au profit de l'autre. Une manière pour ces femmes aussi oisives que fortunées de se retrouver « entre soi » tout en apportant quelque réconfort aux « pauvres » et aux « nécessiteux ». En juin 1924, Cécile Sorel participe à un autre gala de charité, en unique vedette cette fois-ci. Il se déroule à Deauville sous la forme d'une vente aux enchères qu'elle mènera en tant que commissaire-priseur officieux au profit des mutilés de la face. La vente rapportera 56 900 francs grâce à un dessin signé de Ingres représentant le Serment des Horaces. Au-delà de son aspect caritatif, cette vente particulière aura des répercussions inattendues. Dans la salle des enchères se trouve Louis Martin, sénateur du Var. Il est tellement impressionné par la prestation de la comédienne dans ce rôle, improvisé, de commissaire-priseur qu'il décide de déposer un projet de loi autorisant les femmes, qui en étaient jusqu'alors écartées, à exercer cette fonction... La loi sera finalement adoptée en 1924, et la première femme commissaire-priseur, nommée quatre ans plus tard : en mai 1928, Mme Godinot succéda à son mari à Chaumont, dans la Haute-Marne.

Au cours de ces années, Cécile Sorel multiplie les sorties publiques. Elle se rend à Douai pour une journée d'hommage à la poétesse Marceline Desbordes-Valmore, née dans la ville, dont la statue, œuvre de Houssin, a été détruite en 1917 par les Allemands. Quelques intellectuels berlinois avaient bien proposé de la restaurer à leurs frais, mais la municipalité de Douai avait fièrement refusé ce geste inattendu. Il avait été décidé d'en installer une nouvelle, et Cécile Sorel, présidente du comité de restauration, vient en poser symboliquement la première pierre, square Jemmapes, avant de réciter *Les Deux Bergères* de la poétesse. Elle participe aussi à des concours d'élégance pour lesquels elle se fait confectionner des tenues par les plus grands couturiers. Elle est sur tous les fronts : elle inaugure la ligne aérienne Paris-La Baule, endossant pour l'occasion l'uniforme des pilotes, rend visite, au nom de la France, à l'amenokal du Hoggar, le chef des Touaregs, sur l'hippodrome d'Alger des Caroubiers, donne au cycliste Marcel Bidot le baiser du vainqueur à l'issue d'une étape du Tour de France, parraine avec le poète Jean Richepin une soirée de gala pour lancer la saison du théâtre des Champs-Élysées, inaugure – non sans quelques arrière-pensées sans doute – la maison de retraite de la Légion d'honneur du château du Val, à Saint-Germain-en-Laye, ou un monument dédié à Le Nôtre, au jardin des Tuileries en compagnie de Maurice Barrès et Louis Bérard…

Ces prestations sont le plus souvent bénévoles. Mais pas toujours. Ainsi, elle touche, dit-on – mais on dit tellement de choses sur Cécile Sorel dans les gazettes et les salons ! –, le cachet, énorme, de 20 000 francs pour lire un poème de Lecomte de Lisle à la fête de la Rose de Biarritz.

Si elle reste la figure de proue de la Comédie-Française, Cécile Sorel s'y produit moins. Impossible de remplir toutes ces obligations… Le public l'espère sur scène, mais sa loge – la plus luxueuse de toutes et, privilège, équipée d'une serrure de sûreté – reste vide la plupart du temps.

17.

Cécile se marie

« – Vous n'avez jamais envié un moment la vie de foyer ?

– Non, j'ai une sœur, elle est mariée, elle a trois enfants. Elle est moins heureuse que moi. Elle n'a pas l'ardente saveur de la lutte pour l'art, pour le succès... Dans quelle torpeur au contraire s'enfonce la femme mariée ! Que peut-elle attendre du lendemain sinon des revers de fortune ou des chagrins d'enfant ? Mais je vais plus loin : le désir de jouer la comédie est inné chez la femme. Celle qui ne la joue pas sur les planches sent bientôt l'envie de la jouer dans des intrigues plus réelles. Alors, franchement, j'aime mieux le théâtre que l'adultère. »

En 1902, la comédienne avait ainsi répondu à Maurice de Waleffe qui, dans *Le Figaro*, l'interrogeait sur le mariage. De son côté, elle écrit dans ses souvenirs : « Jamais le mariage ne m'a tentée. Depuis que la jeune fille a surgi de mon enfance capricieuse, j'ai résisté à ma famille et refusé bien souvent ma main. Plus tard, j'ai secoué ma tête rieuse et volontaire devant ceux qui m'offraient leur grand nom et leur fortune. » Les enfants ? Elle a fait sienne l'opinion de Jules Claretie estimant que « pour toute mère, l'univers se borne, dans ce monde, aux petits rideaux bleus et roses d'un berceau »... Dans sa carrière, elle n'aura incarné qu'une fois une mère : dans *L'Envolée* de Gaston Devore, à la Comédie-Française, en juillet 1914.

Mais le lundi 17 mai 1926, Cécile Sorel se marie ! Il est vrai que beaucoup d'eau a coulé sous les ponts. Même si elle joue encore les coquettes, elle a 52 ans. Pour le mariage, il n'est pas trop tard. Pour les enfants, si. Inutile de dire que l'annonce de cette union suscite quelques remous et bien des commentaires. En raison de la célébrité de la mariée, du nom du marié et de leurs âges. Plus de quinze ans séparent les époux ; son mari a 36 ans. L'heureux élu est Guillaume de Ségur. Plus précisément, Guillaume Henri Robert, comte de Ségur-Lamoignon. Descendant d'une illustre lignée de l'aristocratie remontant au IXe siècle, il est l'arrière-petit-fils de Sophie Rostopchine, comtesse de Ségur, l'auteure des *Petites Filles modèles*. Parmi ses aïeux, on compte un régent de France, maintes gloires militaires, des écrivains, des académiciens, des députés, des diplomates...

Il ne ressemble pas à ces aristocrates guindés et hautains que Cécile Sorel a fréquemment croisés. Il est élégant, athlétique, bon vivant, peu mondain, aimant jouer, manger et (beaucoup) boire, il a de l'humour, de la fantaisie, de la répartie et une certaine impulsivité. Le chroniqueur Miguel Zamacoïs, familier du couple, le décrit ainsi : « Bon garçon, agréable compagnon, fin musicien auquel on ne pouvait reprocher que d'aimer plus que de raison les boissons alcoolisées. » Guillaume de Ségur s'est récemment essayé au métier de comédien aux côtés de sa future épouse, en jouant dans la pièce d'Émile Augier, *L'Aventurière* au Grand Théâtre de Bordeaux dans le cadre d'une représentation donnée au profit de la Caisse d'amortissement. Il a choisi pour pseudonyme Guillaume de Sax, clin d'œil aux PTT qui viennent de changer l'indicatif parisien SAXe en SEGur.

À Bordeaux, monsieur le comte n'a pas hésité à jouer les éclairagistes ou les déménageurs pour aider les techniciens du théâtre. À tous, il paraît très amoureux de Cécile Sorel qui le lui rend bien. Mais les mauvaises langues, bien sûr, se délient, raillant chez le comte un certain manque d'envergure intellectuelle, un dilettantisme assumé et un comportement bohème peu en accord avec ce que certains attendent traditionnellement d'un membre de la haute aristocratie. Alors, ils s'en donnent à cœur joie, qualifiant le couple de « l'union des faux-cils et du marteau », ou « de la fossile et du marteau », évoquant le mariage de « la Belle et la Bête ». S'appuyant sur quelque activité que Guillaume de Ségur avait un temps exercée au ministère des Affaires étrangères, certains le surnomment « le con d'Orsay ». C'est lui qui, cinq ans avant leur union, avait enchéri pour tenter d'acheter la caricature de Bib après le scandale du Salon des humoristes.

Leur liaison n'est pas récente. Ils se sont rencontrés en pleine guerre, en 1916, à Paris, par l'intermédiaire de Robert de Montesquiou. Coup de foudre ? De son côté, elle l'affirme. Du côté du comte, le contraire serait étonnant. Après une permission, le soldat Guillaume de Ségur doit repartir se battre. Mais très vite, une hernie du genou le contraint à revenir à Paris se faire soigner, loin du front. Cécile Sorel intervient auprès du chirurgien pour qu'une opération soit programmée rapidement afin de permettre au soldat Ségur de quitter l'établissement au plus vite. Ségur est opéré en priorité. Pour lui, la vie militaire est terminée. Bien sûr, dans ses souvenirs, la comédienne donne de cet épisode un récit bien plus chevaleresque. Tout juste en état de marcher, Ségur aurait réintégré le fort de Vincennes où son bataillon se trouvait. Avec interdiction d'en sortir. Pourtant, à plusieurs reprises, Cécile Sorel réussit à le faire s'échapper pour passer chez elle des moments à « jouer du piano et réciter des poèmes », comme elle l'écrira. Quand le commandant constate ces graves manquements à la discipline, il envoie Ségur en prison pour quinze jours. Folle de remords – « Quoi, en prison ? Et c'est ma faute ! » –, Cécile

Sorel s'arrange pour lui faire transmettre à travers la grille maintes provisions pour améliorer l'ordinaire et échanger des baisers : « Je me suspends aux barreaux et dans ce froid désert de l'automne nos baisers nous brûlent le sang. J'ai la tête entre les barreaux comme un étau. Qu'importe ! ». Une version héroïque mais sans doute fantaisiste. Ils se retrouveront, se sépareront, se retrouveront encore, se sépareront encore. Bien souvent, Cécile Sorel quittera les bras de Whitney Warren pour retrouver ceux de Guillaume de Ségur.

À vrai dire, Cécile Sorel est déchirée entre les deux hommes qu'elle aime et qui l'aiment. Whitney Warren la somme de choisir. De son côté, Guillaume de Ségur cherche à la rendre jalouse en se fiançant... presque. Cécile Sorel tente de le convaincre d'épouser quelqu'un de son monde, lui enjoint d'être raisonnable, elle qui l'est si peu ! Elle lui annonce qu'elle va épouser Warren – qui est toujours marié – ; elle a envers lui une telle reconnaissance, il a tant fait pour elle ! Les deux hommes se rencontrent chez Cécile et se parlent « entre gentlemen ». Cécile assiste à la scène en pleurant. Finalement, à l'issue de plusieurs semaines d'un mélange de drame antique et de vaudeville, Cécile Sorel choisit d'épouser Guillaume de Ségur.

Liane de Pougy, heureuse épouse du prince Ghika, l'encourage. Sa propre mère aussi, désireuse de voir sa fille stabilisée dans sa vie privée, accédant à un titre de comtesse. Depuis ses débuts, Cécile Sorel n'a cessé de côtoyer, voire de singer, l'aristocratie. Épouser de Ségur serait, pour elle qui connaît de l'intérieur la fugacité de la gloire des comédiens, l'occasion de s'ancrer dans une lignée, dans la durée.

Mais surtout, Cécile est amoureuse de son « Guillé », comme elle l'appellera toujours, alors que lui prendra l'habitude de l'appeler « Ma Loulette ». Elle dit de lui : « Trois races l'ont formé : Russes, Péruviens, Français. Ces sangs mêlés, des neiges aux tropiques, lui donnent tous les aspects, tous les climats. Sa chair est pétrie des grands noms de l'Histoire. En lui revivent ses ancêtres : maréchaux de France, généraux du tsar, officiers de Napoléon, ambassadeurs. Avec lui, c'était cette lignée qui m'embrasait. »

Mais si, dans la perspective de ce mariage, Cécile Sorel se voyait contrainte de quitter un généreux amant en la personne de Whitney Warren, Guillaume de Ségur devait affronter sa mère. En effet, cette dernière voit d'un mauvais œil cette liaison : son comte de fils avec une théâtreuse quinquagénaire dont les amours ont défrayé la chronique ! Or, bien que, depuis deux décennies, l'image des comédiennes dans la société se soit considérablement améliorée et que ces dernières ne soient plus assimilées aux courtisanes sans vertu, l'idée de cette union lui semble une offense à son rang. Née Rosa Maria Argüelles Montero, issue d'une vieille famille de la noblesse péruvienne, madame la marquise menace de déshériter ce fils en cas de mariage avec cette femme à peine plus jeune qu'elle. Son mari, le marquis Louis-Marie de Ségur-Lamoignon, est moins braqué, mais ne contredit pas son épouse. La marquise meurt en 1923, à 53 ans.

Cécile Sorel n'est pas la première comédienne ou cantatrice à épouser un aristocrate de haute lignée. Suzanne Reichengerg, Marie-Louise Marsy, Alice Cocéa ou encore Adelina Patti et Léa d'Asco l'ont fait avant elle. Mais, différence notable d'avec ses devancières roturières, Cécile Sorel n'épouse pas un aristocrate nettement plus âgé qu'elle, mais bien plus jeune ! Le contrat de mariage est établi par maître René Barillot, notaire à Paris, avenue Victor-Hugo. Ils se marient sous le régime de la séparation de biens : « La future épouse aura l'entière administration de ses biens meubles et immeubles et la jouissance libre de ses revenus. » Une précaution utile puisque, dans le contrat de mariage, Guillaume de Ségur est signalé « sans profession ». Il y est également inscrit que « le linge à la marque de chacun des futurs époux, l'argenterie portant son chiffre ou celui de sa famille et effets, bijoux et autres objets servant à son usage personnel seront réputés de plein droit lui appartenir ».

Pour la cérémonie, le couple désirant une certaine discrétion choisit la petite commune des Pennes-Mirabeau, près de Marseille. Ils arrivent le 16 mai dans la cité phocéenne, s'y confessent, y dînent dans l'intimité – ils sont onze, dont Mme Seurre – puis dorment à l'*Hôtel de Noailles* avant de rejoindre le lendemain matin, en Hispano, Les Pennes-Mirabeau. Là, le maire, M. Bodino, les marie à 11 h 30, avant que les époux et leur suite ne gagnent la petite église du village où l'abbé Castillon bénit leur union. Les témoins de la mariée sont le fidèle Léon Bailby et Constant Say. Ceux du marié, ses amis Jean Lebel et Adrien Fauchier-Magnan, champion de tennis et journaliste. La mariée est vêtue d'un costume bleu marine et coiffée d'un panama à bandes noires. Une élégante sobriété, pas la moindre excentricité. Après la messe, le couple et ses proches retournent à Marseille, au restaurant *Isnard* où les attend un déjeuner digne de ce grand jour. Bien sûr, reporters et photographes sont rapidement sur place et c'est dans une certaine cohue que, le soir, le comte et la comtesse montent à bord de leur wagon-lit, direction Paris. Le lendemain, Cécile Sorel doit être sur scène pour incarner la Comtesse Almaviva dans *Le Mariage de Figaro*. Mariée ou non, le spectacle continue ! De quoi rassurer le chroniqueur du journal *Comœdia,* qui, juste après le mariage, s'interroge ainsi : « La comtesse Guillaume de Ségur restera-t-elle au théâtre, à cette Comédie-Française dont elle est devenue le plus superbe fleuron ? Reverrons-nous Cécile Sorel, l'incomparable créatrice de belles et magnifiques figures, la parfaite interprète des grands chefs-d'œuvre ? »

Ce soir-là, la première apparition de la nouvelle comtesse de Ségur à la Comédie-Française est saluée par une acclamation de plusieurs minutes, qui sera suivie de plusieurs autres au cours de la pièce. Au baisser de rideau, des dizaines de petits bouquets de fleurs tombent à ses pieds. Et ce ne sont pas de ces bouquets que les actrices achètent elles-mêmes et distribuent à des spectateurs pour qu'ils les jettent sur la scène… Une de ses tenues, ce soir-là, déclenche particulièrement l'enthousiasme : une robe de soie jaune ornée de dentelle d'argent sur laquelle flotte une écharpe de soie violine dont la couleur s'harmonise avec celle des plumes d'autruche du haut chapeau bleu Nattier. Cécile Sorel a accroché sur sa robe trois des magnifiques lys blancs que le comte de Ségur lui a fait livrer juste avant le lever de rideau. À l'issue de la représentation, la comédienne reçoit dans sa loge débordant de fleurs les félicitations de toutes parts. Le président de la République lui-même lui aurait envoyé, dit-on, une somptueuse corbeille de roses. Quelques jours plus tard, elle répond à un journaliste de *L'Avenir* venu l'interroger sur son mariage : « Mon évolution à moi s'est faite à travers tous les chefs-d'œuvre de l'art. Ségur, ce sont ses ancêtres qui l'ont évolué, il a ces étapes dans le sang. Un Américain richissime m'avait demandé ma main à plusieurs reprises, il insistait beaucoup. Il était charmant. J'ai hésité, oui, j'ai hésité. Mais non, j'aurais eu trop de travail pour amener cet homme à moi, à mon degré de civilisation, au point où j'en suis. Pour Guillaume, la race… n'est-ce pas… »

Les mauvaises langues et les chansonniers sautent évidemment sur l'occasion pour railler la nouvelle aristocrate au passé amoureux tumultueux :

Célimène au salon, à peine incommodée,
Tient sa place parmi les dames haut gradées
Qui possédaient jadis en fief toute la France,
Mon Dieu, la seule différence
C'est que toute la France, elle, l'a possédée…

18.

Voyage en Amérique, remous à Paris

C'est désormais le plus souvent en couple que Cécile Sorel remplit ses obligations extra-théâtrales. Dans ses souvenirs, Liane de Pougy écrit : « Depuis que Sorel est devenue comtesse Guillaume de Ségur elle se multiplie, joue à toutes les représentations de bienfaisance. On ne voit que son nom dans les feuilles. » C'est acide, mais faux : elle est, depuis longtemps, une habituée de ces manifestations. La seule différence, c'est que désormais elle y participe avec toujours le même homme à son bras. Ses amis sont étonnés de ce changement, mais Cécile est amoureuse.

Fin juin, le couple est à Lille, pour une nouvelle représentation de *L'Aventurière*, avec Cécile Sorel dans le rôle de Clorinde et Guillaume de Ségur dans celui d'Annibal. Ils la jouent quelques semaines plus tard, à Vichy. Coïncidence, cette pièce d'Émile Augier, créée en 1848, fait étrangement écho à la situation de la nouvelle mariée. L'héroïne qu'elle incarne – qui a la moitié de son âge – est une comédienne désireuse de changer de vie pour devenir une femme « respectable » en épousant un gentilhomme de noble extraction. Un projet qui suscite l'hostilité de la famille de ce dernier… Ainsi Clorinde/Sorel dit-elle : « Je veux faire partie enfin de quelque chose / Au lieu d'être un jouet dont le hasard dispose. / Je veux mon rang parmi les femmes sérieuses, / Ces mères et ces sœurs pour nous mystérieuses. / Ah, je n'ai jamais vu de femme mariée, / De bourgeoise en gants noirs que je n'ai enviée. » Et Annibal/de Ségur lui répond : « Je tombe de mon haut. Depuis quand, diable, as-tu / Tant de vocation pour entrer en vertu ? »

Guillaume a emménagé quai Voltaire, chez sa femme. Mais la situation est provisoire. En effet, le bail s'achève et l'immeuble, dont elle occupe le logement principal, est voué à être adjugé en 1927. En 1923, opposée à son nouveau propriétaire, la locataire avait déjà obtenu de la commission arbitrale du 7e arrondissement la prolongation du bail, faisant valoir qu'elle avait aménagé son appartement dans un but d'utilisation professionnelle puisqu'elle y répétait ses rôles et qu'elle s'était auto-intitulée, pour l'occasion, « professeur de déclamation ». Des témoignages, émanant notamment d'Albert Lambert, lui aussi sociétaire de la Comédie-Française, étaient venus confirmer ces affirmations. Mais Cécile Sorel sait que ce n'est que du temps gagné et qu'elle devra déménager, quitter ce lieu devenu un des plus courus de la capitale et se séparer du mobilier patiemment choisi et accumulé. Une autre raison contraint à ce déménagement : le généreux Whitney Warren rechigne à acquitter le loyer d'un appartement qui abrite désormais l'homme qui a épousé la femme à laquelle il n'a pas renoncé... Et elle ne peut pas compter sur Guillaume de Ségur aux revenus très aléatoires, mais aux goûts de luxe très prononcés, pour le remplacer comme mécène.

Quai Voltaire, le ménage ne pèche pas par excès de manières bourgeoises ou guindées. Guillaume l'aristocrate manifeste une fantaisie et une décontraction peu présentes dans les gènes de son illustre famille. Plusieurs témoins racontent qu'il arrivait qu'invités à déjeuner, ils voient la porte d'une chambre s'ouvrir et Guillaume de Ségur apparaître, vêtu d'un pardessus. Retirant son chapeau, il distribue alors salutations et baise-mains aux invités avant de remettre son chapeau et de dire à la tablée, dans un large sourire : « Excusez-moi, je ne suis pas invité. » Puis, il partait déjeuner ailleurs comme si c'était la chose la plus naturelle du monde...

Le 13 novembre 1926, Cécile Sorel embarque à Cherbourg sur le paquebot *Barengeria*, à destination de New York, quatre ans après sa première tournée sur le continent nord-américain. Le retour est prévu le 15 janvier. Son mari l'accompagne. Mais ils sont très loin d'être seuls. Trente comédiens, deux danseurs, deux secrétaires, deux domestiques, deux habilleuses, deux coiffeuses et une masseuse sont aussi du voyage. Sans oublier les costumes, les bijoux, l'orfèvrerie, les décors... Et les toilettes, car autant que comédienne, Cécile Sorel est ambassadrice des élégances : 97 robes, 33 chapeaux, 100 paires de bas, plus de 120 paires de chaussures ! Au programme, la troupe doit jouer *La Maîtresse de roi* d'Aberer, *Le Misanthrope*, *La Dame aux camélias*, *L'Aventurière* et *Poliche*, et se produire à New York, Boston, Washington et Philadelphie.

Mais Cécile Sorel a eu une idée audacieuse : le mobilier Louis XV – commode, fauteuils, tableaux, canapé, étoffes, vases, bibelots, etc. – qui sert de décor à la pièce *Maîtresse de roi* et dont l'essentiel provient de l'appartement du quai Voltaire sera vendu aux enchères, sur place, à l'issue de la tournée. Tous sont de grande valeur. Comme quoi culture et commerce peuvent faire bon ménage. Et, pour Cécile Sorel, ce seront autant de meubles en moins qu'il lui faudra bientôt déménager.

La troupe commence par se produire au Cosmopolitan Theatre de New York. Le lendemain, le *New York Herald* rapporte que « d'innombrables gerbes de fleurs furent jetées à la brillante artiste et qu'elle reçut quantité d'hommages de hautes personnalités américaines ». Au cours d'une réception organisée dans la ville, à un reporter qui lui demande ce qu'elle pense de la prohibition qui sévit aux États-Unis, elle répond : « Je considère qu'un mari pour, garder une certaine harmonie dans son caractère, a besoin de boire de l'alcool. Mais encore ne faut-il pas qu'il exagère ! J'estime qu'un bon mari ne doit pas être ivre plus d'une fois par mois. » Présent lors de l'entretien, Guillaume de Ségur proteste, affirmant qu'il convient de s'enivrer trois fois par mois. Le comte, il est vrai, est connu pour céder facilement à ce penchant. Et les Américains, en hôtes attentionnés, avaient levé toute prohibition de champagne pour le couple…

À Boston, des étudiants acclament Cécile Sorel en lui lançant des bouquets entourés de rubans bleu, blanc, rouge et la raccompagnent à son hôtel après la représentation. Le lendemain, la comédienne dépose, au nom de la France, une couronne au pied de la statue de La Fayette, en compagnie du consul à qui elle rappelle qu'un ancêtre de son mari a combattu aux côtés du général. Relatant la nouvelle à ses lecteurs, *Le Petit Bleu de Paris* persifle : « La Fayette, c'est encore un peu de Paris, ça fait penser aux *Galeries Lafayette* et, dame, quand on est allé là-bas pour vendre des robes ou de vieux meubles, ça fait toujours un peu de réclame… » Quelques heures avant d'embarquer pour la France avec son épouse et la troupe, Guillaume de Ségur est victime d'un pickpocket alors qu'il se trouve dans une boîte de nuit de New York. Il se fait dérober une bague et quelques centaines de dollars dans des circonstances qui resteront secrètes. D'autant que le patron de l'établissement jure ne pas lui avoir servi d'alcool, prohibition oblige… Guillaume de Ségur manque de très peu de rater le départ du bateau sur lequel son épouse l'attend sans savoir du tout où il se trouve depuis la veille. Elle fermera les yeux, comme elle le fait si souvent.

Si la presse américaine et française s'enthousiasme pour cette tournée, s'agissant de la Comédie-Française, le bilan financier est loin d'être à la hauteur des espérances. La première série de représentations de Cécile Sorel aux États-Unis avait attiré davantage de spectateurs. L'effet de surprise ne joue pas deux fois. Quant à la vente des meubles, elle se solde par un échec. Les Américains, de toute évidence, n'ont pas compris le lien entre une sociétaire du plus célèbre théâtre français et une courtière en mobilier d'art.

Pendant ce temps-là, la Comédie-Française connaît à nouveau une atmosphère extrêmement tendue. Le 29 décembre, l'assemblée générale qui réunit tous les sociétaires – sauf Cécile Sorel, retenue aux États-Unis, et Eugène Silvain, excusé – est marquée par de nombreux incidents. Ainsi, au cours de l'assemblée, Pierre Fresnay, jeune premier nommé sociétaire deux ans plus tôt, confirme son intention de démissionner. Par ce geste, il tient à protester contre la présence d'une pensionnaire, Mlle Jane Thomsen, que le ministre de l'Instruction publique et des Beaux-Arts, Léon Bérard, a fait engager pour deux ans sans que son contrat puisse être renouvelé et qui, passé ce délai, est encore en poste. Pour marquer leur soutien à Pierre Fresnay, une large partie des sociétaires s'engagent à ne pas intenter de procès à ce dernier au nom de la Société des comédiens français, comme le stipule pourtant le règlement, et refusent de voter le budget de huit millions de francs annoncé par Émile Fabre, l'administrateur général.

Loin de ces controverses et sans doute soulagée de s'en être tenue éloignée, Cécile Sorel rentre de New York le 5 février, à bord de *La France* et débarque coiffée d'une sorte de casque de feutre lie de vin, une fourrure en guise d'écharpe, les bras chargés de mimosas et d'œillets. Le lendemain de son retour à Paris, elle convoque quai Voltaire tout ce que Paris compte de reporters pour leur relater sa tournée américaine, tout en leur servant du porto et des gâteaux secs. Face à eux, elle retrouve les accents de

Sarah Bernhardt quand elle évoquait son rôle d'ambassadrice du génie français à l'étranger : « J'ai traversé les océans, emportant mon rêve d'art en moi et le génie de la nation a triomphé. J'ai planté le verbe français au cœur de la littérature étrangère et c'est ce dont je suis le plus fière. » Cécile Sorel retrouve la scène début février en reprenant le rôle de la baronne d'Ange dans *Le Demi-Monde* d'Alexandre Dumas, avant d'enchaîner avec *Marion Delorme* de Victor Hugo, dans le rôle-titre.

Mais elle a la bougeotte. Ou, plutôt, elle supporte de plus en plus mal la rigidité et la discipline qui s'imposent à tout comédien du Théâtre-Français. Très sollicitée, elle reçoit de nombreuses propositions de représentation ou de conférences, avec à la clé des cachets à la hauteur de sa renommée. Ainsi, courant mars, elle s'absente sans autorisation pour aller jouer à Mulhouse où elle a été invitée. Le semainier de la Comédie-Française s'aperçoit de son absence à 15 heures, alors qu'elle doit jouer le soir... Bien sûr, dans ces cas-là, le règlement du théâtre prévoit une amende. Évoquant l'affaire, l'hebdomadaire *Aux Écoutes*, volontiers persifleur, mais bien informé, doute de la réalité de la sanction : « Une amende ? Mais Mlle Sorel tutoie M. Herriot » alors ministre de l'Instruction publique et des Beaux-Arts.

En avril, voilà Cécile Sorel à Biarritz, en villégiature avec Guillaume de Ségur à l'hôtel *Continental.* Partie pour prendre une semaine de repos après avoir joué à Lyon, Marseille et Nice, elle s'octroie quelques jours de vacances supplémentaires. Tant pis si elle était programmée dans *Le Misanthrope* où Mary Marquet la remplace au pied levé. Elle profite de ce séjour pour se confier à la journaliste Renée Dominique, le temps d'une déambulation dans les rues de la station. Elle lui dit déplorer la médiocrité de la production théâtrale du moment, qui justifie qu'elle n'ait « pas de création nouvelle prévue ». Puis, sortant de son champ d'activité professionnelle, elle évoque la foi, étant passée par Lourdes avant de se rendre à Biarritz. Elle affirme : « Rien au monde, ni l'art, ni la musique, ni la science ne pourront donner à un être l'enthousiasme, la plénitude de bonheur que donne la foi. C'est la seule chose qui jamais ne me déçoive. » Ces propos se révèlent inhabituels de la part de la comédienne à ce moment de sa vie, du moins en public.

Début mai, elle est de retour à la Comédie-Française – dont elle est désormais la doyenne –, à l'affiche de *L'Aventurière*, reprenant le rôle de Clorinde. À cette occasion, le critique avisé et indépendant Émile Mas, devenu un des meilleurs connaisseurs de la Maison de Molière – au point que certains souhaitent qu'il la dirige – regrette que le Théâtre ne fasse pas davantage appel à elle : « Chaque fois que je vois Mlle Sorel, je constate combien il est déplorable pour la Maison que l'on n'utilise pas de façon beaucoup plus sérieuse le talent de cette comédienne qui réunit la plus éclatante originalité au style classique le plus pur. » Mais sans doute cette faible utilisation est-elle d'abord le fait de l'intéressée elle-même.

Le 27 mai, après son héroïque traversée de l'Atlantique en avion, Charles Lindbergh participe à la soirée donnée en son honneur par l'Aéro-Club de Paris au Théâtre des Champs-Élysées. La soprano Marthe Chenal entonne une vibrante *Marseillaise* reprise en chœur par les invités. Puis, casquée d'argent, les bras tendus, Cécile Sorel y lit – y déclame – le long poème écrit pour l'occasion par Jehanne d'Orliac, intitulé « Ode à Lindbergh l'Océanide ».

19.

Rive gauche, rive droite

Après des vacances passées avec Guillaume de Ségur à descendre les canaux du Havre à Toulon à bord de son bateau, la comédienne fait sa rentrée à la Comédie-Française en septembre 1928 en reprenant en alternance *Le Mariage de Figaro* et *Sapho*, cette pièce qu'elle affectionne particulièrement depuis qu'elle l'a jouée pour la première fois en 1911. Le public répond à nouveau présent.

En jouant *Sapho*, Cécile Sorel établit peu à peu ce que les autres comédiens vont rapidement baptiser « la tradition du jeu de ballon ». Dans la pièce, son rôle veut qu'elle reçoive et renvoie un ballon. Mais, au lieu de reproduire chaque soir le même geste, elle s'efforce d'en varier les trajectoires. Cela lui permet de transformer le jeu en exercice de souplesse qui fait l'admiration du public. Et, souvent, elle n'hésite pas à terminer la scène en lançant le ballon dans la salle. Certes, cela rompt l'attention du public, mais les spectateurs sont ravis. Un jour, emportée par son élan et par des souliers neufs glissants, elle tombe en lançant le ballon et atterrit... sur les genoux d'un spectateur qui se trouve être Lionel Laroze, respectable conseiller à la Cour des Comptes et l'un des plus anciens abonnés de la Comédie-Française. Il se dit qu'après cet incident, croyant que c'était une tradition, des Américains tinrent à réserver le fauteuil sur lequel elle avait sauté, espérant recevoir la comédienne dans leurs bras...

Le 11 novembre 1928, Cécile Sorel joue la pièce à Bruxelles, au théâtre de la Monnaie. Présent dans la salle, Léon Daudet, dirigeant de *l'Action française* et fils de l'auteur, témoigne avec lyrisme et dithyrambe en première page du journal de son mouvement royaliste : « Cécile Sorel a remporté non un succès, mais un véritable triomphe, tel que je n'en ai jamais vu de semblable. Sept ou huit rappels après chaque acte ! [...] La plastique irréprochable de Mme Sorel serait peu de choses si cette étonnante comédienne née ne l'animait de ressources organiques en mouvement et reptations continuellement renouvelées et que je comparerais au bouillonnement d'une source de montagne glissant en mille plis cristallins d'un vert aigu vers le lac bleu... »

Si la Belgique fait un triomphe à « Sapho », le public irlandais a peu de chances de l'applaudir : en octobre, l'œuvre est interdite par les autorités du pays pour cause d'immoralité... Jouée à Paris et, à plusieurs reprises, en province et dans les pays limitrophes, la pièce est un succès. Pour fêter la centième, Cécile offre le champagne à la troupe et à tous les employés du Théâtre. Une agréable manière de dénouer un peu les tensions qui persistent au sein de l'établissement. À cette occasion, Émile Fabre, l'administrateur général, adresse ses compliments à la comédienne et à l'ensemble de la troupe. Il a de bonnes raisons pour cela : la pièce a fait rentrer près de deux millions de francs de recettes dans les caisses.

À Paris, pour Cécile Sorel, le départ du quai Voltaire est imminent. Une page se tourne. Que de souvenirs laisse-t-elle dans cet appartement, que de rencontres, que de dîners, que de discussions, que d'amours ! Elle a beau affirmer que seul l'avenir l'intéresse, c'est le cœur lourd qu'elle abandonne cette part de passé et de jeunesse. Elle se résout à se séparer de son mobilier. Une vente est prévue pour l'automne, organisée par Drouot. Y seront dispersés, entre autres, des meubles, tableaux, bibelots chargés d'histoire, des Clodion, un Nattier, un Boucher, des estampes polissonnes, et le lit, le fameux lit censé avoir été celui de la Du Barry. « Ah, si ce lit pouvait parler ! » soupirent les échotiers... Cette vente devient un événement mondain. La foule se presse pour voir les objets exposés. Le lit d'apparat, dissimulé derrière un paravent et drapé de velours de soie turquoise aux reflets d'argent, est la pièce la plus scrutée. La vente s'étend sur deux jours. L'assistance est tellement compacte qu'elle déborde sur les escaliers. Les bronzes sont les premières pièces vendues. Suivent une table coiffeuse, une table liseuse, un bureau plat en bois de placage, une commode en marqueterie, une bibliothèque, des tapisseries, des porcelaines de Chine, un service de table, des candélabres Louis XV, un grand canapé à joue et un canapé corbeille, un paravent à douze feuilles de Coromandel... Le lit est la dernière pièce vendue. L'expert prévient : « Il est redoré et repeint ; il est recollé, il y a des accidents. Nous en demandons 200 000 francs. » Les enchères débutent à 80 000 francs. Elles montent lentement jusqu'à 211 000 francs. C'est peu. Aux États-Unis, la comédienne en avait demandé 1 500 000... C'est un antiquaire parisien qui l'emporte. Au total, la vente rapporte 4 280 000 francs.

Les époux de Ségur, qui viennent d'acheter une villa à Sanary dans le Var, emménagent alors rive droite, dans un appartement moderne situé au rond-point des Champs-Élysées. Cécile Sorel annonce qu'elle en a fini avec les meubles du XVIIIe siècle et qu'elle cherche du mobilier Art nouveau. Elle dit : « Je ris en songeant à l'inconstance de la nature humaine. On m'eût bien surprise autrefois si on m'avait dit : “Tu te lasseras de toutes ces merveilles que ta patience et ton goût auront accumulées et tu en chercheras d'autres qui ne ressembleront en rien aux premières.” C'est pourtant ce qui s'est produit. » Pour décorer cet appartement qualifié d'« ultra-moderne », il n'a pas fallu moins de 25 000 feuilles d'or collées sur parchemin pour donner aux cloisons des chambres la teinte voulue par la nouvelle occupante. Et le décorateur, n'ayant pu en trouver une telle quantité à Paris, a dû en faire venir de Chine. La révélation d'un tel luxe soulève une polémique.

Au même moment, Ludovic Naudeau, reporter célèbre pour avoir été un des premiers à se rendre en URSS après la révolution, mène une vaste enquête sur la natalité, alors en forte baisse en France. Le manque de logements est pointé comme une des causes de cette désaffection. En l'évoquant, le journal socialiste *Le Populaire* s'interroge : « N'y aurait-il pas davantage de logements sains pour les pauvres s'il était interdit à toutes les Cécile Sorel du monde de se payer tant de luxe ? »

La présence de la comédienne à la Comédie-Française se fait de plus en plus rare. Ainsi, si elle s'est produite 68 fois en 1928, elle ne se produit que 36 fois en 1929 et 24 fois en 1930. À titre de comparaison, ces mêmes années, la débutante Madeleine Renaud se produit 127, 111 et 124 fois. Elle ne participe pas non plus aux matinées poétiques proposées par le Théâtre. Le 15 juin, c'est depuis les coulisses qu'elle assiste à celle donnée en l'honneur d'Edmond Rostand, qui fut son ami et qui est mort onze ans plus tôt.

La fatigue et une certaine forme de lassitude en sont les causes avancées. L'âge n'y est pas étranger non plus, bien sûr : en 1928, elle a 55 ans. D'autant qu'elle multiplie les sorties, les mondanités, les réceptions, les essayages. Et, depuis ses débuts, elle a énormément travaillé. Derrière sa légèreté apparente, elle est une besogneuse. Frivole dans la vie, elle est une perfectionniste au théâtre. « Dans la vie, si vous n'êtes pas exigeant, vous n'obtenez rien, que d'être courant, dans la masse », a-t-elle coutume de dire. Derrière l'exubérance et la démesure, elle cache une grande maîtrise d'elle-même. Tous ceux qui l'ont côtoyée témoignent unanimement de sa force de travail, de sa détermination. De son côté, elle-même déclare : « Tous les vrais artistes sont des travailleurs infatigables ; ils cherchent la perfection. Quand on me demande ce qui me plaît dans la vie, je réponds chaque fois : le travail, rien que le travail ! »

Prononçant une conférence sur le métier de comédienne organisée par *Les Annales politiques et littéraires*, elle explique : « On arrive parce qu'on naît avec une conscience, une faculté de travail et de vouloir jusqu'au bout. Loin d'être un défaut, l'ambition est une qualité. Elle est un devoir pour chacun. Qui ne la possède pas néglige en lui le meilleur. C'est comme un avare qui engloutit ses trésors, comme un cultivateur qui laisse son héritage en friche. Il faut savoir admirer quiconque marque, dans un coin de son être, une part exceptionnelle. Sans envie mesquine, sans jalousie médiocre, aller, l'âme ouverte pour laisser pénétrer le grand souffle qui soulève les grandes vies : l'enthousiasme. »

Le travail de Cécile Sorel passe également par l'observation des autres comédiens. Elle se rend régulièrement au théâtre ou au music-hall, en simple spectatrice. Ainsi, elle assiste à plusieurs reprises au Palace à la revue à grand spectacle *Le Luxe de Paris* pour admirer la chanteuse et comédienne espagnole Raquel Meller, à qui elle reconnaît un rare magnétisme, qualité essentielle à ses yeux pour un comédien. À son entourage qui s'étonne de cette assiduité, elle dit : « C'est une merveilleuse leçon que je prends à chaque fois. On peut être la beauté même, l'intelligence même, posséder tout le génie, si on n'est pas magnétique, on ne devient rien. »

En 1930, à 57 ans, cela fait vingt-neuf ans qu'elle appartient à la troupe de la Comédie-Française. Elle y a connu la gloire et la reconnaissance, en France comme à l'étranger. Elle y a marqué de son empreinte plusieurs rôles majeurs. Son surnom de « Célimène nationale » par lequel la presse la désigne si souvent, c'est là qu'elle l'a gagné, ainsi que la ferveur du public et l'enthousiasme des critiques. Malgré cela, aucune grande création ne lui a été proposée depuis sept ans. Elle en souffre, comme elle souffre aussi des querelles intestines ou du règlement tatillon du théâtre, de ce carcan doré dans lequel elle s'est parfois sentie enfermée en dépit de la liberté qu'elle n'a cessé d'afficher. Cette année, elle ressent une forte envie de quitter ce navire où, prise par d'autres engagements, d'autres désirs, elle est de moins en moins présente. Ce qui lui vaut, règlement oblige, de s'exposer à des amendes. Et à des reproches, certains de ses camarades comédiens affirmant qu'elle détourne la devise de la Comédie-Française, « être ensemble et être soi-même », en « être soi-même avant d'être ensemble ».

Entamée quelques années plus tôt, sa passion pour Marceline Desbordes-Valmore ne faiblit pas, au contraire. La voilà à présent qui organise un concours de bustes de la poétesse destiné à remplacer à Douai celui que les Allemands ont détruit. Et c'est directement au propre domicile parisien de Cécile que les candidats sculpteurs doivent déposer leurs projets qu'elle présentera elle-même au jury. Pourquoi cet attachement à la poétesse ? Peut-être en raison du lyrisme de son œuvre. Peut-être simplement parce qu'elle est une femme et qu'elles ne sont pas si nombreuses, les poétesses !

Plus largement, Cécile Sorel regrette la faible part occupée par les femmes dans la création artistique. Elle en témoigne dans *Le Cri de Paris* en réponse à une enquête menée par la publication en forme de question : « Pourquoi y a-t-il si peu de femmes auteurs dramatiques ? » À la journaliste Odette Pannetier, qui deviendra la seule femme membre du premier jury du prix Renaudot en 1926, elle répond en ces termes : « S'il n'y pas de femmes auteurs dramatiques, ce n'est pas parce qu'elles ne peuvent pas, mais parce que les hommes ne le veulent pas. C'est une grande injustice, mais c'est ainsi ; en France, les hommes se serrent les coudes afin que les femmes ne deviennent pas leurs égales en faisant les mêmes métiers qu'eux. Les femmes qui ont tâté de la carrière dramatique se sont découragées devant tant de mauvais vouloir. Et comment en serait-il autrement puisque ce sont les hommes qui jugent et qui acceptent ou refusent une pièce ? Ce n'est pas parce qu'il n'y a pas de belles pièces de femmes. Pour ma part, j'en connais qui sont de véritables chefs-d'œuvre et qui sont bien supérieures à tout ce que les hommes écrivent actuellement. Et quelle chance ce serait pourtant de voir enfin une âme, un caractère de femme dépeints par une femme ! Les hommes qui parlent de notre amour, de notre cœur, ne le peuvent faire objectivement. Ils ne voient que ce que nous voulons bien leur révéler. Mais les sources profondes et mystérieuses de notre être, qui les pourrait connaître sinon une d'entre nous ? Je vous le répète : il existe actuellement des pièces de femmes qui sont de vrais chefs-d'œuvre. Nous en aurons la preuve éclatante le jour où, comme dans les autres pays, l'homme se sera décidé à faire à la femme une place égale à la sienne. »

Alors, féministe, Cécile Sorel ? À sa manière. Plus tard, en 1925, elle participera à une enquête du *Petit Parisien* sur le thème « Les femmes doivent-elles voter ? » en répondant : « En France, on ne croit pas assez à la valeur des femmes. Dans presque tous les pays d'Europe, mais surtout en Angleterre, en Amérique, elles votent, elles ont conquis et tiennent dignement leur place au Parlement, dans la vie publique. On y voit des artistes à côté des grandes dames. Des femmes comme Mrs Vanderbilt, miss Morgan, par exemple, n'ont-elles pas fait autant et plus que la plupart des hommes pour le bien de l'humanité ? Je ne veux pas citer de noms, mais les Françaises sont-elles si inférieures ? La guerre les a fait évoluer, les a grandies. Elles s'affirment dans tous les domaines. Ainsi, dans celui de l'art, que je connais davantage, les femmes ne sont-elles pas pour nos chefs-d'œuvre de merveilleuses propagandistes à l'étranger ? Évidemment, il ne s'agit pas des femmes enfants, des femmes des thés et des dancings, mais de toutes les bonnes ouvrières du pays. Pourquoi, en ce temps de crise, la France se priverait-elle de cette force intacte ? Songez que le nombre des femmes dépasse d'environ 1 500 000 celui des hommes. C'est bien cela qui effraie les hommes. Comment nos héros, nos invincibles héros de la guerre, maintenant, en temps de paix, auraient-ils peur des femmes ? »

Cécile Sorel admire les femmes qui brisent les carcans et s'imposent dans leurs métiers : Coco Chanel, Isadora Duncan, Mata Hari, Colette… Autant de personnalités qu'elle reçoit régulièrement chez elle. Elle éprouve un grand respect également pour Jane Dieulafoy rencontrée lorsqu'elle donnait, comme elle, une conférence organisée par *Les Annales littéraires et politiques*. Sommité dans sa spécialité, cette archéologue est aussi romancière et photographe. Née en 1851, elle a la particularité d'être habillée et coiffée comme un homme : une habitude prise pour pouvoir accompagner son mari sur les champs de bataille pendant la guerre de 1870 puis qu'elle a gardée pour faciliter l'exercice de son métier, surtout dans les pays du Moyen-Orient qu'elle a sillonnés avec son époux, également archéologue. En France, elle bénéficie d'une autorisation officielle permanente de s'habiller en homme. Devant son public, elle se présente comme « conférencier » et non « conférencière ». Même si, se voulant femme jusqu'au bout des doigts elle est son absolu contraire, Cécile Sorel est épatée par l'originalité et le courage de cette pionnière qui va jusqu'à souhaiter l'enrôlement des femmes dans l'armée.

Si elle admire ces femmes qui brisent des carcans, elle garde de l'homme une image très traditionnelle, affirmant, par exemple : « L'homme n'est vraiment beau que lorsqu'il fait effort pour triompher, conquérir ou vaincre. Il faut de la lutte dans la vie du mâle et l'homme trop heureux ne fait aucun effort, perd toute sa personnalité. » Et sans doute, comme Arnolphe dans *L'École des femmes* n'est-elle pas loin de penser que « du côté de la barbe est la toute-puissance ».

20.

Célimène au prétoire

Cécile Sorel a souvent fréquenté les tribunaux, pour des raisons personnelles ou professionnelles. Ce fut parfois l'occasion de transformer la salle d'audience en scène de théâtre. Le tout sous l'œil de journalistes ou d'échotiers qui y trouvèrent toujours matière à évoquer « notre Célimène nationale » dans des rôles inattendus, parfois de victime, quelquefois d'accusée.

Cette longue série judiciaire commence en février 1893 – elle a 20 ans – devant la dixième chambre correctionnelle par la faute d'un dénommé Bidard, don Juan à la petite semaine et escroc véritable. Malgré une cinquantaine chauve, une forte myopie et un visage au teint olivâtre – dixit l'accusation –, cet aigrefin au faux accent étranger parvenait à promettre le mariage à des jeunes femmes à la vertu légère à qui il empruntait de l'argent qu'elles ne revoyaient bien sûr jamais. Deux victimes de ce Bidard, surnommé « l'escroc des demi-mondaines » par la presse, portent plainte contre lui : Isabelle de Lineuil, de son vrai nom Isabelle Levindré, jeune cantatrice qu'il escroqua de 30 000 francs, et Mme de Bagdad, décrite comme une « capiteuse Roumaine », délestée, elle, de 137 000 francs. Deux autres femmes ayant été approchées de la sorte par Bidard mais sans être escroquées comme les deux plaignantes sont citées comme témoins : Suzanne Derval et Cécile Sorel. Ces quatre femmes sont présentées fort élégamment par le journaliste du périodique *Fin de siècle* comme le « livre d'or de la haute-bicherie ». Verdict : deux ans de prison pour Bidard. Peine confirmée quatre mois plus tard par la chambre des appels correctionnels.

En 1910, devenue sociétaire de la Comédie-Française, Cécile Sorel voit son nom mêlé, bien malgré elle, à une autre affaire d'escroquerie, jugée également par la dixième chambre correctionnelle. Un certain Henri Jacquinet, au casier judiciaire déjà bien fourni, s'était rendu à Paris chez un ancien banquier avec une volumineuse enveloppe fermée par quatre cachets de cire en lui disant : « Mlle Cécile Sorel ayant besoin d'argent m'a remis ce pli dans lequel se trouve un de ses colliers d'une valeur de 40 000 francs. Elle demande à emprunter dessus 25 000 francs. » Le banquier examina le pli qui portait la signature « A. Sorel » – l'escroc avait confondu Agnès et Cécile… – et, bien naïf, remit finalement 15 000 francs à M. Jacquinot. Naturellement, les perles étaient fausses et c'est ainsi que la comédienne s'est retrouvée mêlée à cette histoire. En raison de son passé judiciaire chargé et de sa fâcheuse habitude de vendre des faux bijoux, M. Jacquinet écope de trois ans de prison et de 100 francs d'amende.

Deux ans après, c'est pour une affaire de faux lit que Cécile Sorel se trouve, comme plaignante cette fois, face à des juges. En 1907, elle avait acheté pour 80 000 francs à un antiquaire un lit ancien dont le baldaquin, trop encombrant, avait dû être démonté. Elle l'avait confié en dépôt à son tapissier dénommé Chatel. Quatre ans plus tard, elle avait souhaité le récupérer. Mais plus de traces du baldaquin ! M. Chatel affirme ne l'avoir jamais vu ni, *a fortiori*, gardé dans son atelier. À la suite d'une plainte contre X déposée par la comédienne, une enquête est ouverte par un commissaire aux délégations judiciaires qui entend trois témoins : l'antiquaire qui réalisa la vente, l'homme qui avait transporté la pièce de l'appartement des Champs-Élysées à l'atelier du tapissier et la femme de chambre qui avait vu emporter l'objet. Mais le tapissier nie, livres de comptes et témoignages de ses employés à l'appui. Dans la presse, l'humoriste Ginestou ironise, en vers, sur cet événement :

Voilà pourquoi Sorel demande
Avec un air bien éploré
Qu'on lui rende, oh oui, qu'on lui rende
Le baldaquin qu'on a volé.

Si donc, vous trouvez dans la rue,
Sur un trottoir, dans un harem,
Un baldaquin couleur tortue
Et datant de Mathusalem

Rapportez-le, sans plus d'ambages,
Et vous serez récompensé
Elle vous donnera, je gage,
Un bon strapontin au Français !

Mais c'est contre des chansonniers et caricaturistes que Cécile Sorel va livrer quelques homériques batailles judiciaires. En 1913, elle veut faire interdire une revue de Max Aghion donnée à la Boîte à Fursy, un cabaret de Pigalle. On y moquait, entre autres, la longueur de son nez et son habitude de promener un lion en laisse. Face aux menaces d'envoi de billets bleus « au nom du peuple français », le chansonnier supprima les passages litigieux. En 1916, elle poursuit en justice le cabaret les Ambassadeurs. L'établissement proposait un spectacle intitulé *Non ! Mais sans blague !* où elle était représentée d'une façon telle qu'elle estima que les sarcasmes à son sujet servis au public dépassaient les bornes de l'acceptable. Elle assigna les deux auteurs devant le tribunal civil de la Seine en paiement de 10 000 francs de dommages-intérêts. Ils supprimèrent alors les propos incriminés. Le jugement final les condamna à seulement 300 francs de dommages-intérêts, estimant que « attendu que si une actrice qui s'exhibe en public et qui recherche par là même la notoriété ne peut trouver mauvais que sa personne soit appréciée ou même discutée publiquement, encore est-elle en droit d'exiger que les limites d'une critique mesurée et convenable ne soient pas franchies ; que les gestes et les paroles dont ont usé les acteurs frisent l'obscénité et excèdent notablement la mesure dans laquelle la critique et la parodie restent permises ; mais attendu que pour apprécier le préjudice, il convient de retenir que la scène et les propos blessants ont été supprimés ». Cécile Sorel fit don des 300 francs à l'Œuvre du repas des artistes. Elle s'était engagée à lui verser le montant des dommages-intérêts en cas de victoire devant le tribunal.

En 1923, Cécile Sorel assiste au procès qui fait alors quelque bruit. Dans la nuit du 3 au 4 août, le prince Tovalou Houénou, 36 ans, petit-neveu de l'ancien roi du Dahomey, avocat et médecin, se présente dans un restaurant parisien situé rue Fontaine et s'assoit à une table. Il est accompagné par son frère et une danseuse. Aussitôt, des consommateurs se mettent à crier « pas de nègre ici ! ». Le gérant du restaurant refuse de les servir et les éconduit sans ménagement. Le prince porte plainte le lendemain. Le procès s'ouvre en octobre. Après la plaidoirie de maître Moro-Giafferri, défenseur du plaignant, le tribunal condamne le propriétaire du restaurant à quinze jours de prison avec sursis et une amende de 200 francs. Ce verdict est salué par une partie de l'opinion comme une victoire des droits humains et de la lutte contre le racisme. Élégant, singulier, cultivé, Tovalou

Houénou est devenu une figure parisienne aux nombreuses conquêtes féminines, parmi lesquelles Cécile Sorel. Plus qu'une affaire de conviction, sa présence au tribunal est d'abord une affaire de cœur.

Un autre procès, bien frivole celui-ci, la pousse à nouveau cette année au palais de justice. Il y est question de... lingerie. S'étant fait livrer quelques dessous, elle avait refusé de payer la note de 5 000 francs présentée par le marchand, l'estimant trop élevée. Elle fut donc assignée par le commerçant devant le tribunal civil de la Seine. Elle laissa son avocat développer un argument inattendu : sa célébrité d'artiste devait, selon la coutume, la faire bénéficier de tarifs de faveur. Argument peu juridique, que la cour ne retient pas.

Un peu plus tard, M. Lewis, directeur d'une maison de mode renommée, lui réclame 94 000 francs correspondant à l'achat de chapeaux. Une somme qu'elle juge « exorbitante » puisque, d'après elle, M. Lewis insistait pour qu'elle porte ses chapeaux en public à titre de publicité. En 1921, elle avait accepté de payer 100 francs la location de tout chapeau porté ou conservé chez elle durant plus de trois mois. Or, entre 1921 et 1927, ce ne seront pas moins de quatre-vingt-un chapeaux qu'elle a utilisés. L'affaire traînera jusqu'en 1928, où Cécile Sorel sera condamnée à payer 8 100 francs à M. Lewis – pour la location de quatre-vingt-un chapeaux – et non les 94 000 francs demandés par le plaignant. Cette même année, un autre escroc lui causa quelques préjudices. Un certain Charles Schwartz s'était présenté chez elle au prétexte de vérifier des travaux récemment effectués. Mlle Cautin, la secrétaire particulière de la comédienne, lui avait ouvert la porte. Circulant dans l'appartement, il en avait profité pour dérober une bague de Cécile Sorel et une épingle de cravate de son mari. Rapidement arrêté grâce au témoignage de Mlle Cautin,

M. Schwartz restitua la bague, mais affirma s'être débarrassé dans un taxi de l'épingle de cravate qu'il avait jugée sans valeur mais que le comte de Ségur estima à 150 000 francs. Un appel fut lancé aux taxis parisiens pour tenter de la retrouver. En vain.

21.

Le Maroc du pacha, l'Italie du Duce

En juillet 1930, Cécile Sorel pousse un cri de joie en découvrant dans la presse que son nom va figurer dans la prochaine promotion de la Légion d'honneur. Cela fait tellement longtemps qu'elle l'attend, qu'elle l'espère, cette décoration !

En octobre 1926, elle avait sollicité la bienveillance de son ami Édouard Herriot, alors président de la Chambre, invoquant, en plus de « ses services à la Comédie », la propagande que son titre de sociétaire lui a permis de faire à l'étranger, ses décorations étrangères et sa participation au Théâtre aux Armées pendant la guerre. En 1927, elle avait été invitée à inaugurer la maison de retraite de la Légion d'honneur, au château du Val, à Saint-Germain-en-Laye. Elle y avait vu un signe d'espoir. En vain, à nouveau.

Alors, cette fois, est-ce enfin la bonne ? Non ! Renseignements pris, la nouvelle diffusée par la presse est erronée. Mais Cécile Sorel préfère la considérer comme prématurée. Maigre consolation ! Indigné, Jean Raphanel, auteur, critique respecté, fondateur de plusieurs revues de théâtre et fin connaisseur de la Comédie-Française, s'insurge : « La belle artiste attend encore la croix de la Légion d'honneur. On m'assure que le ministre des Beaux-Arts l'avait comprise dans sa promotion. Qui s'est opposé à cette reconnaissance officielle d'un talent exceptionnel ?

Comment, on vient de décorer Mme Argentina et Lotte Lehmann et on marchande cet honneur à l'une des plus brillantes comédiennes françaises ? Qui est responsable de cette vilenie ? Il faut que celui ou ceux qui osent assumer une pareille responsabilité se dévoilent. » Mais l'origine du refus demeurera mystérieuse.

Les vacances estivales passées avec Guillaume dans la propriété de Sanary jusqu'en septembre atténuent-elles quelque peu la blessure ? Pas vraiment. D'autant que ce sont les ultimes vacances qu'elle passe dans cette maison du Var. En effet, elle en sera bientôt expropriée, la Marine nationale devant installer une batterie d'artillerie sur son terrain. La comédienne qui avait réclamé 1,5 million de francs d'indemnités n'en touchera qu'un peu moins de 500 000, à la suite d'un jugement rendu à Toulon.

Toutefois, le moral est atteint et cela renforce son désir de quitter la Comédie-Française à la fin de l'année. Elle a envie de liberté ; elle rêve aussi de représenter à l'étranger l'art dramatique français. Son nom est brièvement évoqué pour diriger les activités théâtrales et artistiques en Indochine.

En décembre 1930, pendant une semaine, elle joue *Le Misanthrope* et *Sapho* à Berlin. C'est la première fois qu'elle se rend dans la capitale allemande. Le Tout-Berlin diplomatique ainsi que de nombreuses personnalités locales assistent aux représentations. Le déplacement s'achève par un dîner de deux cents couverts offert par l'ambassadeur de France, Pierre de Margerie. À peine rentrée, Cécile Sorel part pour Bordeaux jouer *Anna Karénine*, pièce médiocrement adaptée de Tolstoï par Edmond Guiraud, au profit de la Mutuelle des musiciens bordelais anciens combattants. Guillaume de Ségur, alias Guillaume de Sax, fait partie de la distribution et, si sa prestation est loin d'éclipser celle de sa femme, il se sort bien de ce nouvel emploi et se montre un élève appliqué.

Le 26 décembre, Cécile Sorel demande au comité d'administration de la Comédie-Française de lui rendre sa liberté en lui adressant cette lettre :

> « Mes chers Camarades, Je demande ma liberté à la Comédie-Française, que j'ai aimée et servie de toute ma conscience, de toute ma ferveur. Vous conviendrez avec moi, j'en suis sûre, qu'après m'être pliée de toute ma foi à notre discipline, il m'est permis aujourd'hui de vous demander ma liberté. Les nobles combats que nous avons livrés ensemble me donnent la conviction que notre illustre Maison ne me refusera pas la faveur que j'attends de votre amitié. Je vous embrasse tous et vous remercie d'un cœur fraternel. »

À la suite de cette requête, elle est entendue le lendemain par le comité devant lequel elle réitère son souhait. Mais, quelques heures plus tard, un communiqué de la Comédie-Française fait savoir que « Mme Cécile Sorel, après avoir été entendue – fait exceptionnel – par ses camarades du comité, a renoncé à sa décision, demandant que sa lettre soit toutefois versée au procès-verbal ». Pourquoi ce retournement ? La comédienne l'explique ainsi :

> « Il est des arguments auxquels les plus solides résolutions ne résistent pas et ce sont ceux du cœur. Mes camarades m'ont dit les mots qui m'ont émue profondément et j'ai cédé à l'amitié, voilà tout ! »

En réalité, il existe d'autres raisons, moins sentimentales, mais plus officielles : selon un récent arrêt du Conseil d'État, un sociétaire ne peut être mis à la retraite deux années à l'avance. Et la direction de la Comédie-Française n'a nulle envie de créer un précédent ni de se passer de ses services et, donc, des rentrées d'argent que Cécile Sorel génère.

Évidemment, ce faux départ suscite remous et commentaires. À l'unisson d'autres publications, *Le Journal* écrit tout haut ce que beaucoup pensent tout bas : « On imagine l'effet produit chez Molière... Le départ de Cécile Sorel eût représenté pour le Théâtre Français une manière de désastre : désastre moral qui n'eût pas manqué de diminuer beaucoup le prestige de la Maison et aussi désastre financier considérable puisque le seul nom de Cécile Sorel à l'affiche assure au Théâtre-Français des recettes maximales ! »

Décidément, cette fin d'année 1930 est mouvementée à la Comédie-Française ! La présence de la comédienne Tonia Navar, qui doit son engagement davantage à l'intervention d'un journaliste influent qu'à son talent, est vivement contestée par ses pairs qui lui reprochent, en plus, « son allure vestimentaire » indigne de la Maison. De son côté, une autre comédienne, Marie Ventura, sociétaire depuis huit ans, demande son départ, se plaignant de ne plus se voir proposer de rôles. Idem pour Charles Siblot, sociétaire depuis 1909, qui, lui, souhaite intégrer une compagnie théâtrale privée. Ces départs sont aussi refusés par Émile Fabre qui minimise ces incidents. Mais personne n'est dupe du malaise qui règne au Français, où la dernière semaine de cette année 1930 est marquée par plusieurs départs, officiels, ceux-là car justifiés par l'âge des sociétaires. Ainsi, le 26 décembre, est organisée la soirée d'adieux de Maxime Desjardins, le 27, celle d'Émile Dehelly et le 28, celle de Berthe Cerny, 62 ans, saluée par plus de vingt rappels. Deux arrivées compensent ces départs : Pierre Bertin et Fernand Ledoux sont nommés sociétaires dans une ambiance très tendue, beaucoup de comédiens se plaignant – pour certains, publiquement – d'être traités avec dédain. Pour tenter d'apaiser les tensions autant que pour profiter de son expérience et de son entregent, la direction de la Comédie-Française offre à Cécile Sorel une place au sein de son prestigieux conseil d'administration. Elle en est informée par un télégramme d'Émile Fabre alors qu'elle se trouve au Maroc avec son mari.

C'est là, à Tanger, qu'elle rencontre celle qui restera sa fidèle amie, compagne des bons et des mauvais jours : Simone Berriau. La chanteuse lyrique, vedette de l'Opéra-Comique avant d'être contrainte de renoncer au chant à la suite d'une maladie des cordes vocales, partage bien des points communs avec Cécile Sorel, de vingt-trois ans son aînée : elle est fantasque, excentrique, généreuse, spontanée, d'une bonne humeur permanente et contagieuse, jouit d'une immense popularité, affiche à son compteur sentimental une grande quantité d'amants, travaille son art avec acharnement, aime la fête et le champagne. Et, comme elle, elle adore les chapeaux les plus exubérants ! Née en 1896, elle suit ses parents au Maroc à l'âge de 15 ans. Elle s'y marie avec le colonel Berriau, tué en 1918. Le Glaoui, pacha de Marrakech, lui offre alors sa main et ses palais. Mais, s'ils deviennent amants, elle garde sa liberté et, rentrée à Paris, entame une carrière lyrique. Simone Berriau témoigne ainsi de sa première rencontre avec Cécile Sorel, à Tanger : « Là-bas, on n'avait jamais vu une telle apparition. Elle débarquait comme une star, extravagante, vêtue d'un tailleur gris qu'aucune femme n'aurait osé porter, coiffée d'un chapeau à plumes immense, dément. [...] Pendant deux jours, nous n'avons pas quitté Sorel dont les énormes jabots de dentelle sidéraient les Tangérois. Le pacha avait dévalisé toutes les caves du Maroc : Guillaume de Ségur, qui ne tenait pas la sobriété pour une vertu, était très impressionné par les dizaines de magnums de champagne et les caisses de bordeaux sur lesquels veillaient des sommeliers musulmans... qui n'avaient jamais bu une goutte d'alcool. » À Marrakech, Cécile Sorel joue *Le Mariage de Figaro*. À l'issue de la représentation, le pacha organise une fête somptueuse dont elle dira qu'elle lui évoque *Les Mille et Une Nuits*. Au moment du méchoui, le souverain détache le cœur du mouton et l'offre à son invitée de marque qui gardera de cette fête un souvenir inoubliable.

Quelques jours plus tard, de retour à Paris, Cécile Sorel convie Simone Berriau à déjeuner avenue des Champs-Élysées. Les deux femmes se verront très fréquemment au cours des années suivantes, et Cécile Sorel pourra toujours compter sur l'amitié fidèle et l'aide de Simone Berriau. Elle l'appelle « ma Simone » et lui manifestera son attachement à de nombreuses reprises, écrivant dans une lettre : « Je suis ta sœur d'âme et t'aime de tout mon cœur. »

Lors du premier conseil d'administration de la Comédie-Française auquel Cécile Sorel assiste sont évoquées les nouvelles règles de la caisse de retraite du personnel. Elles ne concernent que les nouveaux entrants, mais toute évocation de la retraite suscite chez elle un intérêt particulier. Mais, retraite de la Comédie-Française, oui, retraite du monde du spectacle, non, elle en est convaincue, connaissant cette mise en garde de Sarah Bernhardt : « Ne vous arrêtez jamais, sinon c'est la mort ! »

En mars, elle se rend à Cannes pour prononcer, comme elle s'y était engagée, une conférence au casino de la ville sur le thème du mariage au théâtre et dans la vie. Mais elle n'a pas trouvé le temps de la préparer. Alors, embarrassée, elle ruse et demande à des amis et admirateurs présents dans la salle de donner chacun leurs propres témoignages sur le sujet. Certes, la conférence a presque plus d'intervenants que de spectateurs, mais l'honneur est sauf et le contrat respecté !

Du 1er janvier au 26 avril 1931, elle ne se produit que huit fois rue de Richelieu. Ensuite, une tournée privée la conduit en Italie à la mi-mai. Quatre jours avant de partir, elle est victime d'un incident rare en interprétant le rôle de Fanny

Legrand dans *Sapho*. Ce soir-là, elle joue en compagnie de Jean Yonnel, qui remplace au pied levé Jacques Guihlène initialement prévu. À la fin du premier acte, Jean Yonnel soulève sa partenaire dans ses bras, comme le prévoit la mise en scène, mais, emporté par son élan, tombe avec son précieux fardeau. Sans perdre leur sang-froid, les deux comédiens restent sur le sol, continuent à jouer, s'étreignant, échangeant de vrais baisers, au point que le public, emballé par tant de vérité et de maîtrise, les acclame. Le lendemain, plusieurs critiques suggèrent de garder cette posture dans la mise en scène.

Menée par Cécile Sorel, la troupe de la tournée italienne se produit à Rome, Turin, Florence, Gênes et Naples. Au programme : *L'Aventurière*, *Le Demi-Monde*, *Sapho*, *La Dame aux camélias*, *La Mégère apprivoisée* et *Le Misanthrope*. Dans la capitale italienne, plusieurs festivités sont organisées. Un dîner officiel est offert en l'honneur de Cécile Sorel chez l'ambassadeur de France dont le nom résonne tout particulièrement à ses oreilles : M. de Beaumarchais. Elle est ensuite reçue au Vatican par le pape Pie XI, en compagnie de l'ambassadeur et de quelques personnalités. Vêtue de noir, mantille sur la tête, sans rouge à lèvres ni rouge à joue, le cou et les bras couverts, elle fait une longue révérence. Le lendemain, le quotidien *La Volonté* choisit le lyrisme pour évoquer cette rencontre : « Qu'apportait-elle au Vatican, cette actrice divine, cette magnifique Célimène ? Elle y apportait la curiosité qui la suit partout, un sourire de Paris, le parfum des Champs-Élysées, l'odeur des coulisses du premier théâtre du monde. N'est-elle pas environnée d'un tumulte, ressemblant à un amour collectif et national ? Depuis Jeanne d'Arc et Sarah Bernhardt, il ne fut pas en France une femme plus vantée et plus admirée que Cécile Sorel. Toutes les cloches de la renommée sonnent en son honneur et ses fanatiques ont pour elle une véritable religion... »

Une autre rencontre en tête-à-tête l'attend à Rome avec Benito Mussolini. Par la suite, des échotiers ont révélé, à demi-mot, que la comédienne aurait figuré parmi les très nombreuses conquêtes féminines du Duce. Information invérifiable. En revanche, il ne fait aucun doute que le leader fasciste a fortement impressionné Cécile Sorel. Elle témoigne ainsi de cette entrevue pour le journal *Comœdia*, dans un texte enflammé, publié en première page :

> « Il était 5 heures de l'après-midi lorsque, saluée par la Garde fasciste, je fis mon entrée au palais [...]. Ici, Mussolini travaille, commande, agit. Et cependant il veut bien me donner quelques instants de sa vie. [...] Il m'attendait. Dans l'immense salle presque religieuse, je ne vis d'abord que ses yeux. Ils rayonnent et brûlent d'un feu intérieur qui révèle une volonté indomptable, la certitude absolue du triomphe. À peine avait-il commencé de me parler, de m'écouter que je me passionnai à l'étude de son visage. Quel génial artiste il eût été ! [...] On disait qu'il ne se souciait guère d'être agréable ; je ne suis pas de cet avis : le sourire de Mussolini est la chose la plus séduisante du monde. [...] Cet amour, que Mussolini donne à sa patrie, sa patrie le lui retournait dans cette heure éblouissante et il en respirait les effluves avec une âpre volupté, comme si, sûr de son destin, il domptait aussi les victoires. »

Une photo en première page de *Paris-Soir* la montre quittant le palais de Mussolini, saluant à la fasciste, le bras tendu. Mais dans *Le Soir*, Georges Pioch s'insurge : « Cécile Sorel délire proprement, sur un mode qui est celui de Bernadette Soubirous, s'il n'est celui de sainte Thérèse de Lisieux. » Le journaliste rappelle le meurtre de l'opposant Matteotti, la mise au pas du pays et s'adressant à la comédienne : « Belle idolâtre, j'évoque aussi ceux qui, dans les îles Lipari, expient l'honneur d'être des Italiens pensants. »

Toutefois, cette fascination, théâtralisée, pour l'homme ne semble pas traduire une admiration, voire une adhésion, au système politique qu'il incarne et dont il est, alors, la figure de proue en Europe. En effet, Cécile Sorel, qui connaît bien le monde politique français pour le fréquenter de près, ne s'est jamais trouvée d'accointance avec l'Action française – en dépit de l'adulation quasi amoureuse que lui voue Léon Daudet –, ou les ligues factieuses. D'ailleurs dans ses souvenirs, publiés après la guerre et où elle évoque bien des personnalités qu'elle a rencontrées, elle ne mentionne pas son entrevue avec Mussolini.

22.

Tant admirée, tant moquée

« Admirable créature de charme, sculptée par le dieu des Grâces, embellie par quelque divin miracle des Roses et des Lys, complices pour que le velouté de son visage fût plus parfait, princesse d'amour, trésor de vie, sourire mutin, espiègle, enfantin et pervers, telle apparut Cécile Sorel pour la plus grande joie des amoureux de la beauté, pour le plus grand dépit des femmes banales jalouses de la splendeur d'une incomparable merveille humaine... » Ce portrait est signé de Lucien Aymard dans le journal *Fin de siècle*.

Dans *La Revue de Paris*, Albert Flament, un ancien amant, écrit de son côté : « Cécile Sorel domine de haut toute son époque. Il lui suffit de paraître pour triompher. Ses attitudes sont légendaires ; son génie, sa noblesse, sa beauté incarnent les splendeurs de la tradition française. Elle est l'unique femme dont l'œuvre, le talent et la vie ne peuvent se séparer. Profondément humaine et sensible, elle place l'art au-dessus de tout. Son merveilleux destin s'accompagne d'une auréole légendaire et fastueuse à laquelle les divinités et les muses surent joindre une âme tendre et une audacieuse volonté. »

Quant à Miguel Zamacoïs, longtemps chef des échos au *Gaulois*, c'est en vers qu'il célèbre ainsi la comédienne :

Manié par Sorel, rien ne reste vulgaire,
La canne devient spectre et l'écharpe drapeau

Le plus simple bougeoir devient un lampadaire
Une couronne le chapeau.

Quand elle entre dans le plus superbe édifice
La tête empanachée et scandant bien le pas,
Le plus vaste salon tout à coup rapetisse
Et tous les lustres sont trop bas.

Mais elle est femme et rien qu'une femme à la scène :
Là, joignant à ses dons tout le labeur qu'il faut,
Elle est soudainement l'unique Célimène ;
Elle est la Mégère ou Sapho.

S'ils figurent parmi les plus flatteurs et enflammés, ces portraits ne sont que trois exemples au milieu de centaines d'autres. « Artiste incomparable », « divine comédienne », « plus grande artiste de France », « gloire de la Comédie-Française », « plus noble ambassadrice de notre culture et de notre élégance », « beauté incomparable », « la grâce faite femme », « Célimène nationale »... Ce sont quelques-uns des qualificatifs employés par les commentateurs pour parler de Cécile Sorel.

Mais, tant flattée, elle a été aussi – et en retour – cruellement raillée. Si aucune femme de son temps n'a été autant encensée, aucune vedette – excepté peut-être Mistinguett – n'a été la cible de tant de moqueries. Monnaie de sa pièce, diront certains, et c'est probablement vrai. Les railleries – venues essentiellement des chansonniers de Montmartre et des journaux humoristiques – ont accompagné sa célébrité et soutenu sa renommée avec autant de fermeté que son talent d'artiste. Très tôt, elle a fait sien le mot de Charles Gounod affirmant « on ne parvient à la gloire que par la calomnie ». Elle est, dit-on alors, « la femme la plus chansonnée de Paris ». Ses excentricités, sa mégalomanie, son sens de la réclame, son omniprésence dans les gazettes constituent une inépuisable source d'inspiration pour les humoristes. Reconnaissants – et sans doute provocateurs –, ces derniers font porter chez elle, le 19 novembre 1929, à l'occasion de la Sainte-Cécile, une grande gerbe de fleurs en signe de gratitude pour toutes les occasions qu'elle leur offre d'écrire sur elle pour faire rire le public.

C'est notamment sur son âge que les chansonniers la raillent. En réalité, tout commença lorsque, juste avant la Première Guerre, l'un d'eux décida qu'elle était vieille – elle avait moins de 40 ans. Il fit dès lors, chaque soir, des allusions à son âge, persuadant le public que la comédienne, pourtant jeune et éclatante de beauté, était une vieille femme obsédée par sa volonté de cacher ses rides. Ensuite, ses confrères reprirent à leur tour la plaisanterie, et l'âge de Cécile Sorel devint un classique des soirées montmartroises, décliné également sous forme de caricatures dans les journaux humoristiques, nombreux à cette époque. Certains la font systématiquement naître… sous l'Empire. Pour d'autres, elle est « l'aînée de Cléopâtre ». Ils ironisent aussi ainsi : « Cécile adore l'art ancien / De vieux portraits elle est grisée / Il ne manque plus que le sien / Dans son musée »…

Les journaux s'en mêlent. Même *La Dépêche de Brest*, pourtant peu mordante, qui écrit en 1921 : « On est plus galant avec les femmes appartenant au théâtre. On ne fête pas leur centenaire. Voyez ce qui s'est passé pour Mlle Cécile Sorel. Nul ne connaît l'âge exact de cette sociétaire du théâtre français. Il y a bien son chien qui la voit au saut du lit, avant les arrangements de la toilette, des crèmes, colles et plâtres. Seulement il ne manque à cet animal, par ailleurs très intelligent, que la parole. »

Mais ces attaques finissent par lasser. Ainsi, Paul Reboux s'insurge dans *Paris-Soir* : « Peut-être ferait-on bien d'en finir une bonne fois avec cette absurde légende de l'"âge" de Cécile Sorel. On sait que, aujourd'hui, les femmes savent opposer aux tentatives du temps une victorieuse résistance. Donner comme âgée une personne née en 1876 [il la rajeunit de trois ans, N.d.A.], c'est méconnaître les conquêtes de la coquetterie, de la beauté et de la féminité sur les vieilles traditions. Finissons-en une bonne fois avec ces farces ressassées qui, elles, sont devenues poussiéreuses et vieillottes et jugeons Cécile Sorel moins d'après son état civil que d'après l'allure qu'elle a en scène, son intelligence de comédienne, ses dons universellement reconnus. » *Le Figaro* embraye : « Sur Cécile Sorel s'est acharnée la verve acide des caricaturistes, des chansonniers pendant quarante ans. Avec, le plus souvent, une cruauté qu'il est difficile d'imaginer aujourd'hui et une cible régulière : son âge. Ce “privilège”, elle l'a partagé avec Mistinguett. Gage de notoriété ? Sans aucun doute. Mais à quel prix ! » L'hebdomadaire *Je suis partout*, aussi, déplore « les effets faciles, toujours les mêmes exaspérantes allusions à l'âge de Cécile Sorel ». Même *Le Journal amusant* qui a beaucoup moqué son âge fait son mea culpa : « Ne commencez-vous pas à trouver qu'il serait grand temps que les revuistes et les journalistes découvrent de nouvelles “têtes de Turc” ? On commence à se lasser d'entendre toujours les mêmes plaisanteries sur Mistinguett ou Cécile Sorel. » Le romancier Henri Barbusse, lauréat du prix Goncourt en 1916, s'en mêle aussi. Il écrit aux chansonniers : « Vous seriez bien gentils d'atténuer autant qu'il vous sera possible l'acuité de vos critiques à l'endroit de Cécile Sorel. Je sais qu'elle est très émue de se voir en butte à vos fureurs et je vous assure que c'est une charmante femme qui n'a pas les torts qu'on lui prête et les défauts dont on la charge. »

Outre son âge, l'influence politique de la comédienne est également raillée : « Elle se veut la grande Inspiratrice et sinon l'Éminence grise, l'éminence qui grise », dit-on. De même que son goût du luxe : on raconte que partout où elle va, elle exige un miroir au plafond pour se regarder dormir. Ses bains de champagne ou de lait, parfaitement imaginaires, font aussi l'objet de plaisanteries. Les chansonniers imaginent son épitaphe :

Adieu les rampes et les toiles
Un autre théâtre m'attend
Mais pour entrer au ciel j'attends
Que l'on éteigne les étoiles...

À force d'entendre ces saillies, Cécile Sorel s'est peu à peu blindée. Elle y fait face avec crânerie et humour. Si elles peuvent être blessantes, elles sont néanmoins une marque de popularité et la rançon de sa gloire. Ainsi, le 13 juin 1933, elle est conviée par les chansonniers à leur banquet annuel. Certains craignent une ambiance tendue. Mais elle s'adresse ainsi à l'assistance : « Je suis très heureuse d'être parmi vous. Qui aime bien châtie bien et [...] je peux donc me vanter d'être très aimée. » Elle a mis les chansonniers dans sa poche ! Elle est longuement applaudie.

Il est frappant de constater que la presse, comme l'opinion publique, éprouve des difficultés à parler sereinement et avec neutralité de Cécile Sorel, ne semblant n'avoir que deux modes d'expression à son égard : le dithyrambe ou la moquerie. Soit on célèbre Célimène soit on la raille. Soit on la porte aux nues soit on la piétine. Avec excès, sans aucun doute, dans les deux cas. Sa renommée repose sur un équilibre fragile entre le talent et l'image d'exubérance et de faste dont elle a, consciemment ou pas, alimenté les gazettes. Il aurait fallu que le temps s'arrête, que rien ne change, ni dans le visage d'une société mouvante ni dans le sien. Quand la curiosité publique lâche ce qui l'a ébloui, c'est pour le mordre. Face à cela, Cécile Sorel a toujours réussi, non seulement à se débattre et à lutter avec courage et ironie, mais à sembler au-dessus, au-delà des persiflages.

23.

Faux départ

Au début de l'année 1932, le journal *Comœdia,* annonce, en première page, que Cécile Sorel s'apprête à publier ses mémoires. Il indique qu'elles comporteront deux volumes réunis sous le titre, *Les Belles Histoires d'une vie ordinaire.* La presse, gourmande de révélations, reprend l'information. Il se dit que des négociateurs américains seraient à Paris pour s'en ménager la primeur contre un gros chèque. En réalité, la nouvelle est largement prématurée. La comédienne n'« écrira » ses souvenirs qu'en 1946, et en un seul volume.

Début mars, elle est une des premières à se rendre avenue Kléber pour s'incliner devant la dépouille d'Aristide Briand qui vient de mourir à 70 ans. Celui qui fut onze fois président du conseil et vingt-six fois ministre, notamment des Beaux-Arts, exerçant alors la tutelle de la Comédie-Française, celui qui fut l'amant de Berthe Cerny, sociétaire de ce même théâtre, celui auquel Whitney Warren avait proposé ses services pendant la guerre, avait souvent été l'hôte du quai Voltaire. En tête-à-tête ou avec d'autres convives. Ainsi, en 1910, alors que président du conseil, il subissait des attaques de la droite et de la gauche à la Chambre, Cécile Sorel avait organisé chez elle un déjeuner auquel participaient quelques-unes de ses amies issues de l'aristocratie, curieuses de connaître cet homme dont les idées sociales et politiques cadraient peu avec les leurs... Il avait fait envoyer des roses la veille. « Cet homme, disait Cécile Sorel, avait le culte des femmes et des fleurs. » Elle raconte ainsi cette rencontre : « Il entre, pâle ; son veston trop large tombe gauchement ; il a l'air d'un provincial endimanché. Un léger sourire passe sur les lèvres des snobs. Briand ne voit rien, s'avance d'un pas calme et feutré, mais une glace lui renvoie son image et il sourit à sa fière simplicité. Ce grand homme met sa délicatesse à ne le point paraître. » Après le repas où son intelligence a ébloui les convives, les femmes sont sous le charme. « Le cercle enchanté des femmes se resserre autour de cette figure royale et modeste, poursuit-elle ; chacune admire ses cheveux abondants et soyeux, ses mains racées de prélat, son nez droit, énergique et s'arrête à la bouche peuple, sensuelle, qui se fera dédaigneuse pour elle peut-être. Ces épaules étroites, cette poitrine creuse, comme elles seraient faciles à étreindre ! On entendrait à peine sa belle voix brisée, secrète, inguérissable. Il a besoin d'être aimé, redressé, choyé. Qui de nous réalisera cette œuvre ? Laquelle aura la volupté de perfectionner ce grand homme qui dirige la France ? » Elle a affirmé à plusieurs reprises qu'ils ne furent qu'amis...

Dans un tout autre registre, elle assiste le 17 juin 1932, à la prise de voile d'Yvonne Hautin, jeune pensionnaire de la Comédie-Française, qui devient sœur Marie-Yvonne au couvent des sœurs bénédictines de la rue Monsieur, à Paris. À l'issue de la cérémonie qu'il a présidée, Mgr Verdier, cardinal archevêque de Paris, se tourne vers Cécile Sorel :

– Je suis prêt à recommencer, lui dit-il en souriant.

– Vous êtes peut-être, Éminence, plus près de la vérité que vous ne croyez, lui répond-elle en s'inclinant et en lui baisant son anneau.

En octobre, Cécile Sorel se trouve à la base aérienne de Châteauroux, où elle joue *L'Aventurière* au profit des veuves et orphelins d'aviateurs. Quelques minutes après le début de la représentation, un rideau de la scène improvisée dans un hangar s'enflamme ; la comédienne tente d'éteindre ce début d'incendie en piétinant le rideau et alerte les pompiers en coulisse. Une catastrophe est évitée.

Deux mois plus tard, à la Comédie-Française, elle joue *Poliche* puis *Marion de Lorme* pour marquer le cent trentième anniversaire de la naissance de Victor Hugo. De rares apparitions... qui alimentent à nouveau la lancinante polémique sur son assiduité. Émile Fabre, l'administrateur, affirme qu'il ne lui confie pas de rôles, et surtout de nouveaux rôles, en raison de ses trop fréquentes absences. Elle réplique que, précisément, si elle s'absente, c'est parce qu'on ne l'« affiche » pas. Et s'il compte de nombreux adversaires, Émile Fabre a aussi des alliés. Pour lui marquer indirectement son soutien, attaquer Cécile Sorel peut se révéler une tactique efficace.

En témoigne un article d'une rare violence, publié par *Marianne*, publication qui se présente comme « l'hebdomadaire de l'élite intellectuelle française et étrangère ». Le titre donne le ton : « Cécile Sorel, une carrière manquée ». L'auteur, Michel Duran, s'y déchaîne : « Cécile Sorel est probablement la doyenne de nos comédiennes, certainement la plus célèbre. Indiscutablement la plus mauvaise. Malgré sa part entière et sa célébrité, elle a manqué sa carrière. Quel hasard ironique la destina au théâtre de comédie ? Sans doute le triomphe de Sarah Bernhardt, le rayonnement de la grande Réjane. Cette jeune ambitieuse dut envier leur gloire. Elle l'a presque égalée. Seulement la renommée de notre grande coquette relève davantage de Luna Park que de Thalis. Elle attira la foule certes, mais avec la curiosité qui nous mène à la femme-tronc. Ce n'est pas une comédienne, c'est un phénomène. [...] Elle dit des phrases qui n'ont ni point ni virgule, pousse de petits cris, fait des mines et joue de l'éventail. Pour corser le spectacle et attiser notre curiosité, elle nous fait savoir par son service de publicité que depuis qu'on l'a vue, elle s'est fait maigrir ou engraisser, ou peindre, ou épiler. Elle nous revient toujours avec du nouveau, le nez redressé, la peau tendue et émaillée, les seins remontés, les dents remplacées ou les yeux changés de couleur. Je jure que si une autre comédienne se permettait de jouer la comédie comme elle la joue, elle se ferait lapider. Et pourtant, malgré toute son intelligence, elle a manqué sa vocation. Elle aurait pu être une super vedette de super revue. Elle sait descendre un escalier (il paraît que c'est très difficile), porter des robes à traîne, des échafaudages de plumes sur la tête, tout ce qu'il fallait pour concurrencer Mistinguett. »

La charge est aussi violente qu'excessive mais elle ne peut que conforter Cécile Sorel dans son désir de quitter la Comédie-Française. Elle réitère sa demande de mise à la retraite immédiate, depuis la Côte d'Azur, par un coup de téléphone à Émile Fabre. Face à cette démarche, Jean Mistler, le nouveau sous-secrétaire d'État aux Beaux-Arts, ne cache pas un certain agacement en déclarant : « À la suite du désir exprimé par Mme Cécile Sorel, le comité avait proposé la mise à la retraite de l'illustre artiste à partir du 1er janvier 1934. J'apprends aujourd'hui que Mme Sorel, qui est actuellement à Cannes, a demandé par téléphone d'être mise à la retraite dès le 1er janvier 1933. Cette demande, je ne puis l'accueillir que sous toutes réserves, car, pour une actrice comme Mme Sorel, une communication téléphonique ne doit pas suffire à trancher la question. » En réalité, soutenant Émile Fabre, le ministre est bien décidé à ne pas la laisser partir pour éviter de créer un précédent. Alors, pour arrondir les angles, il la convie à un entretien, en présence de l'administrateur, le 4 janvier.

À l'issue du rendez-vous, un communiqué est publié : « Malgré l'insistance de Mlle Sorel, il a été impossible de lui rendre sa liberté immédiatement ; elle restera à la Comédie-Française pendant l'année 1933. » À la sortie du ministère, un bataillon de journalistes attend la sociétaire, crayon à la main. Faisant contre mauvaise fortune bon cœur, elle leur déclare : « Certes, c'eût été une joie pour moi de pouvoir reprendre ma liberté dès aujourd'hui, mais vous me comprenez : je ne voulais en aucune façon désobliger une maison que j'ai aimée, que j'aime et à laquelle je ne puis en vouloir de me retenir encore. Cependant les plus grandes amours n'ont qu'un temps et le temps sera révolu à la fin de 1933. Pourtant, j'avais de beaux projets, je comptais créer de grands rôles, aller dans tous les pays où j'ai été fêtée, où l'on me fête encore. Tout ceci n'est que partie remise. »

De son côté, Jean Mistler conclut : « Il n'y a plus d'orages. Tout le monde est content. » Tout le monde... sauf Cécile Sorel, la principale intéressée. Pour la seconde fois, elle est contrainte, contre sa volonté, de rester à la Comédie-Française. Onze jours après cet épisode, elle joue *L'Aventurière* à Lisieux. Elle profite de son séjour dans la ville normande pour aller prier et brûler un cierge à Sainte-Thérèse.

24.

Vrais adieux

En plus du don de comédienne à la scène comme à la ville, Cécile Sorel possède celui de la persuasion. À force de harceler Émile Fabre et Jean Mistler, les dirigeants du théâtre, de remuer ciel et terre, de faire intervenir des amis haut placés, elle finit par obtenir ce qu'elle souhaitait : en avril, le conseil d'administration de la Comédie-Française accepte de la libérer au 1er juillet 1933, avec six mois d'avance sur le calendrier prévu. Il ne manque plus que l'accord d'Anatole de Monzie, ministre de l'Éducation nationale, dont dépend le sous-secrétariat aux Beaux-Arts, et qui se laisse convaincre à son tour. Anatole de Monzie était son voisin quai Voltaire et c'est lui qui mit aux enchères sa caricature pour en distribuer le profit aux nécessiteux de sa ville de Cahors...

Quitter la Comédie-Française, mais pour aller où ? Si elle a, bien sûr, de nombreuses propositions, sérieuses ou farfelues, quatre retiennent principalement son attention : rejoindre le théâtre des Ambassadeurs qui la réclame, le théâtre Sarah Bernhardt où les frères Émile et Vincent Isola ont déjà préparé un contrat, s'expatrier à Rio de Janeiro où le tout nouveau théâtre de la ville lui fait un pont d'or avec un acompte de 500 000 francs à la signature ou délaisser le théâtre pour le music-hall. Et qui dit music-hall, dit Casino de Paris. Dirigé par Henri Varna et Oscar Dufrenne, cet établissement est au music-hall ce que la Comédie-Française est au théâtre. C'est avec ces deux directeurs que la comédienne entame des pourparlers. L'information fuite dans la presse. Elle est aussitôt démentie par les intéressés. Mais nul n'est dupe.

Dès le mois de mai, la nouvelle se répand : Cécile Sorel quitte le théâtre et a été engagée pour deux mois – et deux millions de francs, plus un pourcentage sur les recettes – au Casino de Paris. Nombreux sont ceux qui ont du mal à croire à cette information. D'une part, à cause de l'âge de la comédienne – 60 ans, c'est tard pour débuter comme meneuse de revues –, d'autre part en raison de cette idée encore alors communément admise : si passer du music-hall au théâtre est vu comme une promotion, emprunter le chemin inverse est perçu, logiquement, comme un recul. Passer du théâtre classique au théâtre de boulevard est déjà mal considéré, alors au music-hall ! Quand on a, comme elle, défendu les grands textes du répertoire à la Comédie-Française et à travers le monde, que signifie aller lever la jambe au milieu des falbalas et des plumes d'autruche ?

La motivation première de la comédienne est de partir à la conquête d'un nouveau public. Celui du music-hall n'est pas celui de la Comédie-Française ; ses attentes sont différentes, comme ses goûts. À ce public aussi, elle veut offrir le talent et le prestige qui sont les siens, en les divertissant. À ses yeux, une « vraie » comédienne doit briller dans tous les répertoires. Et pour garder son invincible jeunesse en dépit du temps qui passe, elle a besoin de jouer, d'affronter les difficultés, de recommencer sans cesse sa lutte avec le public et pour la gloire.

Avec le Casino de Paris, Cécile Sorel renoue un peu avec ses premiers pas, quarante-cinq ans plus tôt, dans le monde du spectacle, quand elle s'appelait encore Céline-Émilie

Seurre. De là à en faire la successeure de Joséphine Baker ou de Mistinguett... Le pari d'Henri Varna et Oscar Dufrenne paraît pour le moins osé. Mais ils veulent contrer la revue de Mistinguett prévue au Moulin-Rouge. Il semblerait même qu'ils aient approché cette dernière pour lui proposer de partager l'affiche avec Cécile Sorel. La Miss leur aurait alors répondu par ce cri du cœur : « Moi, jouer avec cette vieille-là, mais vous n'y pensez pas ! » Cela n'empêche pas les deux femmes d'avoir de l'estime l'une pour l'autre et de s'inviter mutuellement, le plus discrètement possible, dans leur loge respective.

Quand elle évoque son passage au music-hall avec son entourage, les avis sont partagés. Ses amis artistes – Simone Berriau en tête, mais aussi Yvette Guilbert, ses anciens collègues de la Comédie-Française, Colette, Sacha Guitry... – l'encouragent à franchir le pas sans souci du qu'en-dira-t-on et sans craindre l'échec. Son mari Guillaume, qui n'a jamais ménagé son soutien à son épouse, est d'accord avec eux, la perspective d'importantes rentrées d'argent n'étant peut-être pas étrangère à son enthousiasme... En revanche, du côté de ses amis journalistes ou responsables de publications – Léon Bailby, Albert Flament... –, c'est un tout autre son de cloche ; ils craignent qu'elle ne s'égare dans cette entreprise, voire qu'elle y fourvoie son talent et son aura. Cécile Sorel écoute les uns et les autres, mais, comme d'habitude, elle n'en fait qu'à sa tête. Ce défi la tente ; l'amuse même. Et tant pis pour ceux qui prédisent la catastrophe et la chute de l'idole. Elle a toujours regardé devant, pas derrière, et aime répéter que seul demain l'intéresse.

Et puis, à 60 ans, elle se sent en pleine forme. Elle n'a jamais cessé de pratiquer la danse pour entretenir sa souplesse, elle n'a jamais fait d'excès. Elle a surveillé sa ligne en réfrénant sa gourmandise naturelle. Certes, elle a pris un peu d'embonpoint, mais rien de grave. Après quelques interventions de chirurgie esthétique, elle sera tout à fait d'attaque. Et faire un pied de nez à tous ceux qui ironisent sur son âge lui donne une motivation supplémentaire. Dès lors, pour elle, les événements s'accélèrent. Il faut mener de front sa sortie de la Comédie-Française et son entrée au Casino de Paris.

Ses dernières apparitions rue de Richelieu génèrent des recettes très importantes. Le 29 mai, son ultime prestation dans *L'Aventurière* rapporte 26 677 francs. Le 16 juin, sa dernière interprétation de Fanny Legrand dans *Sapho*, 23 355 francs, et, deux jours plus tard, celle de *Marion de Lorme*, 26 411 francs. Le caissier de la Comédie-Française est certainement de ceux qui regrettent le plus le départ de la comédienne vedette... Cécile Sorel fait aussi ses adieux à Mme Germaine, sa fidèle habilleuse. Un jour, cette dernière avait ainsi témoigné sur le ton de la confidence au journal *Excelsior* : « Il vient dans sa loge des ministres, des académiciens, des hommes qui écrivent, des messieurs-dames de toutes sortes, sans compter les petits camarades du Français qui viennent voir, sans en avoir l'air, quel genre de corset madame peut bien mettre pour rester si mince. J'ai beau leur dire que madame est nature, elles y croient tout juste. Et pourtant, c'est la vraie vérité. » Cécile Sorel salue Georges Chaplain, le coiffeur de la Comédie-Française, installé au sixième étage, et son épouse, perruquière. Elle quitte sa loge, la plus belle du théâtre, tendue de rose, luxueusement meublée, où elle avait l'habitude d'écouter au phonographe ces airs de guitare hawaïenne qu'elle aime et qui la détendent avant d'entrer sur scène.

Elle désire que sa soirée d'adieux soit à sa mesure, brillante, grandiose. Elle fixe le prix des places de 50 à 500 francs. La coutume veut que la recette soit intégralement versée au comédien qui s'en va. On dit que des billets d'entrée se revendent dix fois leur prix. Le programme, tiré à mille exemplaires numérotés, est vendu un minimum de 20 francs. Sa couverture dorée porte le fac-similé de la signature de la comédienne et un portrait d'elle réalisé par Drian. Mais le paiement à la Société des auteurs des droits attachés aux textes joués est à la charge du comédien qui les fait jouer lors de ses adieux. Cécile Sorel prend soin de demander une petite faveur au président de la Société, en lui écrivant : « Vous avez été informé par l'administration de la Comédie-Française que je donnais ma représentation d'adieux. Je ne doute pas que selon la coutume, vous m'accorderez les tarifs les plus réduits pour la perception des droits. Avec tous mes remerciements anticipés. »

Ce soir du 23 juin 1933, tout ce que Paris compte de célébrités se presse rue de Richelieu pour ces adieux. La salle est pleine à craquer. Le buffet déborde sur le vestibule. Dehors, une foule s'est massée devant le théâtre pour manifester son attachement à l'artiste et sa déception de ne pouvoir entrer. La police doit appeler des renforts pour contenir la vague. Il n'y aura, heureusement, aucun incident. C'est Cécile Sorel qui a imaginé et préparé la soirée en quelques jours. La cérémonie débute par un acte en vers de *Poètes !* de François Coppée. Puis la comédienne apparaît dans le deuxième acte du *Misanthrope*, sous les traits de Célimène, plus grande, plus royale, plus majestueuse que jamais. Une salve d'applaudissements de plusieurs minutes salue son ultime entrée dans ce rôle sur cette scène. Elle est entourée d'Albert Lambert, de Marcel Divonnes, de Jacques Guilhène, de Jean Weber et de Madeleine Renaud. Un acte de *Pelléas et Mélisande* suit, après un court entracte. Puis Fédor Chaliapine chante, tenant à la main une rose qu'il offre délicatement à la vedette de la soirée. Ensuite, cette dernière revient sur scène pour un acte de *L'Aventurière*. Guillaume de Ségur est à ses côtés, dans le rôle d'Annibal. Elle l'avait convaincu de paraître avec elle. « La scène où tu me bats, lui avait-elle dit, le public sera tellement content de voir ça ! » Serge Lifar, ensuite, exécute une danse en duo avec Jeanne Lorcia. Cécile Sorel revient pour une scène de *La Dame aux camélias* au cours de laquelle Maurice Escande incarne Armand Duval. Enfin, pour clore cette brillante soirée, Cécile Sorel valse au bras d'un jeune et beau cavalier avec une gracieuse ardeur sous les applaudissements nourris de l'assistance. Les adieux ont été à la hauteur de celle que l'on célébrait. La recette s'élève à 236 000 francs. La plus importante que le théâtre ait jamais connue !

Quand, bien après minuit, elle quitte la Comédie-Française, des admirateurs sont encore là, dehors. La veille, elle avait apposé sa signature sur des dizaines de petits morceaux de papier découpés ; elle les jette à la foule comme on jetterait des pétales de rose. Cécile Sorel se fraie un chemin jusqu'à sa voiture ; Guillaume de Ségur lui ouvre la portière, elle se laisse glisser sur la banquette. L'auto démarre ; elle est couverte de bouquets.

Rentrée chez elle, Cécile Sorel regarde le livre d'or de sa soirée. Parmi les très nombreux témoignages, Georges Clemenceau, peu rancunier, a écrit : « Sorel, vous planez sur notre époque comme un trophée de victoire. » Le maréchal Lyautey : « À la plus grande, toute mon admiration. » L'académicien Émile Faguet : « Comédie-Française, Cécile Sorel est la plus noble colonne de ton édifice. » Le maréchal Joffre : « Vous êtes la plus courageuse et la plus grande artiste de France. » Léon Daudet : « Trois comédiennes ont, en France, illustré notre temps et passé de loin leurs camarades, même les plus remarquées : Sarah Bernhardt, Julia Bartet et Cécile Sorel. » Et Maurice Barrès, l'ami amant : « Cécile Sorel, tu portes tout l'esprit de la France dans ta tête, tout son soleil dans ta traîne… »

Ses camarades de la Comédie-Française la voient partir avec tristesse, à l'image de la sociétaire Béatrice Bretty qui dresse d'elle ce portrait : « La première fois que je me suis trouvée devant elle – je la vois encore – elle m'avait saisie d'admiration. Le long sautoir de perles se terminant par la plus grosse en forme de poire qu'elle portait à ce moment-là, tous les riches bijoux qui l'ornaient m'avaient éblouie. Dans la rue, le mouvement s'arrêtait quand elle sortait du théâtre. C'était Cécile Sorel ! On se passait le mot et il suffisait pour provoquer un attroupement. Au demeurant si la femme était spectaculaire, la camarade était adorable. Jamais un mot méchant ne sortait de sa bouche. Elle ne s'occupait de personne. Elle travaillait beaucoup ses rôles, faisait très consciencieusement son service et se désintéressait totalement de tout ce qui se passait hors du plateau. Elle n'était que grâce et gentillesse pour tout le monde. Toujours très gaie, souvent pleine d'esprit. »

La veille de la soirée, Mistinguett, retenue à Oslo, lui télégraphie : « Mon concours t'est acquis pour représentation d'adieux avant que tu débutes au music-hall. » Quelques jours plus tôt, interrogée sur cette possible rivalité, la Miss avait répondu : « J'aime beaucoup Cécile, je l'admire, mais nous avons deux genres tout à fait différents. Elle, on viendra surtout la voir par curiosité, comme si moi, je jouais à la Comédie-Française. » Une concurrence d'image oppose ces deux femmes aux univers très éloignés. Mistinguett, c'est le peuple, Sorel, c'est la « haute ». Jamais notre Célimène n'aurait frayé avec Maurice Chevalier ! Maurice Barrès ou le comte de Ségur, c'est quand même autre chose !

Néanmoins, Cécile Sorel demeure envieuse du rôle d'espionne que joua sa rivale entre 1916 et 1917. Après avoir proposé ses services au cabinet de Joffre, Mistinguett profita de ses bonnes relations avec le prince Gottfried de Hohenlohe-Schillingsfürst, ce diplomate austro-hongrois qui fut son amant, pour glaner quelques informations confidentielles auprès de lui. Forte de ces succès, elle fut ensuite envoyée en Espagne avec pour instruction de se renseigner sur les activités des Allemands contre la présence française au Maroc. Cette mission lui permit de rencontrer le roi Alphonse XIII lui-même. Le frisson de l'espionnage associé à la fréquentation des grands de ce monde… Voilà doublement de quoi susciter une jalousie certaine chez Cécile Sorel, convaincue par ailleurs qu'elle aurait obtenu des résultats plus probants grâce à sa beauté qu'elle juge bien supérieure à celle de Mistinguett et, à sa meilleure connaissance des us et coutumes du beau monde.

25.

L'ai-je bien descendu ?

Une page se tourne. Après trente-deux années, Cécile Sorel a quitté la Comédie-Française. Mais c'est un peu, aussi, la Comédie-Française qui l'a quittée. Le critique Émile Mas, fidèle soutien, ne cache pas sa peine et son pessimisme : « Je plains ceux qui, à une heure grave où la Comédie-Française aurait besoin de rassembler toutes ses forces, tous ses talents, se privent délibérément, que dis-je, avec plaisir, d'un des plus riches éléments de succès et de recette que possédait la Société. Il ne faut pas que cette perte soit sans conséquence : la retraite prématurée de Mme Cécile Sorel – jamais elle n'eut plus cavalière allure – est une marque infaillible de cet abandon de l'"esprit de la Maison". J'en appelle au ministre de l'Éducation : qu'allez-vous faire, M. de Monzie, devant une si lamentable situation ? »

L'été 1933 est itinérant pour la comédienne. Elle se repose d'abord à Biarritz, à la résidence Helianthe, comme chaque année. Elle y arrive incognito, selon sa propre volonté. Mais rien que ses tenues font se retourner les passants et, très rapidement, son nom est sur toutes les lèvres. Elle se rend ensuite à La Baule-les-Pins, invitée par Sacha Guitry dans sa villa de La Guilleraie. Il s'agit de préparer le futur spectacle du Casino de Paris qu'il est chargé d'écrire. Les vacances ne doivent pas faire oublier le travail. Sacha Guitry a également convié Henri Varna, le directeur du Casino. Avec Guillaume de Ségur, Cécile Sorel se rend ensuite à Deauville où elle préside une compétition de polo avant d'offrir un gala au profit des intellectuels chômeurs... Enfin, elle termine l'été à Golfe Juan chez son amie Simone Berriau qui a également invité chez elle Pierre Lazareff.

Rentrée à Paris à la fin du mois d'août, elle a rendez-vous avec le docteur François Dubois pour pratiquer une légère opération de chirurgie esthétique. Dans une lettre à sa sœur datée du 2 septembre, le praticien écrit : « J'ai opéré avant-hier des rides Cécile Sorel qui va débuter prochainement au Casino de Paris et je vais tout à l'heure lui faire son pansement au rond-point des Champs-Élysées où elle habite un appartement splendide. » Pour préparer son corps au rythme auquel il va être soumis au cours des prochains mois, la comédienne intensifie encore ses exercices quotidiens de souplesse. Le 7 septembre, elle fête ses 60 ans. Elle sait qu'elle est attendue « au tournant » car le pari ressemble à un défi. Les échotiers et les chansonniers affûtent déjà leurs plumes. À un reporter, elle confie : « Dans la vie, on doit toujours se renouveler ; il ne faut pas que la vie soit stagnante, il faut que ce soit un torrent et non une mare, même s'il y pousse de beaux nénuphars. » Oui, elle doit se résigner à disparaître ou se forcer à renaître. Mais quand on a, comme elle le dit, « le goût du danger », comment songer à disparaître ?

La revue est baptisée *Vive Paris.* Sous l'œil attentif d'Henri Varna auquel rien n'échappe, Cécile Sorel répète les sketchs que Sacha Guitry a écrits pour elle sur une musique de Louis Beydts, dans lesquels elle est successivement Agnès Sorel, la Belle Ferronnière, la Pompadour, la Du Barry puis la République. Elle fait les essayages des costumes dessinés par Drian et réalisés par Pascaud et Vionnet, et des chapeaux dessinés par la maison Agnès. Elle s'habitue au décor imaginé par le même Drian, apprend les enchaînements musicaux et la chorégraphie, entraînée par Suzanne Lorcia, danseuse étoile formée par Serge Lifar. Guillaume de Ségur est également à l'affiche de la revue. Sacha Guitry a prévu pour lui des rôles de rois.

La date de la première approche. Deux répétitions devant la presse ont été organisées, contre une seule d'habitude. Cécile Sorel semble sereine : « Je ne peux pas dire que j'ai le trac, je ne l'ai jamais eu sur scène. Quelquefois avant une répétition générale, j'ai la défiance de moi-même. Mais quand l'heure fatidique a sonné, je me ressaisis. Il faut gagner la bataille, je m'y jette d'un cœur intrépide pour la gagner », dit-elle. Pas vraiment de quoi rassurer Henri Varna qui ne peut masquer sa fébrilité. Il a investi beaucoup d'argent dans ce spectacle et s'interroge sur le succès de cette nouvelle revue.

Pour la première, les billets se sont arrachés. Certains sont revendus à prix d'or, comme pour les adieux à la Comédie-Française. On dit qu'un admirateur américain aurait payé 50 000 francs la location d'une loge pour quatre et que des personnes ont campé toute la nuit rue de Clichy pour être sûres d'avoir des places. Sur la couverture du programme mêlant les trois couleurs du drapeau français, Drian a représenté la vedette empanachée, le visage de trois quarts, ceinte de colliers et de bracelets de perles, le bras droit levé et le sein droit totalement dénudé. Ce soir du 26 octobre 1933, le ministre Albert Sarraut, tout juste nommé président du Conseil, peine à constituer un gouvernement. Mais c'est vers le Casino de Paris que se braquent les projecteurs de l'actualité. Cécile Sorel va bientôt entrer en scène… Dans la salle, l'assistance est brillante. Des ministres, des académiciens, des vedettes, des têtes couronnées – la reine du Monténégro, le prince du Danemark –, une partie de la troupe du Français. Colette est là aussi. Surprise,

Mistinguett est venue. Elle est très applaudie quand elle pénètre dans sa loge.

Composé de deux actes et cinquante tableaux, le spectacle *Vive Paris !* commence par une série de numéros musicaux exécutés par Ray Ventura et ses Collégiens – qui interprètent, entre autres « Ce Petit Chemin » de Mireille et Jean Nohain –, puis se produisent les King's London boys, les Helena Stars, les Hollywood's Beauties, et d'autres danseuses et danseurs dans des ballets réglés par le chorégraphe suédois Floyd Du Pont. Après l'entracte, Cécile Sorel entre en scène. Un tonnerre d'applaudissements la salue lorsqu'elle paraît en haut du grand escalier doré. Elle porte un costume Louis XIV de 20 kilos et sur la tête, un casque de guerrier orné de (faux) diamants et de plumes orangées. De ses épaules part une immense traîne de velours pourpre soutenue par quatre danseurs noirs torse nu.

Souriante, elle descend une à une les marches, dont chacune est plus étroite que la longueur du pied. Elle est droite, regarde devant elle. Elle a eu beau s'entraîner, descendre les marches lentement, majestueusement, sous les yeux de centaines de spectateurs, quel vertige ! Gare à la quatrième, où se trouve la charnière qui permet de replier l'escalier ! Il y faut des nerfs d'acier, en plus d'une grande souplesse. Décomposer le mouvement des jambes, au même rythme à chaque marche, l'exercice est piégeux. Tant pis si certains esprits chagrins lui reprochent de lancer la jambe en avant de manière un peu mécanique. Un faux pas et c'est la catastrophe. Mais tout se déroule bien. À peine a-t-elle franchi la dernière marche que les acclamations reprennent, de plus belle. Et dès qu'elles se sont calmées, elle lance, posément : « L'ai-je bien descendu ? » À cette question – qui, sans le dire, s'adresse avant tout à la foule –, les deux boys qui l'attendaient en bas, tous muscles dehors et les cheveux calamistrés, répondent : « Madame, d'où venez-vous, donc ainsi parée de velours et de failles ? » Et Cécile Sorel enchaîne : « De Versailles… où les degrés de marbre ont tant de majesté / Que lorsqu'on les descend / On a l'air d'y monter… » Même Mistinguett applaudit à tout rompre.

Après la descente du grand escalier, Cécile Sorel interprète en treize tableaux les sketches écrits pour elle par Sacha Guitry sous le titre général de « Maîtresses de roi ». Elle campe alors, dans une sorte de résumé historique, diverses favorites royales, à commencer, comme il se doit, par Agnès Sorel. À cette dernière, Charles VII, incarné par Guillaume de Ségur, déclare : « J'aime les seins qui se tiennent très droits. » Et elle lui répond : « Alors les miens tombent très bien, monsieur le roi. » Et le temps d'un instant, les spectateurs du Casino de Paris peuvent constater de visu la réalité du dialogue… La comédienne de 60 ans, décidément, a toutes les audaces ! Notoriété oblige, elle interprète aussi une Célimène revue et corrigée pour le music-hall. Bluffée par le culot de la comédienne devenue meneuse de revues et la qualité de la prestation, la critique partage, dans une quasi-unanimité, la ferveur des spectateurs.

Sacha Guitry est épaté : « Elle est phénoménale, dit-il. Elle joue tous les soirs comme si le roi de France était à l'avant-scène. » Un peu plus tard, il lui offre une photo avec cette dédicace : « À Cécile Sorel, qui semble avoir passé par toutes les époques où l'on avait du goût, du cœur et de la grâce – et dont on racontera la vie et la carrière comme on raconte les légendes merveilleuses… » Colette témoigne de son admiration dans *Le Journal* : « Elle semblait or et chair translucide. Son grand œil bombé errait sur nous et tout son glorieux corps, orgueilleux de sa durée et de sa grâce, disait le refus de supplier, la volonté de plaire sans abaissement. Elle a gagné. Ce n'était pas pour elle une gageure. Elle ne défiait personne, sinon elle-même, ses moyens, ses propres forces. Elle atteint avec arrogance l'âge où une santé imperturbable, un cerveau clair dans un corps entraîné sont les meilleurs conseillers. »

Aux Écoutes écrit : « Cette première de Cécile Sorel est certainement la soirée la plus sensationnelle que le Tout-Paris ait vécue depuis la guerre. » Pour *Le Matin*, « elle est venue, on a vu, elle a vaincu ». Pour *L'Intransigeant*, « Cécile Sorel a triomphé, on l'a acclamée, elle fut sacrée reine du music-hall comme elle l'était du théâtre classique ». Pour *Le Quotidien*, « celle qui fut la plus grande interprète de Molière, celle qui reste l'incarnation la plus parfaite de Célimène a débuté au Casino de Paris ; l'aventure était dangereuse, mais il a suffi qu'elle paraisse pour plaire et on a justement admiré cette allure sans égale qui fait d'elle quelque chose comme un jeune prodige ».

D'autres, très peu nombreux, se montrent plus réservés, voire hostiles face à cette entreprise. Ainsi, Pierre Brisson, le futur patron du *Figaro*, qui écrit dans *L'Africain*, critiquant davantage la démarche que le résultat : « Il y a pourtant une chose inquiétante : c'est la contagion possible d'un pareil exemple. Doyens et doyennes de la Maison ne seront-ils pas tentés ? Verrons-nous un jour M. Albert Lambert faire un numéro de lutte gréco-romaine au Palais des Sports ou chanter à Bobino sous l'habit de Ruy Blas ? En y réfléchissant bien, tout cela paraît assez étrange. » Le journal belge *Pourquoi pas ?* tire à vue : « En Agnès Sorel, à cause du voile tombant du hennin, on ne voit pas la décrépitude murale de la divine. En belle Ferronnière, en Pompadour, c'est moche, et le texte de Sacha, qu'elle se force visiblement pour faire porter, n'a pas dû coûter une migraine à l'auteur du *Veilleur de nuit*. Quel spectacle ! Un nez recourbé surplombe l'émission d'une série de cris rauques. D'énormes yeux fixes, globuleux, qui paraissent toujours présentés de face, même lorsque l'artiste est de profil, comme dans les fresques égyptiennes ; des bras maigres, terribles, des clavicules, une poitrine... »

Quoi qu'il en soit, Henri Varna se frotte les mains et se félicite de son pari osé : le premier soir, la recette s'élève à 248 000 francs. *Comœdia,* a raison de titrer : « Cécile Sorel, une vedette en or ! » Elle-même se montre, légitimement, satisfaite : « Il est un grand jour dans la vie d'une artiste, déclare-t-elle, c'est celui où elle peut voir que le public la suit et la comprend dans toutes ses tentatives. Je suis très heureuse d'être entrée dans une nouvelle carrière. »

Soir après soir, le défilé dans sa loge ne cesse pas. Au point que le directeur du Casino a exigé que le couloir qui y mène soit repeint de neuf en blanc et bleu – avec les tuyaux peints en rouge – et qu'un tapis soit posé au sol. La loge, elle, a été tendue de soie et de velours. Car ce n'est pas le tout-venant que reçoit la vedette du lieu... Souvent, Henri Varna, avec diplomatie, mais fermeté, est obligé de canaliser les visiteurs. Quant à Guillaume de Ségur, il est heureux au milieu des girls emplumées et dévêtues, âgées d'une quarantaine d'années de moins que son épouse, auprès desquelles il joue de son charme et de son nom. Par ailleurs, il s'amuse de trouver parmi les artistes de la troupe des gens de « son monde » : le danseur Billie Rey qui n'est autre que le neveu du prince Pierre du Monténégro, Gustav Wally, le fils du financier suédois Wallenberg, ancien ambassadeur de Suède, le vicomte Louis de Reisel, qui assure une partie des décors ou Raymond Duncan, frère d'Isadora, qui participe à la mise en scène.

Le Casino affiche complet et Henri Varna est satisfait de la recette : 67 140 francs par jour en moyenne. Un peu plus qu'espéré. Mais en janvier 1934, la mort mystérieuse de l'escroc Alexandre Stavisky, symbole pour beaucoup des turpitudes prêtées à la IIIe République, entraîne des émeutes qui culminent le 6 février dans une atmosphère de guerre civile. Conséquence, les théâtres parisiens se vident. Le Casino de Paris n'échappe pas à la règle. Les recettes chutent d'un coup. Henri Varna envisage d'arrêter la revue. Sa vedette s'insurge. Varna lui apprend que son seul cachet représente une part importante des dépenses. Alors sans hésiter, elle accepte de le baisser très significativement pour que la revue puisse se poursuivre. Elle refuse par ailleurs que d'autres salaires de la troupe soient diminués, et offre de réduire encore le sien si cela permet de maintenir les autres au même niveau. Au bout du compte, elle perd plus de 70 % de son cachet. Mais le spectacle continue.

Peu à peu, les spectateurs reviennent après les troubles de février. La salle est de nouveau pleine et Cécile Sorel retrouve son cachet initial. À l'occasion de la 200e représentation, une réception est organisée par Henri Varna dans le hall du Casino, avec sa vedette en robe lamée argent et coiffée d'un immense chapeau de velours noir. Le pari du Casino est gagné, haut la main. Haut la jambe ! Non seulement Cécile Sorel n'a pas trébuché, mais elle a triomphé et conquis un nouveau public.

26.

Ciel, mon mari !

À la mi-mai, le Casino de Paris présente une nouvelle version de *Vive Paris !* baptisée *Paris-New York*. Après trois cents représentations, Henri Varna sait qu'il doit présenter un programme nouveau, avec des numéros inédits. Cécile Sorel en reste la vedette et lance une nouvelle danse : la Carioca. En complément se produit la troupe des Hoffman Girls accompagnée par l'orchestre de Jo Bouillon. Mais le 22 mai, quelques jours après la première, c'est le drame : un coup de téléphone de la gendarmerie apprend à la comédienne que son mari a eu un accident de voiture à Saint-Ouen-l'Aumône. Il est sain et sauf, mais a fauché une femme qui est décédée. Ce qu'elle ignore encore, c'est qu'il a pris la fuite et n'a été arrêté qu'à Méry-sur-Oise, presque une heure plus tard, après que l'alerte avait été donnée. Aux gendarmes qui l'arrêtent il prétend, après les avoir insultés, ne pas s'être aperçu du choc.

L'accident s'est produit à 5 h 30 du matin. Le chauffeur d'une usine stationné là, le seul témoin, affirme que la voiture du comte roulait à près de 100 km/h. La victime, Victorine Brispot, une ouvrière agricole, a été traînée sur plusieurs mètres puis projetée contre un arbre avant de retomber sur la chaussée. Elle a été tuée sur le coup. L'autopsie révélera qu'elle a eu les poumons broyés, la rate éclatée et le crâne fracturé. Guillaume de Ségur se rendait à Mériel, commune où se situe la propriété familiale des Ségur, à une dizaine de kilomètres au nord de Pontoise et rentrait d'une soirée très arrosée. Il était ivre au moment de l'accident. Il est immédiatement incarcéré à la prison de Pontoise.

Un examen médical est pratiqué. Son compte-rendu, surprenant, est ainsi formulé : « Le conducteur est pleinement responsable de ses actes, mais enclin à de vulgaires accès d'ivresse qui lui inspirent une certaine indépendance à l'égard des obligations familiales et sociales... » Pas plus que sa passion pour le jeu et la fête, le penchant de Guillaume de Ségur pour l'alcool n'est un secret pour son entourage.

Sitôt connue, l'affaire enflamme les esprits et fait la une de la presse. Selon les premières informations, la malheureuse victime était mère de quatre enfants. L'apprenant, Cécile Sorel se déclare immédiatement prête à adopter les orphelins. Mais, rapidement, la nouvelle est démentie : Victorine Brispot n'avait pas d'enfants. L'affaire prend un tour politique. Le journal *L'Ordre* s'insurge contre la tentation d'une sévérité accrue en raison du titre nobiliaire de l'accusé. L'accusé ? « Il est le meilleur garçon du monde, écrit le journal, soyez certains que sa douleur est grande et qu'il a tous les remords qu'on peut avoir. En vérité, c'est une sorte de grand enfant, buvant quotidiennement comme trois Américains le jour où prit fin le régime sec... » Dans *Le Populaire*, organe de la SFIO, Augustin Suisse écrit, au contraire, avec une virulence extrême : « Le comte de Ségur, on ne s'en étonnera point, a déjà toutes les sympathies de la presse bourgeoise. Pensez donc : un comte ! Le mari de Cécile Sorel ! Le pauvre homme n'avait pas vu sa victime, ce monsieur "distingué" est bien à plaindre d'être en prison ! Etc., etc. Or, ce comte-là est un misérable chauffard. Que la justice le traite et le juge comme un écraseur ! En admettant que la peine de mort n'existe pas, il faudrait l'inventer à l'usage spécial et personnel de malfaiteurs tels que le comte Guillaume de Ségur. Peut-on en effet concevoir crime plus affreux, plus sauvage, plus inexpiable que celui commis par ce grand seigneur, à l'issue d'une nuit d'orgie durant laquelle il ne s'était sans doute rien refusé, et qui s'est offert, pour finir la fête, le luxe d'écraser une femme ? Sensation comme une autre pour un viveur... voir une misérable créature propulsée en l'air par le bolide, la voir devant ses roues faire le grand saut dans l'inconnu... »

Le tribunal de Pontoise, où il doit être jugé, reçoit des flots de lettres anonymes aussi bien haineuses que sarcastiques à l'encontre du prévenu. Le 16 juin, Guillaume de Ségur comparaît devant les juges. La salle d'audience est pleine à craquer, les curieux se mêlent aux journalistes. La comtesse de Ségur est absente, elle ne veut pas voir son « Guillé » entre deux gendarmes, tête baissée. « Je demande pardon à Dieu et aux hommes », s'exclame d'entrée l'accusé. Le président lui dit : « Pendant la guerre, vous avez bien combattu, mais, depuis, votre conduite n'a pas été brillante. Vous buvez, vous buvez beaucoup trop. » Le procès se déroule dans le calme. Le réquisitoire est équilibré, le procureur estimant que le nom de l'accusé ne doit justifier ni une sévérité accrue ni une quelconque indulgence. Plaidant pour le comte de Ségur qu'il a connu enfant, le bâtonnier Henri-Robert, récemment élu à l'Académie française, met en avant la bravoure de son client pendant la guerre et « ses nobles sentiments lorsqu'il est à jeun »... Il avait imaginé évoquer certains détails susceptibles de se révéler favorables au comte, notamment une hérédité alcoolique. Mais Guillaume de Ségur a refusé, estimant avoir déjà fait assez de mal à sa famille. Inculpé d'homicide involontaire en état d'ivresse et de délit de fuite, il est condamné à un an de prison ferme – il risquait une peine maximale de quatre ans –, 500 francs d'amende et 2 000 francs de dommages-intérêts au mari de Victorine Brispot qui en avait demandé dix fois plus. Guillaume de Ségur avait versé auparavant, spontanément, 75 000 francs aux parents de la victime. Il ne fait pas appel.

Les premiers temps passés à la vétuste prison de Pontoise sont durs pour celui qui est habitué au luxe et à la liberté. Mais il profite quand même de quelques privilèges : il dispose de la TSF, se fait parfois livrer des repas par *Le Grand Cerf*, le restaurant voisin. Il reçoit les visites de ses amis qui, à Paris, sollicitent pour lui une grâce auprès des autorités judiciaires, mais sans succès. Cécile Sorel aussi se démène et joue de ses nombreuses relations pour tenter d'obtenir une libération anticipée. Mais, dans le climat du moment, mieux vaut éviter de provoquer un nouveau scandale… Elle rend visite à son mari à chaque fois qu'elle en a l'autorisation ; tous les dimanches et, souvent, une autre fois en semaine. C'est l'occasion de lui apporter des victuailles, qu'elle n'hésite pas à partager également avec les gardiens, toujours surpris de la voir débarquer en tenues extravagantes. Un jour, craignant qu'il ait froid, elle lui apporte un sac de couchage doublé de satin bleu ciel et griffé Hermès. Une semaine plus tard, son mari, furieux, le lui rend : cet objet peu approprié au lieu lui vaut les sarcasmes des codétenus… À la sortie de l'établissement pénitentiaire, des curieux et des admirateurs attendent la comédienne. Plusieurs fois, elle est obligée d'emprunter la fourgonnette du restaurant *Le Grand Cerf* pour s'échapper discrètement.

Guillaume, dit-on, se confesse chaque dimanche. Les mauvaises langues affirment qu'il espère qu'ainsi, le curé de la prison lui fournira un peu de vin, béni ou non… Au bout de quelques mois, il a un nouveau compagnon de cellule. Au voleur de lapins et de poules a succédé un huissier condamné pour escroquerie. On dit qu'ensemble, ils parlent littérature et évoquent leurs familles respectives.

Avant ce drame, Cécile Sorel avait déjà été confrontée aux faux pas de son aristocratique époux. Dès leur mariage, les ennuis avaient commencé. Avant la guerre, Guillaume de Ségur avait séjourné quelque temps dans un hôtel de Bagnoles-de-l'Orne, mais « oublié » de régler la note en partant. Il y en avait pour une dizaine de milliers de francs. L'hôtelière, Mme Alaphilippe l'avait poursuivi en justice, sans grand espoir de faire payer ce descendant d'une si illustre famille malgré plusieurs jugements favorables. Lorsqu'elle apprit que son indélicat client avait épousé Cécile Sorel, elle s'empressa d'envoyer un huissier quai Voltaire avec mandat de pratiquer une saisie. Il fallut bien payer.

À Cécile Sorel qui se plaint auprès d'elle de l'absence de son mari incarcéré Simone Berriau répond : « Au moins, maintenant, tu sais où il passe ses nuits ! » Cruel, mais juste... Les incartades de Guillaume de Ségur sont devenues monnaie courante. Amoureuse, son épouse ferme les yeux.

Entre deux visites à la prison, Cécile Sorel travaille sa prochaine reprise de *Sapho* au théâtre Sarah Bernhardt. Elle retrouve avec plaisir cette pièce et son personnage de Fanny Legrand qu'elle a toujours aimés. Mais ce retour au théâtre après la parenthèse éclatante du Casino de Paris a aussi pour elle un petit goût de revanche. Elle répète en présence de Léon Daudet, le fils de l'auteur, grand admirateur de la comédienne dont il dit qu'elle « réunit le génie, la forme et l'harmonie ». Le polémiste de l'*Action française* a autorisé que cette nouvelle version réintègre une scène de danse supprimée habituellement dans les représentations du Français. Ainsi donc, sur sa lancée du Casino de Paris, Cécile Sorel continue-t-elle à danser sur scène, en donnant à son personnage plus d'exubérance qu'à la Comédie-Française. Et dans une ambiance plus sereine.

En effet, quelques semaines avant de quitter la Comédie-Française, elle avait joué *Sapho* une ultime fois rue de

Richelieu, avec à nouveau Jean Yonnel comme partenaire principal. Mais ces représentations s'étaient déroulées dans une atmosphère hautement électrique, au point que certains commentateurs parlèrent de la « Bataille de Sapho », comme il y eut celle d'Hernani. Déjà, à l'acte III, quelques spectateurs avaient émis des remarques moqueuses lorsque la comédienne avait prononcé le mot « grand-mère ». Mais c'est pendant l'acte IV que les choses se gâtèrent lorsque d'autres réflexions désobligeantes à son égard vinrent troubler le spectacle. Exaspérée, Cécile Sorel s'était alors avancée sur le devant de la scène et lancé au public, très distinctement : « Imbéciles, vous êtes tous des tas d'idiots. » Il en était résulté une certaine stupeur, suivie immédiatement d'un joli chahut. Une partie du public applaudit. L'autre réclame des excuses. Le désordre dure quelques minutes. Jean Yonnel s'avance à son tour et fait signe qu'il veut parler. « Mme Sorel, dit-il, qui est une belle artiste, une très belle artiste, est incommodée depuis le début de la représentation par des ricanements ; ses paroles ont certainement dépassé sa pensée, mais l'incident me paraît clos : je vous prie donc de nous permettre de continuer. » Il demande à sa partenaire d'enchaîner. Tous deux jouent pendant quelques instants dans le bruit, avant le retour du silence. À l'entracte, la salle est en effervescence. La représentation s'achève pourtant dans le calme.

27.

Une passe difficile

Après n'avoir purgé que la moitié de sa peine, Guillaume de Ségur est libéré le 30 novembre 1934, à 1 h 30 du matin pour éviter les curieux. Son épouse l'attend, rideaux tirés, dans la voiture qui prend aussitôt la direction de Mériel. Une libération anticipée, justifiée officiellement par des raisons de santé. Étrangement, Cécile Sorel avait été autorisée un jour à accompagner son mari chez le médecin de la prison. Elle témoigne ainsi de cette expérience : « Vraiment, ces visites sont effroyables. Je ne sais ce qu'étaient ces pauvres choses humaines, ce qu'elles avaient fait pour mériter leur châtiment. Tout de même, la pitié entre en vous lorsque vous voyez ces malheureux se presser à la visite. »

Le couple reprend le chemin de la scène à Paris, notamment à Bobino, dans le sketch *Amours de roi* de Sacha Guitry, puis dans différents théâtres de province. Mais quelque chose s'est définitivement brisé entre eux. Les infidélités à répétition de son mari, ses départs, ses retours, qui se sont multipliés depuis sa sortie de prison, minaient déjà le cœur de son épouse et soulignaient cruellement la différence d'âge blessante, évidente. Mais, aux escapades sans lendemain vient de succéder une histoire d'amour. La séparation dès lors est inéluctable. Lorsqu'ils saluent sur scène à la fin des représentations, les époux se tiennent la main et sourient.

Mais sitôt le rideau baissé, les sourires se figent et les mains se séparent.

Elle dit : « Que m'importait qu'il jouât, qu'il s'éclipsât puisqu'il me revenait toujours ! Jusqu'au moment où sa présence devint absente, envoûtée, fixée dans un regard perdu : une autre était en lui ; une autre que je connais et dont je sens la vie plus forte que la sienne, que la mienne. » Cette « autre » est Madeleine Monier, une comédienne à la rousseur éclatante qui a partagé la même affiche qu'eux. Cécile Sorel la décrit ainsi : « Des grands yeux de ciel, une peau lumineuse, un corps de Diane chasseresse, calme et violente ; cette beauté qui jouait au théâtre avec nous appelait à elle comme un phare appelle le navire en détresse. »

Mue par une curiosité peut-être masochiste, elle tient à la rencontrer en tête à tête. « Un soir, pour souffrir de plus près, je l'invitai dans ma loge et malgré ma peur du sacrilège, j'acceptai son baiser pour connaître la volupté qu'elle lui donnait. Sa bouche était un fruit savoureux qui devait être troublant si l'on mordait dedans. Il faut qu'elle me raconte leurs amours, cette femme qui dévore mon cerveau égaré. Je voudrais la chasser, la piétiner, mais je la respire comme il l'a respirée. Ce baiser que je lui ai donné illumine son beau visage, il brille comme celui d'un guerrier victorieux. » Mais en femme blessée, elle n'abdique pas pour autant. Elle a un sursaut d'orgueil et trouve un ultime argument, très personnel : « Sa robe décolletée bas laisse voir un buste moins racé que le mien. Ah ! je voudrais, statue vivante, arracher mon corsage et lui crier "Regarde !" »

Seule ou avec Guillaume, elle joue *Sapho*, *Marion Delorme*, *Le Misanthrope*, *Andromaque*, *Le Demi-Monde*, *L'Aventurière*, reprenant ainsi son ancien répertoire, se produit à Bobino, à l'ABC – elle y joue *Amours royales*, avec le jeune Tino Rossi en première partie –, à l'Alhambra – avec Georgius au programme –, alternant théâtre et music-hall, les deux facettes de son talent, cherchant à séduire les deux publics. Le cinéma lui fait de l'œil. Hollywood lui propose un million pour incarner Sarah Bernhardt. L'affaire, finalement, ne se fera pas. Son âge, semble-t-il, a refroidi les producteurs. Par ailleurs, son nom est évoqué pour prendre la direction du théâtre Sarah-Bernhardt à Paris, mais sans suite.

Elle rend des visites régulières à Mme Fraya, chiromancienne célèbre à qui le Tout-Paris – de Colette à Sacha Guitry, d'Anna de Noailles à Marcel Proust, de Clemenceau à Jaurès, de Maurice Barrès à Léon Daudet – confie ou a confié ses lignes de mains. De son vrai nom Valentine Dencausse, sa renommée s'est bâtie en partie sur sa prédiction, dès 1910, selon laquelle l'Allemagne déclencherait une guerre mondiale qu'elle perdrait, obligeant son empereur à finir ses jours en exil. En 1914, elle avait prédit que les Allemands, qui se trouvaient pourtant à moins de 100 kilomètres de la capitale, ne parviendraient pas jusqu'à Paris. Prémonition qu'elle répéta devant Aristide Briand, Albert Sarrault et Théophile Delcassé qui l'avaient convoquée au ministère de la Guerre. Au début de cette année 1914, elle avait également annoncé au prince Youssoupoff, cousin de Nicolas II, qu'il assassinerait quelqu'un de ses mains. En effet, il tua Raspoutine quelque temps après.

La comédienne continue de participer à différents galas de charité et autres concours d'élégance. En 1935, elle pose dans un nouveau vêtement : la jupe-culotte, au grand étonnement des chroniqueurs de mode. Elle accepte de se produire au Gala des artistes, au Cirque d'hiver, comme dompteuse de lions. Mais la comédienne est épuisée. Son médecin traitant, le docteur Lichwitz, décide de l'hospitaliser. Il la fait transporter à la maison de santé de la rue Piccini, dans le 16ᵉ arrondissement, pour des examens et, surtout, du repos. Les visites sont interdites. La presse évoque une opération possible. Fausse nouvelle. Elle reste une semaine alitée avant de poursuivre sa convalescence chez elle. Quelques jours plus tard, une rumeur se répand : Cécile Sorel a voulu s'empoisonner car son mari Guillaume de Ségur l'a abandonnée pour une toute jeune fille.

C'est une période difficile pour la comédienne qui doit à nouveau affronter la justice. Elle est attaquée par le docteur Hélène Asdéry, diplômée en Suisse de chirurgie esthétique et récemment naturalisée, qu'elle avait consultée quelques semaines avant ses débuts au Casino de Paris. La praticienne avait proposé trois interventions : une concernant l'éclat des yeux, une autre, la ligne du cou et une troisième, le galbe des épaules – pour la version officielle présentée au tribunal ; en réalité, les seins. La première, une ridectomie des paupières, eut lieu. Cécile Sorel renonça aux deux autres. Elle adressa au docteur Asdéry, en plus de ses remerciements, 10 000 francs d'honoraires. Mais le devis initial étant de 30 000 francs, le praticien estima que le compte n'y était pas, bien que les opérations prévues n'aient pas été réalisées, et réclama les 20 000 francs manquants.

En réalité, la comédienne renonça aux deux autres opérations car la première s'était déroulée dans des conditions particulières. Le jour de l'intervention, qui avait lieu à son cabinet, la praticienne commença à découper la paupière alors que son assistante n'était pas encore arrivée. Lorsque celle-ci sonna, la chirurgienne interrompit son geste, laissant sa patiente qui saignait de la paupière, et reprocha vertement son retard à l'assistante pendant plusieurs minutes. Mais cette dernière s'évanouit en voyant couler le sang de Cécile Sorel… La praticienne s'occupa d'elle, l'allongeant, lui tapotant les joues. Pendant ce temps-là, la patiente saignait toujours abondamment. Une fois l'intervention terminée, le médecin pria Cécile Sorel de rentrer chez elle après lui avoir versé 10 000 francs. Mais, souffrant et traumatisée par ce qu'elle venait de vivre, la comédienne demanda à rester, le temps de se remettre de ses émotions. Le médecin accepta et la laissa seule, ayant des courses à faire. Elle revint plusieurs heures plus tard, accompagnée de deux messieurs, leur disant : « C'est Cécile Sorel ! Regardez comme je lui ai refait la façade... » L'opération fut un fiasco et nécessita une seconde intervention, pratiquée par le docteur Dubois, pour réparer les dégâts.

Le procès se déroule devant la cinquième chambre du tribunal civil de la Seine. Me Adrien Peytel représente la comédienne, absente à l'audience au grand désespoir des curieux présents dans la salle, et Me Charles Delaunay, la plaignante. Ce dernier s'adresse ainsi à la cour : « Retoucher l'œuvre de Dieu, surtout quand cette œuvre a pu avec raison mériter elle-même l'épithète de divine, cela vaut bien 20 000 francs... » Me Peytel rétorqua que l'opération n'avait pas donné satisfaction, la praticienne ayant tellement tendu la paupière de sa patiente qu'elle ne pouvait plus fermer les yeux qu'avec peine et qu'une intervention du Dr Dubois avait été nécessaire pour réparer cette intervention ratée. La justice donnera raison à Cécile Sorel.

La comédienne a 63 ans. Mais elle n'a pas la moindre intention de raccrocher. Au contraire ! Elle fourmille de projets et d'envies. Cette liberté retrouvée après la Comédie-Française et ses contraintes, elle veut en profiter ! Elle a quitté son appartement des Champs-Élysées, celui qu'elle a partagé avec Guillaume de Ségur lorsqu'ils étaient encore un couple. Abandonner ces lieux est moins douloureux que le départ du quai Voltaire auquel tant de bons souvenirs la liaient. Elle s'installe à l'hôtel *Astoria*, un palace proche de l'Arc de Triomphe. C'est là qu'elle reçoit une lettre de Guillaume de Ségur. Une lettre de rupture. Définitive. Onze lignes, pas plus, mais une blessure supplémentaire causée par la froideur de ce courrier. « Puisque, dit-elle, il n'y a rien dans cette lettre, inutile d'y réponse : on ne répond pas à “rien”. »

Après l'approche avortée de Hollywood, elle se lance dans une nouvelle expérience : le cinéma. Elle avait jadis jugé sévèrement ce septième art : « J'y vois beaucoup de talents. Trop de talents… mais pas de génie ! », déclarait-elle en 1932 avant de changer d'avis, affirmant deux ans plus tard : « J'en pense beaucoup de bien ; on n'y cherche pas à conquérir les suffrages de quelques milliers de spectateurs, mais de gagner le cœur de plusieurs millions de personnes. »

Elle joue dans *Les Perles de la couronne*, sous la direction de Sacha Guitry qui lui offre un rôle de courtisane du Grand Siècle, très âgée. Le film, dont la dernière partie est tournée au Havre, sur le paquebot *Normandie*, réunit une distribution prestigieuse et pléthorique (soixante-dix rôles !) : outre Sacha Guitry lui-même et Cécile Sorel, Jean-Louis Barrault, Jean Coquelin, l'Anglais Lyn Harding, Jacqueline Delubac, Marguerite Moreno, Pauline Carton, Arletty (très difficile à convaincre en raison de la modestie du cachet). Le budget – 9 millions – est très important. Le scénario se déroulant en France, en Angleterre et en Italie, le metteur en scène, qui a horreur du doublage, a engagé des acteurs venus de ces trois pays. Ainsi, *Les Perles de la couronne* est le premier film européen. Sacha Guitry a choisi pour Cécile Sorel un jeune partenaire débutant, Georges Grey, de son vrai nom Georges Gacon, qui joue son amant. Or ce dernier est le sosie presque parfait de Guillaume de Ségur. Le choix de Sacha Guitry, non dépourvu d'un certain sadisme, ne doit rien au hasard. Et pour pimenter encore l'affaire, l'auteur affirme à sa comédienne que ce jeune homme est amoureux d'elle.

Mais pour la convaincre de figurer dans son film, Sacha Guitry doit user d'autres registres et il lui promet notamment de grands effets de mise en scène. Promesses largement déçues comme elle le racontera avec humour. Ainsi, il était écrit dans le scénario qu'à un moment du film, elle serait emportée par un carrosse tiré par six chevaux. Or, en fait de carrosse, il s'agira d'une « caisse d'emballage où reste encore en dérision le mot "fragile", décorée seulement vers le haut à la stricte limite du champ que la caméra doit embrasser en gros plan... » Les chevaux ? Il n'y en a pas. Juchés sur une charrette à bois, deux techniciens secouent vigoureusement ce qui tient lieu de carrosse afin de donner l'illusion qu'il avance sur les pavés disjoints de Versailles.

Les Perles de la couronne sont projetées au cinéma Marignan le 12 mai 1937. La date ne doit rien au hasard : le même jour, le roi George VI se fait couronner à Londres. Les prix des places de cette avant-première sont fixés à 150, 100 et 50 francs, la recette étant intégralement reversée au Comité national des plus grands invalides de guerre. Tout Paris se trouve réuni dans la salle où l'on reconnaît Mme Courteline, Tino Rossi, Suzy Vernon, Max Dearly, Annabella, Simone Berriau, Marcel Achard et bien d'autres.

Une fois le tournage terminé, Cécile Sorel propose à Georges Grey de jouer à ses côtés dans les pièces qu'elle envisage d'interpréter dans les mois à venir : une reprise de *Sapho* ou de *Quadrille*, un spectacle au théâtre Michel. Elle s'affiche avec lui et l'installe à l'*Astoria* dans une chambre voisine de son appartement. Car, même si le charme du jeune homme ne l'indiffère pas, elle voit ici l'occasion de provoquer la jalousie du « vrai » Guillaume de Ségur dont elle espère encore le retour.

Mais l'*Astoria*, secoué par des grèves à répétition, ne convient plus à la comédienne. Son amie Simone Berriau lui offre alors l'hospitalité dans son grand appartement parisien de la rue Raynouard, dans le 16e arrondissement. Auprès d'elle, Cécile Sorel trouve réconfort, bienveillance et fantaisie. Yves Mirande, auteur et scénariste de comédies légères et d'opérettes, aussi doué que dilettante, qui partage l'appartement par intermittence, contribue à détendre l'atmosphère, avec ses mots d'esprit et son ironie souriante. Un jour, quittant la salle de bain, Cécile Sorel y oublie une culotte. Alors, Yves Mirande la brandit en lui criant : « Vous avez oublié votre cache-siècle ! ». Comme l'appartement est grand, Simone Berriau peut également offrir une chambre à… Georges Grey. Rapidement, des lettres anonymes parviennent à Cécile Sorel, évoquant des rendez-vous de ce dernier avec des femmes « beaucoup plus jeunes » qu'elle, dans sa « garçonnière » de la rue Chambiges qu'il a pris soin de garder. Simone Berriau en intercepte bien quelques-unes, mais d'autres tombent entre les mains de leur destinataire. Elle a beau en avoir déjà reçu beaucoup rapportant les frasques réelles ou supposées de Guillaume de Ségur du temps de leur vie commune, elle est toujours blessée.

Interrogée à la radio sur ce qu'elle pense de son époque, Cécile Sorel déclare : « Ce siècle est sans courage, sans foi et sans audace. » Cette affirmation suscite la colère de Bernard Lecache, journaliste engagé, créateur de la Ligue internationale contre l'antisémitisme (LICA), qui écrit dans son journal *Le Droit de vivre* : « Qu'en sait-elle, Mme Sorel ? Vit-elle avec son siècle et peut-elle le comprendre ? Ce siècle n'a pas les moyens d'habiter quai Voltaire ou rond-point des Champs-Élysées. Ce siècle est pauvre, malheureux et sans doute désespéré. Ce siècle n'est point "sorélien". Mme Sorel est l'expression d'un monde désuet, positivement conservateur qui n'a pas l'"audace" de se pencher sur les cruelles vérités de notre âge. Savez-vous combien d'hommes de ce siècle réprouvé par vos soins éloquents sont tombés pour avoir eu trop de courage ? Savez-vous combien il en est qui se sont suicidés pour avoir eu trop de foi ? »

28.

Rio, Buenos Aires, Dakar

Que serait Cécile Sorel sans Mme Paltoff ? Elle est sa dame de compagnie. Sa femme de chambre ? Non, le terme ne lui conviendrait pas, bien qu'elle en exerce les fonctions. C'est que Mme Paltoff, issue de la haute société russe, chassée de son pays par la révolution, en avait elle-même là-bas... trois à son service. Elle est arrivée en France en 1919 avec son mari Vladimir. Ayant épuisé les ressources procurées pendant quelques années par la vente des bijoux qu'ils avaient pu emporter avec eux, les Paltoff avaient dû trouver du travail. Vladimir, polyglotte, avait été embauché par une agence de voyages. Puis, sa santé déclinant, il dut ensuite se contenter de quelques travaux de traduction, et son épouse avait à son tour été contrainte de chercher un emploi. C'est la princesse de Colloredo, dont le mari connaissait M. Paltoff, qui l'avait recommandée à Cécile Sorel en quête d'une femme de chambre après le départ de Mme Mélie. Les deux femmes s'entendent à merveille. Mme Paltoff n'appelle sa patronne que « comtesse », selon une tradition russe. La comtesse étant dépourvue de toute qualité ménagère, Mme Paltoff se révèle d'une aide précieuse. Elle est grande – 1,75 mètre –, élégante et parfaitement éduquée. Elle sait se montrer à la fois efficace et discrète.

Quittant l'appartement de Simone Berriau, Cécile Sorel s'installe à nouveau à l'hôtel, alors que Georges Grey regagne sa « garçonnière ». Au *Claridge* d'abord, puis au *George V.* Au théâtre Antoine, elle enchaîne *Le Misanthrope* – Célimène toujours –, *Le Demi-Monde*, *Sapho*, au côté de Jean Chevrier. Elle est sur scène le soir de l'enterrement de Jules Chaliapine, qu'elle avait découvert à Saint-Pétersbourg lors de sa tournée en Russie et qu'elle admirait aussi comme acteur. À la fin du quatrième acte, s'adressant au public qui l'acclame, elle dit : « Nous venons d'enterrer le plus grand artiste de notre temps : Chaliapine. Je vous demande pour lui une minute de silence. » Alors, le public se lève pendant qu'elle s'agenouille durant une minute.

En avril 1938, Georges Grey, que Cécile Sorel souhaitait voir jouer à ses côtés lors d'une prochaine tournée, rompt le contrat qu'il avait signé, sans donner d'explications précises. Cécile Sorel décide de poursuivre son amant et de lui réclamer des dédommagements. En réponse, Georges Grey lui adresse ce courrier : « Je suis peut-être très fat de croire que vous ayez pu remarquer mon absence hier soir à Antoine. Au cas où elle ne vous aurait pas passé inaperçue, je tiens à vous dire qu'elle fut voulue, motivée par des événements que j'aurais désiré ne pas voir se concrétiser. Quoi que vous en pensiez, j'étais, je suis et resterai un gentilhomme. Dans ces conditions, il m'est difficile de prolonger le rythme de mes visites puisqu'au cours de celles-ci mon esprit malgré tout aura plus envie d'être désagréable que séduisant. Et dans ce domaine-là, il me serait maintenant impossible de jouer la comédie. Je paierai mais je voudrais que cet argent en quelque sorte mal acquis serve à faire le bien plutôt que votre profit. Vous avez déclaré vouloir mon bien, vous obtenez mon mal et je le regrette. Je ne veux pas que vous voyiez quelque prière que ce soit dans cette lettre. C'est un adieu que j'aurais voulu éviter mais qui en brise là avec les agréables relations d'amitié que nous aurions dû avoir. À mardi peut-être devant nos juges. Hommages respectueux. » Ils ne se reverront plus.

Peu après, à Paris, Cécile Sorel rencontre Marlène Dietrich au cours d'un dîner groupant diverses personnalités. Les deux femmes deviendront amies, avant de se perdre de vue pendant la guerre. La comédienne allemande déclarera plus tard que c'est pendant ce même dîner qu'elle rencontra Jean Gabin pour la première fois, mais qu'elle le remarqua à peine, plus intéressée, ce soir-là, par « l'étonnante Cécile Sorel ».

Infatigable, cette dernière joue *Le Demi-Monde* et *L'Aventurière* à Paris, au théâtre du Gymnase, puis à Marseille, à Biarritz, avant d'entamer une grande tournée en Amérique du Sud, renouant ainsi avec le souvenir des voyages de la Comédie-Française. Elle quitte Marseille à bord du paquebot *Florida*. Elle aurait préféré prendre l'avion jusqu'à Dakar et, de là, rejoindre le navire pour gagner quatre jours qu'elle aurait mis à profit pour effectuer les dernières retouches à ses robes. Mais l'impresario Jean Bertran s'y oppose car, non seulement il a très peur en avion, mais il redoute un accident qui ruinerait la tournée et lui avec. Il aurait été prêt à transiger si sa vedette lui versait, avant son décollage, une provision d'un million de francs...

Avant son départ, elle vend aux enchères les derniers meubles qui lui restaient du quai Voltaire et qui attendaient dans un garde-meubles : fauteuils, commodes, tableaux, tapis, tapisserie, paravents. Le résultat est décevant ; la vente rapporte 65 000 francs alors que la comédienne en espérait le double. *L'Humanité*, qui ne perd pas une occasion de tacler la comtesse, écrit : « Notre Célimène trouve que son mobilier a vieilli plus vite qu'elle. Elle a raison, mais il avait de l'avance, le mobilier somptueux et tape-à-l'œil qui faisait bâiller d'admiration les hôtes illustres, il a tout de même tenu plus de deux siècles. »

Entamant triomphalement sa tournée d'Amérique du Sud par Rio de Janeiro, Cécile Sorel est la première artiste étrangère reçue officiellement par le gouvernement brésilien. Lorsqu'elle débarque du *Florida*, une délégation du président de la République, un représentant du ministre des Affaires étrangères, des délégués de l'Institut de coopération internationale, des écrivains, des artistes brésiliens se déplacent pour l'accueillir. Une réception brillante est ensuite donnée en son honneur par le président Vargas, grand amateur de culture française. Le soir, elle se produit devant une salle comble. Elle retrouve alors l'ivresse des hommages qu'on lui rendait à l'étranger du temps de la Comédie-Française. Cette fois, elle n'est plus en tournée au nom du théâtre, mais en son propre nom. Une autre personnalité, Georges Bernanos, a lui aussi fait le voyage sur le *Florida* et reçoit aussi un accueil chaleureux de la part d'amis de la France et de jeunes étudiants. Mais les manifestations d'enthousiasme sont évidemment plus discrètes.

Après le Brésil, l'Argentine réserve à son tour un accueil fastueux à Cécile Sorel. En quarante jours, elle ne donne pas moins de soixante-dix représentations à Buenos Aires. Elle joue *Le Misanthrope*, *Madame Capet*, *l'Aventurière*, *Le Demi-Monde*, *Marion Delorme*, *Le Mariage de Figaro*. Elle a certes quelques trous de mémoire – malgré des « antisèches » écrites au dos de son éventail rendant le souffleur presque superflu. À l'initiative de la comédienne, ce voyage donne lieu à un reportage filmé. C'est la première fois qu'une telle expérience cherchant à montrer les coulisses d'une tournée théâtrale est menée.

Au retour, la troupe fait une escale à Dakar. Surprise, quand Cécile Sorel descend la passerelle du paquebot, elle porte un uniforme blanc de lieutenant de vaisseau et sur la tête une casquette à quatre galons. Pour l'accueillir, le gouverneur avait envoyé un détachement de « vingt Sénégalais sous la conduite de deux officiers blancs », comme le précise le communiqué officiel. Cécile Sorel témoigne : « Le détachement était au garde-à-vous et tous ces braves noirs ouvraient de grands yeux en me voyant arriver. Ils n'avaient encore jamais vu cela : un commandant de vaisseau avec des cheveux blonds s'échappant de sa casquette... »

29.

Jouer devant Hitler ?

Aux premiers jours de 1939, Cécile Sorel lit avec plaisir – peut-être teinté d'une certaine nostalgie en repensant à leur liaison – l'hommage que lui rend Albert Flament dans *Le Jour* : « Elle a marqué son temps parce qu'elle cherchait toujours à le comprendre, à se l'assimiler, à le remplir de sa personnalité. Sans doute ceux qui ne risquent jamais rien peuvent lui reprocher d'avoir légèrement outrepassé les moyens dont elle disposait pour la scène, mais qu'ils daignent reconnaître qu'elle a bien usé de ceux que la nature lui avait octroyés pour agir ! » Elle s'étonne de l'imparfait employé, comme si elle avait disparu. En effet, non seulement elle est bien vivante, mais elle déborde encore de projets.

Les plus immédiats concernent le music-hall et ont pour cadre à nouveau l'Alhambra. Elle prépare, avec le comédien Robert Vidalin, une adaptation parodique de *La Mégère apprivoisée*. Shakespeare au music-hall, l'idée est saugrenue ! À cette comédie qu'elle a déjà jouée elle veut apporter, dans cette étrange version, de la fantaisie, de la truculence et de l'humour afin de toucher le plus grand nombre : « Ce qui me passionne, explique-t-elle, c'est de révéler ce chef-d'œuvre à des masses immenses à qui l'on offre tant de distractions faciles, mais qui n'ont que trop rarement le loisir d'approcher la vraie beauté. » Mais parle-t-elle de la pièce ou d'elle-même ? À la perspective de cette *Mégère*, *Le Journal* ne cache pas son enthousiasme : « C'est avec une joie sans mélange que tous les admirateurs de Mme Cécile Sorel ont appris que la princesse du geste dont tant de poètes ont chanté la gloire allait jeter au public d'une salle dite populaire ces brassées de rêves que comme des fleurs elle semble toujours porter dans ses bras. »

Joué en matinée et en soirée, le spectacle est étrangement conçu, mais tout à la gloire de sa vedette féminine. Après la projection d'un court film, elle paraît sur la scène avec des girls et des acrobates. Suit une sorte de livre d'or, avec la lecture des louanges tressées à la vedette par Clemenceau, Émile Faguet, le maréchal Foch... Puis, sans transition, la troupe des Dancing Baronnetts entre en piste. Habillés d'un kilt, danseurs et danseuses de claquettes imitent le bruit d'un train. Puis d'autres danseurs et des acrobates effectuent leur numéro, avant que le speaker annonce l'adaptation de *La Mégère apprivoisée*. Cécile Sorel déboule alors sur la scène, piaffante, bondissante, vêtue d'une robe vert d'eau et enrubannée de soie rose. Non encore « apprivoisé », son personnage laisse parler son caractère impulsif, brisant des potiches, déchirant la robe de sa sœur, envoyant divers objets à la tête de son père... Survient Robert Vidalin, en Petruchio, qui a toutes les peines du monde à calmer les ardeurs de la mégère, mais qui finira par la dompter, l'emportant à bout de bras alors qu'elle se débat. Les spectateurs sont ravis, ils en redemandent !

Ce spectacle dans lequel elle ne se ménage pas, Cécile Sorel le joue en alternance avec *Andromaque*. Éclectisme, goût du mélange, désir de satisfaire tous les publics... À 66 ans, la Célimène nationale est toujours en pleine forme. Comment l'entretient-elle ? En 1934, elle témoigne dans *Excelsior* : « Il est certain que pour obtenir la forme et l'harmonie du corps, il faut se plier à des obligations nombreuses.

Tout d'abord, c'est la culture physique qui vous prend au réveil. Ne faut-il pas sculpter son corps avant de le parer d'une robe ? Les mouvements respiratoires et abdominaux exigent un grand soin parce que, mal exécutés, ils font plus de mal que de bien. Je danse pour conserver la souplesse des muscles. Puis je me confie au masseur. Je n'ai pas besoin de vous dire que cette séance est franchement fastidieuse et pénible. Heureusement que j'éprouve une grande satisfaction à me mettre ensuite sous la douche froide. Je me sens en forme. Il ne me reste plus qu'à m'allonger, un livre à la main car il faut cultiver son corps et orner son esprit. » Côté nourriture, là encore, la plus grande attention est requise : « Je ne mange jamais de pain. Seulement de la viande grillée arrosée d'un excellent vin de Bordeaux et, comme dessert, des fruits. Ce régime sévère est pour moi très pénible car je suis très gourmande. Je suis donc privée de ne pouvoir manger à ma guise et s'il m'arrive parfois de me laisser tenter par des mets excellents, je me punis en me mettant à la diète. Je ne bois alors qu'un peu d'eau chaude au citron. Je dompte ainsi la “bête”, je la maîtrise et la corrige. » Toute sa vie, Cécile Sorel soignera son corps, outil de travail et de séduction, et cultivera sa souplesse, s'imposant une discipline de fer. Elle jalousait son amie Colette qui avait installé une petite salle de gymnastique avec agrès dans sa « garçonnière » de la rue de Courcelles. Une autre raison, selon elle, explique sa forme exceptionnelle : elle ne peut s'empêcher de « goûter » à tout médicament qui se trouve à sa portée. « Tout essayer me protège même des maladies que je n'ai pas », dit-elle en toute candeur.

Mais, en ce printemps 1939, la comédienne se retrouve au cœur d'une polémique relayée par les journaux : ira-t-elle jouer à Berlin devant Hitler ? C'est en effet ce qu'elle-même a laissé entendre au cours d'un séjour à Stockholm. Évoquant l'affaire, le quotidien *Le Soir* écrit : « Il avait d'abord été question de faire venir la Comédie-Française à Berlin. Mais si l'on en croit notre grande vedette, Hitler aurait manifesté son désir d'applaudir Cécile Sorel. Pour ce faire, il descendrait de Berchtesgaden. Cécile Sorel remplacera donc la Comédie-Française devant le Führer. Adolf Hitler s'est méfié des comédiens de la République. Grâce à Cécile Sorel, rassuré, il rejoint l'Empire. » Heureusement pour l'heure – et pour la suite –, ce voyage un temps envisagé n'aura pas lieu. Dissuadée par nombre de ses amis, à commencer par Léon Bailby, Cécile Sorel refuse de jouer devant le chancelier comme elle avait refusé de jouer devant l'empereur Guillaume quelques décennies plus tôt.

En juin, dans le cadre des fêtes de Paris et d'un hommage à Racine, elle déclame un prologue aux *Plaideurs*, en extérieur, devant le Palais de Justice de Paris. Le soir de la première, sous une averse soudaine, l'exploit n'est pas mince : escortée d'une armée de laquais porte-flambeaux, il lui faut descendre l'escalier monumental du Palais ruisselant de pluie, vêtue d'une lourde robe de velours rouge à la traîne longue de huit mètres. Mais quel escalier, désormais, pourrait lui faire peur ? Seulement, la comédienne doit faire face à quelques problèmes de mémoire et comme le souffleur est équipé d'un micro, le public profite largement de ses interventions…

Changement de décor, la voilà qui préside le Gala des Grâces de France au côté de la baronne Marie Surcouf. Elle est sur tous les fronts, inaugurant un jour une ligne aérienne, animant l'élection de Miss Marseille un autre jour. En juillet, elle préside au Grand Palais « La Nuit des décorateurs » organisée par André de Fouquières avec qui elle a dansé à plusieurs reprises lors de galas ou de bals. Un dîner Grand Siècle servi par des laquais en tenue blanche et rouge, gantés et perruqués de blanc, réunit les convives triés sur le volet à la lueur des chandelles faisant étinceler l'argenterie. On s'amuse et festoie, loin des bruits de bottes qui se rapprochent.

Infatigable, Cécile Sorel fourmille de projets et doit faire face à de nombreuses sollicitations. En septembre, elle doit créer au Casino de La Baule une pièce de Paul Nivoix intitulée *La Valse autour du monde*. Spectacle annulé car, en cet automne 1939, c'est à une danse tragique que le monde est invité.

30.

Exode, occupation

En mai 1940, comme tant de Parisiens, Cécile Sorel désire quitter la capitale face au risque d'invasion allemande. Mais pour aller où ? Simone Berriau, chez qui elle est retournée vivre, lui propose de la conduire dans son domaine viticole de Mauvanne, dans le Var. Elle emmène aussi sa fille Héléna, Yves Mirande et la mère de Cécile Sorel, Marie-Léontine, âgée de 90 ans. Généreuse, Simone Berriau a acheté il y a peu une énorme Cadillac, capable d'embarquer tous ces passagers et une partie de leurs bagages ! Voyageant au milieu de flots de réfugiés, ils subissent un bombardement à Givors. Dans la voiture, pas de signe de panique : Simone Berriau chante, Yves Mirande fait des bons mots, Héléna a le courage de ses 20 ans, Mme Seurre mère n'entend rien et sa fille, bravache, se remémore ses jours passés au Théâtre aux Armées. En arrivant à Mauvanne, ils découvrent que la superbe propriété a changé d'allure : un poste d'observation y a été installé, le jardin et sa roseraie ont été labourés et saccagés par des engins militaires. En cas d'avancée italienne, le site est dangereusement exposé. Alors Simone Berriau décide de partir avec ses compagnons d'infortune – sauf Marie-Léontine qui, trop fatiguée, est confiée au régisseur du domaine –, en direction de Florac, en Lozère, où une de ses amies se propose de les accueillir. Elle fait charger tant bien que mal ses meubles les plus précieux sur deux vieux camions miraculeusement disponibles. Le trajet entre Mauvanne et Florac, sur des routes sinueuses et avec des camions bien peu fringants, est épique. Mais, à Florac, où beaucoup de réfugiés ont afflué, la situation n'apparaît pas sûre et la petite troupe se résout à faire demi-tour. Que faire des meubles ? Cécile Sorel se souvient qu'elle a jadis connu celui qui est alors préfet du Gard. Un coup de téléphone plus tard, un local est trouvé pour y entreposer le mobilier de Simone Berriau qu'il est impossible de faire revenir à Mauvanne, faute d'essence.

Dans le domaine du Var, la vie s'organise tant bien que mal. Yves Mirande cuisine, Simone Berriau, excellente maîtresse de maison, s'occupe du ravitaillement et Cécile Sorel est chargée de remettre en ordre les pièces à vivre. Tout manque, l'argent est rare ; ils sont bien loin, le luxe et l'abondance de la rue Raynouard ! Mais les convives gardent leur bonne humeur, souvent décuplée par le rosé produit sur le domaine... Simone Berriau abrite des amis juifs et les aide à trouver un moyen de quitter la France. Elle reçoit également le fils du Glaoui du Maroc – qui sera tué à Monte-Cassino –, le marquis et la marquise de Segonzac, arrivés de Bruxelles avec une malle pleine d'or qui sera enterrée dans le jardin puis récupérée à la Libération.

À Mauvanne, Yves Mirande écrit un scénario de film, trouve un producteur-réalisateur, Fernand Rivers, et réunit une distribution prestigieuse : Raimu, Fernandel, Jules Berry. Simone Berriau et Cécile Sorel sont, logiquement, aussi de la partie. Le film, *L'An 40*, est tourné tant bien que mal, en dépit des pénuries, dans les studios de Marseille. Il raconte l'histoire d'un châtelain qui devant la tournure de la guerre décide dans l'affolement d'organiser l'exode de sa famille et de son mobilier vers des lieux supposés plus hospitaliers. Une panne de camion lui évite de graves ennuis. Victime d'une interdiction définitive par le gouvernement de Vichy, le film n'est projeté qu'une seule fois. Sa vision de l'exode est considérée comme trop insolente et négative dans sa façon de dépeindre le malheur des bourgeois repliés loin de tout confort.

Pas découragé pour autant, Yves Mirande écrit un autre scénario, *Soyez les Bienvenus*. Mais un visa de censure est devenu nécessaire. Simone Berriau, qui connaît le fils de la maréchale Pétain qui avait travaillé dans le cinéma, se rend à Vichy et obtient le précieux sésame. Sur place, elle rencontre le peintre Drian, ami de Cécile Sorel dont il avait dessiné l'affiche du Casino de Paris, et le fait venir à Mauvanne. Un autre jour, Simone Berriau invite chez elle une jeune comédienne en plein chagrin d'amour, espérant la distraire de ses tourments. Mais la jeune femme pleure toute la journée. Au bout de quelques jours, excédée, Cécile Sorel décide d'envoyer un télégramme à l'homme qui la fait souffrir. Elle le rédige ainsi : « Je ne sais ce que vous avez fait ou pas fait à votre belle amie, mais elle ne cesse de pleurer et cela m'assomme. Venez, bon Dieu, et qu'on ait la paix. » Le lendemain, le jeune homme débarque à Mauvanne et les pleurs cessent.

Cécile Sorel effectue quelques allers-retours à Paris. Puis elle y rentre définitivement, refermant cette parenthèse passée dans la gaîté sous le soleil du Var, loin de l'atmosphère pesante et triste de la capitale occupée. En 1941, elle est engagée au théâtre du Gymnase pour y interpréter le rôle principal de la pièce de la romancière et auteure dramatique Marcelle Maurette, *Madame Capet*. Elle y incarne la reine Marie-Antoinette. Avec ce rôle, elle recommence non seulement à briller sur les planches, mais elle fait de ce personnage historique une sorte de double fantasmé. Alors qu'elle n'avait jusqu'ici guère manifesté un vif intérêt personnel pour les rois et les reines, elle se prend de passion pour la reine décapitée, dont elle fait une héroïne nationale.

Dans une tribune – un genre nouveau pour elle – publiée par *Paris-Soir* et intitulée *Grandissons dans l'épreuve*, la comédienne écrit : « Nous vivons une époque dure aux âmes faibles. Nous avons plus que jamais besoin d'exemples, de grands exemples surgis de notre histoire pour nous montrer la voie qui s'ouvre à nous dans l'épreuve. Quel autre, plus que celui de Marie-Antoinette, est capable de nous donner le sursaut dont dépend notre salut ? La reine, frivole et légère, toujours prête aux joies et aux plaisirs, trouve soudain dans la plus cruelle des épreuves le sens de la haute dignité humaine. Elle ne succombe pas, elle ne faiblit pas, elle se grandit dans la défaite, devant le monde et devant l'Histoire… » Paroles fortes et inattendues de la part d'une femme jugée par beaucoup « frivole et légère, toujours prête aux joies et aux plaisirs ».

Mise en scène par Henri Beaulieu en dix tableaux, la pièce qui avait été créée en 1937 au théâtre Montparnasse est un triomphe. Les réservations sont pleines. Une ovation salue chaque soir l'interprète principale que des dizaines de personnes attendent à la sortie du théâtre. Dans les scènes qui se déroulent à Versailles, Cécile Sorel – qui a trente ans de plus que son héroïne – arbore des robes somptueuses, mais qui, trop serrées, craquent régulièrement. D'autant qu'elle porte dessous une partie du costume du tableau suivant… Après la représentation, elle rentre le plus souvent en voiture, parfois en fiacre. Mais un soir, accompagnée de quelques compagnons de la troupe, elle est contrainte d'emprunter le métro. Pour ne pas manquer l'ultime rame avant le couvre-feu, elle n'a pas eu le temps de se changer ni de se démaquiller. C'est vêtue de la robe blanche qu'elle porte au dernier acte pour monter à l'échafaud, sur laquelle elle a jeté une cape de velours pourpre, et coiffée d'une perruque blanche qu'elle pénètre dans le wagon, bien sûr bondé. Parmi les voyageurs, des soldats allemands.

L'un d'eux se penche vers des amis de la comédienne et leur demande qui est cette « dame extraordinaire ». Alors, bravache, ils répondent : « Mais, monsieur, c'est la reine de France ! » Quand elle descend sur le quai, la « reine » salue la foule et tout le monde applaudit. Le 16 octobre, à l'occasion de l'anniversaire de la mort de Marie-Antoinette, Cécile Sorel se rend à la basilique de Saint-Denis et s'agenouille devant sa tombe. Ce même jour, le Dr Friedrich, journaliste allemand qui intervient à Radio-Paris, affirme : « Les Français sont capables de choses admirables. » Le soir, la station diffuse la pièce de Marcelle Maurette en direct.

Cette année-là, Cécile Sorel apporte son aide aux prisonniers libérés du Stalag IXA, situé à Trutzhain, au nord de la Hesse, qui donnent une série de représentations au théâtre du Gymnase au profit de leurs camarades encore internés. Elle les conseille dans leur jeu et dans la mise en scène et les encourage. Ils interprètent un spectacle entièrement composé au camp sous la houlette des comédiens Jean Davy, Daniel Lecourtois et Yves Brainville. Au programme : *Serpent d'étoile* d'après Giono, *Œdipe roi* d'après Cocteau, *Le Barbier de Séville*, *Le médecin malgré lui*. À leurs côtés, le jeune comédien Bernard Blier, lui-même très récemment libéré, dispense aussi quelques conseils. La première représentation est donnée en présence de Fernand de Brinon, délégué général du gouvernement français dans les territoires occupés. Mais, au-delà des manifestations caritatives ou de solidarité, la vie mondaine se poursuit dans le Paris occupé et Cécile Sorel y a, naturellement, sa place. Elle assiste au vernissage du peintre des vedettes et des princesses Jean-Dominique Van Caulaert. Avec une bonne raison : son portrait, en reine, figure parmi les œuvres présentées. Mistinguett, peinte également, est présente. Le Tout-Paris se presse à ce vernissage qui expose de plus quelques éphèbes. Parmi les invités, l'auteur et chroniqueur

Jean Barois, pseudonyme de plume de Jean Beaux, ancien amant de Cécile Sorel qu'elle rencontra pendant la guerre alors qu'il était jeune soldat et à qui elle écrivit « as-tu la stupidité de ne plus m'aimer ? » au moment de leur rupture après une liaison brève dans le chaos de la guerre.

Elle figure également parmi les célébrités conviées à célébrer la réouverture du cabaret Carrère qui offre les dîners-spectacles les plus chics et où il est bon de se montrer quand on a de quoi se payer le repas. Sur scène se produit un jeune débutant nommé André Raimbourg, qui deviendra Bourvil. Un autre jour, avec Michel Simon, elle accueille la comédienne allemande Jenny Jugo, envoyée à Paris en grande pompe par Goebbels à des fins de propagande. En octobre, l'Union des artistes français reçoit Benno Van Arendt, représentant des artistes allemands et membre de la SS. C'est à nouveau elle qui est chargée de lui souhaiter la bienvenue, avec les comédiens Alice Field, André Baugé et Jean Galland. Durant ces années de guerre, Cécile Sorel peut compter sur la débrouillardise et la fidèle abnégation – bénévole – d'Henri Pérol qui l'avait rencontrée quand il était encore enfant au théâtre des Célestins de Lyon où elle était en tournée. Adulte et apprenti comédien, il est devenu une sorte d'homme de confiance de la comédienne, de souffre-douleur parfois, témoin privilégié de ces années-là. Quarante ans plus tard, il racontera dans un livre ses souvenirs de cette époque.

En janvier 1942, Cécile Sorel assiste à la première de *Ça va papa*, opérette jouée aux Nouveautés, avec Georges Grey. Elle arrive, comme à son habitude, en retard et fait une entrée très remarquée, vêtue d'une peau de tigre. À l'entracte, elle se rend dans la loge de son ancien partenaire-amant pour de brèves retrouvailles après leur brouille professionnelle : le comédien repart le soir même à Joinville où il tourne un film.

Au printemps 1942, la voilà à l'affiche de L'Alhambra où elle joue *Deux battements de cœur.* À nouveau, la salle est pleine. Sa prestation est complétée par des numéros de music-hall : la troupe de danseurs les Chesterfields, le tour de chant de René Paul, avec une chanson de circonstance, « Faut s'débrouiller », le duo musical Simone et Caroline, Diane Loyal… De quoi distraire les Parisiens.

Le 1er mai 1942, Cécile Sorel participe au gala organisé au théâtre de l'Empire en l'honneur de la Légion des volontaires français contre le bolchevisme (LVF). En réalité, elle a été « réquisitionnée » comme la plupart des autres vedettes présentes : Raymond Legrand et son orchestre, Suzy Solidor, Johnny Hess, André Claveau… De son côté, Tino Rossi, dont la venue a été annoncée la veille à son insu, a été conduit manu militari au théâtre pour y interpréter trois chansons.

En juin, elle assiste, en l'église Saint-Louis-des-Invalides, à l'intronisation des nouveaux chevaliers de l'ordre de Saint-Lazare de Jérusalem. Ce cérémonial moyenâgeux n'avait pas eu lieu depuis cent cinquante ans. Ce jour-là, trois nouveaux membres de l'ordre dirigé par le prince François de Bourbon sont intronisés, recevant la croix d'or, symbole de charité. Selon l'immuable rituel, ils jurent d'être vertueux, de soigner les lépreux et de ne jamais tirer l'épée sur des innocents. Après la vénération des reliques de Saint-Louis, protecteur de l'ordre, un *Te Deum* clôt cette étrange cérémonie.

Lasse de vivre à l'hôtel, la comédienne cherche un appartement. Elle fait écrire une lettre en allemand, adressée au commandant du Gross Paris, pour solliciter un logement. On en découvrira le contenu au lendemain de la guerre, dans les archives de la Gestapo…

31.

Maudite lettre

En 1943, Cécile Sorel perd sa mère, âgée de 93 ans. Jusqu'au bout, elle n'aura appelé sa fille que « Liline », abréviation de Céline. Très belle, elle a toujours été auprès d'elle une présence chaleureuse et discrète et une supportrice de tous les instants, fermant les yeux sur les frasques de sa fille qu'en fervente catholique elle réprouvait et fière de ses innombrables succès. Cécile ressentait pour sa mère une immense et tendre affection, exigeant qu'elle soit à ses côtés dans les moments importants de sa vie. Cependant, soucieuse de paraître toujours jeune, elle utilisa parfois un stratagème dont usa aussi Mistinguett : au milieu d'une foule, par exemple à la sortie d'un théâtre où des spectateurs l'attendaient, elle se dirigeait vers une complice d'une cinquantaine d'années et, de manière que chacun l'entendît, l'appelait bruyamment « Maman ! ».

Quelques jours après avoir enterré sa mère, Cécile Sorel est informée de rumeurs qui courent dans certains milieux de la collaboration : elle serait juive. La presse s'en fait l'écho. Dans *L'Effort*, on peut lire : « Cécile Sorel s'appelle en réalité Céline Seurre. Ce nom n'indique pas une origine israélite certaine. Mais on ne sait jamais. » Un peu plus tard, *L'Émancipation nationale*, hebdomadaire dirigé par Jacques Doriot, chef du Parti populaire français, écrit : « Des juifs indignes cachent leur nom sous des pseudonymes : les

Tristan Bernard, Henri Duvernois, Francis des Croisset, Cécile Sorel (oui, mes amis, l'"Éternelle" est de la tribu...). Nous ne dirons jamais assez que ces gens-là doivent être menés sans faiblesse, sans pitié, il faut, une bonne fois pour toutes, en finir avec ces Judas perpétuels... » De son côté, la revue *Le Cri de Jérusalem* « rapporte » la présence, avant la guerre, de maréchaux – Foch, notamment – au réveillon d'une actrice juive. C'est elle, bien sûr, qui est visée. *À nous la France* écrit : « Il est honteux que tant de juifs sollicitent de la chancellerie française un nom français ou s'affublent eux-mêmes d'un pseudonyme. Qu'est-ce que tous ces faux noms de Tristan Bernard, Fernand de Croisset, Cécile Sorel, Henri Duvernois, Jeanne Marnac ? » Peut-être ces accusations visant la comédienne sont-elles en lien avec son beau-frère, Léopold-Émile Reutlinger, célèbre photographe époux de sa sœur, et juif, décédé en 1937.

Henri Pérol, l'homme à tout faire de Cécile Sorel, qui s'était débrouillé pour obtenir un *ausweis* à la comédienne lorsqu'elle avait décidé de quitter Mauvanne pour Paris est convoqué au Service central des laissez-passer. Il se voit sans ménagement reprocher d'avoir « introduit une juive dans Paris ». Dès lors, Cécile Sorel va devoir démontrer qu'elle n'est pas juive. Elle établit alors un arbre généalogique, faisant remonter son ascendance jusqu'à Pepin le Bref. Dans une étrange lettre, preuve à la fois de son esprit imaginatif et de sa formidable confiance en elle, elle écrit : « Des gens de mauvaise foi mais plus naïfs que dangereux ont répandu le bruit que j'étais juive... Vraiment, pour une calomnie, on ne pouvait guère en trouver une plus sotte et moins fondée. En voici quelques preuves. » Elle évoque alors ses parents, un grand-père officier de Napoléon III, une grand-mère lointaine descendante des rois de Bourgogne du XIe siècle. Elle poursuit : « Parmi mes ascendants ou leurs collatéraux, on peut citer Pépin d'Héristal, Louis marquis d'Ivrée, roi d'Italie, l'empereur Barberousse, Richard, comte de Montmorot, bailly de Bourgogne en 1290, Étienne de Montmorot, bailly de Tonnerre, Guy, comte de Bourgogne, pape sous le nom de Calixte II, Mgr Landriot, archevêque de Reims, le poète Alphonse de Lamartine et beaucoup d'autres encore, quand je pourrai citer des alliances avec des familles aux noms les plus français et les plus sonores, quand je pourrai déplier sous les yeux des incrédules un arbre généalogique complet et irréfutable du IXe siècle à nos jours bien au-delà des croisades, aurai-je convaincu mes sots et mes envieux ? Je l'espère – pour eux surtout – car toutes preuves en main, je suis nettement décidée à pourchasser une calomnie qui n'est guère française et peu de mise dans les circonstances présentes. » Le rapport des autorités allemandes est alors formel : elle n'est pas juive. Cela n'empêche pas que des lettres anonymes la dénonçant comme telle arrivent à différentes officines, notamment à l'Institut d'études des questions juives. Dans l'une d'elles, datée du 31 mars 1943, il est écrit : « Mme Cécile Sorel, certainement juive elle-même et toute dévouée aux juifs jusqu'à essayer de les délivrer, est une des favorites de Radio-Paris d'où elle tire ses revenus. »

La comédienne s'installe à l'hôtel *Bristol*. Là, elle offre involontairement un spectacle inédit : elle se fait masser étendue nue sur son lit, avec la fenêtre ouverte. De quoi attirer des visiteurs curieux dans les chambres d'en face. Mais son masseur – et homme de confiance –, Jean Ortoli, va se retrouver au cœur d'une étrange affaire. Il est accusé de lui avoir dérobé 35 000 francs contenus dans une enveloppe. Sur demande de la comédienne, le caissier de l'hôtel lui avait remis cette enveloppe pour qu'il la dépose dans le coffre-fort de la chambre de Cécile Sorel. Or, quand celle-ci récupéra l'enveloppe, elle était vide. Contenait-elle l'argent quand le caissier la remit à Jean Ortoli ? Le premier affirme que oui, le second soutient qu'elle était vide. Une plainte est déposée. Interrogé, le masseur passe aux aveux. Mais il se rétracte durant son procès devant la 14e chambre correctionnelle présidée par M. Patouillard et clame son innocence. Il est condamné à quinze mois de prison et 2 400 francs d'amende. Coiffée d'un chapeau à la d'Artagnan et portant en bandoulière un sac sur lequel scintille une couronne comtale, Cécile Sorel déclare au tribunal que son masseur a toujours sa confiance. « J'ai porté plainte contre inconnu, dit-elle au président ; je n'accuse pas plus Ortoli qu'un autre car il est resté dix années à mon service. »

Elle s'installe ensuite au *George V*, aidée par la fidèle Mme Paltoff. Là, elle dispose d'une suite composée d'un long couloir privé bordé d'armoires, de deux chambres, d'un salon et de deux salles de bain. Tout cela au prix d'une chambre standard, privilège de la célébrité.

Le 17 juin 1943, Cécile Sorel et Guillaume de Ségur se séparent. Le juge conciliateur des divorces reçoit le couple. C'est Guillaume de Ségur qui avait introduit la demande. Un procès-verbal de non-conciliation a été dressé. Le divorce entérine une séparation effective déjà depuis plusieurs années. C'est la fin officielle de ce couple qui défraya la chronique. Forte, Cécile Sorel cache son immense chagrin. Son amour pour « Guillé », malgré ses multiples trahisons, est demeuré intact.

Toujours sollicitée par les directeurs de salles, elle joue au théâtre Édouard VII *Le Roi Christine*, signé de Marcelle Maurette. La pièce est inspirée par le personnage de Christine de Suède, reine du XVIIe siècle qui se faisait appeler « roi » et célèbre pour la liberté de ses mœurs. Greta Garbo avait incarné ce personnage au cinéma en 1933. Ardente, dominatrice, fougueuse, prompte à imposer ses désirs, la souveraine a tout pour séduire la comédienne. Même si le rôle est écrasant par sa longueur et sa complexité, surtout pour une femme de 68 ans, comme le soulignent à l'envi les commentateurs... Quelques dates de représentations sont prévues en province, malgré la lourdeur des décors et des costumes. Ainsi, le 19 avril, la troupe est à Rouen. Mais la ville est ce soir-là la cible de terribles bombardements alliés. Un déluge de feu s'abat, la cathédrale, le palais de justice, l'hôtel de ville sont touchés. Le théâtre qui faisait salle comble, subit aussi le bombardement qui l'endommage gravement ; les comédiens du *Roi Christine* l'avaient quitté une demi-heure plus tôt et Cécile Sorel et ses camarades trouvent refuge dans la cave d'une maison voisine. Elle dira : « J'ai vu l'enfer. » La fin de l'alerte sonne à 1 h 38. Les six mille bombes larguées sur la région ce jour-là ont fait vingt mille sinistrés et huit cent quatorze morts.

En juin 1944, elle est à nouveau au tribunal, comme témoin, devant la 16e chambre correctionnelle où se déroule le procès de Krikor Kalfayan, plus connu alors du grand public sous le nom du fakir Tarah-Bey. Ce personnage haut en couleur, excellent prestidigitateur, est accusé d'avoir extorqué la somme de 500 000 francs à une dame Boët en lui promettant de faire échapper son mari, juif, du camp de Pithiviers où il était interné. Or il n'en a rien fait et Mme Boët a porté plainte. Au domicile de Kalfayan – dont la presse collaborationniste souligne qu'il est juif –, la police a retrouvé 100 000 francs dans un matelas et 400 000 francs dans un paquet de linge. Kalfayan se défend, affirmant que ce demi-million était en réalité destiné à financer une tournée de Cécile Sorel dont il était l'impresario. La comédienne confirme qu'il a bien été son impresario, mais déclare ne rien comprendre à cet imbroglio. « Mon âme est au-dessus d'une action aussi sombre », dit-elle à la barre. Finalement, Mme Boët récupérera ses 500 000 francs, et le fakir sera condamné à une peine légère, treize mois avec sursis et 5 000 francs d'amende.

Si l'année 1945 va être pour les Français marquée par la joie de la fin des hostilités, elle sera pour Cécile Sorel une année noire. En février, elle participe, au côté de nombreux artistes – Fernandel, Jean Chevrier, Henri Génès… – à un gala organisé au profit des Glorieux blessés de l'armée française, sous le patronage du Mouvement combattant de résistance (MCR) et du journal *Résistance*. Mais la situation va rapidement se gâter.

Parce qu'elle a continué à se produire sur scène pendant l'Occupation et s'est montrée à plusieurs reprises dans des manifestations de propagande organisées par les nazis, elle est « épurée » par la Commission du spectacle et frappée d'une peine d'un an d'indignité nationale et d'interdiction de toute activité professionnelle à partir du 15 novembre. Quelques jours plus tard, c'est une accusation bien plus lourde qui la vise. Dans les documents abandonnés par la Gestapo, on a retrouvé la lettre qu'elle a adressée au chef du Gross Paris en juin 1942 dans laquelle elle sollicite la permission d'occuper au 89 quai d'Orsay l'appartement d'un commerçant israélite qui l'a quitté. Pour appuyer sa demande, elle rappelle qu'elle possède nombre d'amis chers de l'autre côté du Rhin. La lettre est signée « Cécile Sorel, grafin von Segur », c'est-à-dire comtesse de Ségur, et ornée d'un cachet représentant les armes de la famille. La comédienne affirme que cette lettre a été rédigée par un certain comte Vidart, rencontré à Saint-Louis-des-Invalides lors de la réunion de l'ordre de Saint-Lazare dont il est membre, que ce dernier l'a écrite directement en allemand en abusant de sa confiance et qu'elle l'a signée sans en comprendre le texte, ne parlant pas l'allemand. L'homme est recherché, mais demeure introuvable ; il a pris la poudre d'escampette à la Libération. Plus que le contenu de la lettre, c'est la signature germanisée de ce nom si français et si illustre, qui suscite l'indignation. Le dossier est transmis à une chambre civique. À plusieurs reprises, Cécile Sorel proclame sa bonne foi, redit qu'elle a été trompée sur la teneur exacte de la lettre, évoque les accusations dont elle a été victime de la part de l'occupant, rappelle qu'elle, elle ne s'est jamais compromise avec des Allemands. Elle fait témoigner des proches. Beaucoup accepteront, d'autres s'abstiendront, ne réapparaissant qu'après la tempête.

Le 22 décembre 1945, *Le Figaro* dirigé par Pierre Brisson publie en page 2 la lettre que la comédienne lui a adressée, pour parution : « Après une si suffocante bourrasque, permettez-moi de me justifier, monsieur le directeur. Cette lettre est une affreuse mystification, elle n'est pas de moi, ni de mon écriture, je ne connais pas un traître mot d'allemand et les pensées ne sont pas les miennes, Dieu merci ! Dans le brouhaha d'un entracte, un jeune homme me l'a fait signer, m'assurant qu'il n'y avait là que des termes courants et qu'avec cette lettre, il me trouverait l'appartement que je cherchais et j'ai donné une signature, sans défiance, pour une chose si simple avec vingt autres pour les amateurs d'autographes. Je n'ai jamais eu d'appartement, il m'eût été bien pénible de le devoir à une lettre aussi méprisable et à une spoliation. Je fus dans cette affaire une fois de plus victime de l'audace de jeunes trafiqueurs au service de l'ennemi. Je pense que si j'avais connu des Allemands, je n'aurais pas eu besoin d'intermédiaires pour obtenir un appartement, et même une voiture. J'ai préféré être une simple habituée du métro, tous les sympathiques voyageurs peuvent s'en souvenir, les nuits si noires de froid, de glace et de neige où nous souffrions ensemble. Il vous sera facile de me réhabiliter à leurs yeux. Cher monsieur, faites-le, je vous en prie de tout mon cœur si peiné, devant cette révolte qui eût été pleinement justifiée si j'avais été coupable. » Au bout du compte, nulle peine supplémentaire ne viendra alourdir sa condamnation à un an d'indignité nationale.

Pendant que Cécile Sorel fait face à la justice, son mari meurt le 6 novembre à Paris, d'une embolie. Guillaume de Ségur avait 56 ans. Il rentrait d'Angleterre où il venait de tourner dans *La Bataille du ciel*. Lui qui avait débuté au théâtre par jeu et par désœuvrement, entraîné par sa femme qui voulait l'avoir à ses côtés, aura finalement mené une belle carrière de comédien de cinéma. Il était sans doute plus fait pour fouler les plateaux de tournage que pour fréquenter les réceptions de l'aristocratie. Il figure au générique d'une trentaine de films réalisés par des metteurs en scène prestigieux (Christian-Jaque, Maurice Tourneur, Claude Autant-Lara, Marcel L'Herbier, Louis Daquin, Jean Delannoy...), marquant de son empreinte plusieurs films (*Les Gens du voyage*, *Clandestin*, *Picpus*...), y incarnant souvent des personnages qui lui ressemblaient, distingués, badins et bonhommes. Il aurait voulu que son épouse devienne Mme de Ségur ; c'est lui qui fut M. Sorel. Avant de se révéler en Guillaume de Sax. Sa disparition brutale crucifie Cécile. Elle écrit : « Guillé, où es-tu ? L'idée que tu existais, que tu étais vivant m'émouvait si fort ! L'abandon était doux auprès de ce suprême adieu. Mon âme te cherche, flotte entre le rêve et la prière. Où es-tu, mon amour ? »

Puisqu'elle ne peut plus jouer, elle écrit. Ou plutôt demande à François Sentein de l'aider à écrire ses mémoires, dont elle a le projet depuis des années. L'homme est un étrange personnage ! Né à Montpellier en 1920 dans une famille royaliste, il adhère à 13 ans à l'Action Française. Un peu plus tard, il devient membre de l'organisation clandestine d'extrême droite La Cagoule qu'il quitte rapidement. Passionné par la littérature, il est un familier de Montherlant, aide Jean Genet, encore inconnu, à publier ses manuscrits entre deux séjours en prison, fréquente Cocteau – qui l'utilise comme « nègre » pour un livre qui ne paraîtra jamais – ou Jacques Laurent, écrit aussi bien pour *Vaillant*, édité par le PCF, que pour des revues monarchistes, abrite des écrivains proscrits en cavale. La comédienne souhaite « écrire » des mémoires qui lui ressemblent. Avec l'aide de François Sentein – et de Jean Barois, son ancien amant, à qui elle envoie les chapitres un par un pour qu'il les relise –, elle y réussit au-delà des espérances ! Auto-hagiographie de sa signataire, le livre, intitulé *Les Belles Heures de ma vie*, publié fin 1946 aux Éditions du Rocher, est écrit avec autant d'emphase que d'imagination, voire de mythomanie. Il est composé de soixante courts chapitres, consacrés à des moments de sa vie ou à des êtres qui l'ont marquée : Barrès, Charlie Chaplin, Réjane, Foch, Clemenceau, Sarah Bernhardt, Oscar Wilde, Mounet-Sully, Nicolas II… Le livre ne contient aucune attaque contre quiconque, nulle méchanceté ni perfidie, mais des souvenirs en désordre, des déclarations d'amour à la vie, à l'art, à la beauté, au talent. Cécile Sorel s'explique : « La vie d'une artiste est en plein jour. Il est difficile d'avoir des mystères. Pourtant, on n'en connaît que la façade. Je veux en montrer les coulisses, le revers de la médaille, l'intérieur du cœur avec son panache, son héroïsme. » Des extraits du texte sont publiés en feuilleton par l'hebdomadaire *Candide*.

Bien sûr, à sa sortie, le livre provoque d'inévitables railleries, tant il est sorélien. *Le Figaro* ironise : « Certes, Mme Sorel nous a déjà souvent réconfortés par sa façon de flotter entre terre et ciel, soulevée par une merveilleuse ivresse d'elle-même. Mais que la guerre n'ait pas interrompu ce curieux phénomène de lévitation, c'est là l'extravagant… » Toutefois, tout en soulignant sa forte propension à embellir et magnifier la réalité, la critique et le public accueillent le livre avec une bienveillance surprenante en raison, d'une part, de son caractère grandiloquent et, d'autre part, de la toute récente condamnation de la comédienne. Une lecture d'extraits du livre par Jean Marais suivie d'une vente est organisée au profit d'orphelins. Mistinguett, Edwige Feuillère et bien d'autres célébrités sont présentes. Chaque séance de signature donne lieu à des débordements d'enthousiasme. Exubérante, vêtue de ses costumes et chapeaux époustouflants, parlant et riant fort, Cécile Sorel transforme ces rencontres en shows, pour le plus grand plaisir du public, et constate que sa popularité semble intacte. De quoi lui faire – un peu – oublier ces temps difficiles. S'estimant désormais « écrivain », elle demande à devenir membre de la Société des gens de lettres. En vain.

Le 8 novembre 1946, on la voit à la soirée des couturières de *La Putain respectueuse* et de *Morts sans sépulture* de Jean-Paul Sartre, au théâtre Antoine dont Simone Berriau a pris la direction. On se bouscule à cette soirée très parisienne. L'auteur lui-même manque de ne pouvoir y assister : il ne s'est pas envoyé d'invitation et le service d'ordre ignore son nom...

Mais en cette fin d'année, une nouvelle inattendue vient contrarier Cécile Sorel : elle est mise en demeure de payer une pension alimentaire aux enfants adultérins de Guillaume de Ségur ! En effet, ce dernier a eu deux filles, Béatrice et Victoire, de sa liaison avec Madeleine Monier. Or la loi n'admettant pas la reconnaissance des filiations adultérines, le testament du comte qui léguait tous ses biens à ses deux filles a été déclaré nul par la justice. Ayant à juger cette situation paradoxale sur plainte de la mère des deux fillettes, la première chambre civile a condamné Cécile Sorel, héritière de son mari avec le frère et la belle-sœur de Guillaume, à verser une pension de 12 000 francs par mois à chacun des deux enfants jusqu'à leur majorité... Pour elle, c'est un coup de massue ! Moralement – la revoilà face aux infidélités de son mari – et financièrement. Bien plus cigale que fourmi, elle dépense ce qu'elle gagne et ne pense guère à économiser. Elle écrit à Simone Berriau pour lui demander de lui prêter de l'argent : « Tu me rendrais un véritable service car je dois verser à Madeleine et ses enfants plus que l'héritage ne me donne, ce qui est scandaleux d'après Me Garçon qui va plaider en appel. Mais en attendant, je dois revendre pour 250 000 francs les objets d'art qui ornent le pavillon de Mériel, qui n'était qu'une pauvre maison de paysan ; j'y ai dépensé près de 2 millions qui iront à la famille… bientôt. »

Au début de l'été 1947, Cécile Sorel part se reposer à Biarritz, où elle a ses habitudes. Dans la station où séjournent vedettes et têtes couronnées, elle se rend au *Sonny's bar* à l'heure de l'apéritif, n'hésite pas à se baigner dans la mer, à la grande surprise des estivants, s'entretient avec le marquis Pierre d'Arcangues, président très sollicité du syndicat d'initiative, assiste aux concours d'élégance, fréquente assidûment le casino, toujours coiffée de ses chapeaux mousquetaires. Depuis des années, à ses côtés, se tient Léona, dévouée et patiente secrétaire. De son nom complet Léona de Pape, cette « vieille demoiselle », comme on disait alors, avait côtoyé du beau monde : elle avait été élevée en Belgique dans l'entourage de la princesse Marie-José, future reine d'Italie, et sa mère avait été la lectrice-secrétaire de la reine Elizabeth de Belgique, épouse d'Albert Ier. Rentrée en France après la Première Guerre mondiale, elle avait été infirmière puis élève comédienne – elle fut figurante au Français, y croisant Cécile Sorel sans se douter qu'un jour, leurs chemins se rejoindraient. Avec tact et style, d'une belle écriture élégante, elle répond à toutes les lettres, à toutes les demandes reçues par la comédienne et se montre toujours d'humeur égale malgré le caractère parfois un tantinet tyrannique de cette dernière. Malade, Léona de Pape se retirera sur la côte basque et quittera son service après plus de dix ans. Lorsqu'elle apprendra que sa fidèle assistante est proche de la mort, Cécile Sorel lui adressera ces quelques mots : « Merci mon Dieu, vous m'avez envoyé un ange. »

Le 13 septembre 1947, une dépêche de l'Agence France-Presse annonce en ces termes que la comédienne va donner une dernière représentation : « Cécile Sorel, qui villégiature à Biarritz depuis plusieurs semaines, ne voulait plus faire de théâtre. À la suite de la publication de son livre *Les Plus Belles Heures de ma vie*, elle a reçu tellement de lettres d'admirateurs la priant de ne pas abandonner la scène sans donner des fragments des succès de sa carrière qu'elle a consenti à jouer ce soir au casino de Biarritz et pour la dernière fois, affirme-t-elle, quelques scènes du *Misanthrope*, de *La Dame aux camélias*, de *Sapho* et de *Madame Capet*. L'illustre artiste a déclaré : « Je vais interpréter des rôles de pécheresses à qui, en même temps qu'au public, je dirai adieu. » Elle a ajouté qu'elle consacrerait son activité à une nouvelle œuvre littéraire ainsi qu'aux déshérités de la vie. »

Pendant ce temps-là, au Français, le rôle de Célimène est repris par Annie Ducaux qui joue, en compagnie de Jacques Charron ou de Louis Seigner, sous la direction de Pierre Dux. Près d'un demi-siècle après la première apparition de Cécile Sorel dans ce rôle, plusieurs critiques déplorent « l'influence sorélienne » de l'interprétation de la jeune pensionnaire. L'époque a changé, elle exige plus de sobriété.

32.

Un autre monde

Cet après-guerre ne sied guère à Cécile Sorel. Le monde d'avant a disparu et le monde nouveau ne lui convient pas. Les cinq années passées, avec leur lot d'horreurs et les traces profondes qu'elles laissent, ont sonné le glas d'une certaine légèreté. Les gens ne s'habillent plus pour sortir au théâtre, les femmes marchent dans la rue « en cheveux ». L'exubérance est un péché. Avant la guerre, on dansait, certes parfois sur un volcan, mais on dansait. Les rôles ont été redistribués. L'aristocratie cesse d'occuper la place qui était encore la sienne avant-guerre. Certains de ses membres, allergiques à la République, se sont compromis dans la collaboration – quelques autres ont sauvé l'honneur. Des fortunes ont fondu. Beaucoup de ses amis sont morts ou ont quitté la scène. Les vedettes, le public les trouve à présent du côté du cinéma, pas du théâtre. Sur les planches, c'est le théâtre de l'absurde qui triomphe ; il dénonce, questionne, prenant le spectateur comme témoin. Ce n'est plus le monde de Cécile Sorel. Elle s'en sent extérieure. Presque ennemie. Ce qui faisait le sel de sa vie s'est asséché. Ce n'est pas tant son âge qui en est responsable, mais cette époque nouvelle née de la guerre. Et puis, cette condamnation à un an d'indignité nationale, qu'elle a certes payée, mais pas oubliée… Et puis, la mort de Guillaume, dont elle ressent chaque jour la tristesse.

Le souvenir de son mari revient au printemps 1949, avec le jugement en appel de sa condamnation à verser une pension alimentaire aux deux enfants de Madeleine Monier. Pour tenter d'amadouer les juges, la comédienne leur avait adressé un courrier dans lequel elle se déclarait insolvable, ses revenus lui permettant à peine de régler ses notes d'hôtel. Une lettre signée Sainte Cécile. Mais, c'est sans doute davantage la plaidoirie de son avocat Maurice Garçon, estimant absolument immorale l'obligation de sa cliente de payer chaque mois une pension à l'ancienne maîtresse de son mari, qui fait pencher la balance. La peine est nettement réduite en appel et partagée avec les autres héritiers de Guillaume de Ségur. Cécile Sorel remercie chaleureusement Me Maurice Garçon. Mais sait-elle alors ce que l'avocat a écrit sur elle, quinze ans plus tôt, dans le journal qu'il tient au jour le jour ? « J'ai dîné avec Cécile Sorel. C'est vraiment une curieuse personne. Lorsqu'on est seul avec elle, il est possible de la faire parler simplement et c'est le seul moyen de la connaître un peu. Mais dès qu'on est quatre, elle est l'ambassadrice des grâces, la dépositaire du goût et de la beauté et elle devient imbuvable. »

En cette année 1949, Cécile Sorel séjourne longuement à Cannes, avec sa sœur Jeanne, veuve de Léopold Reutlinger, photographe renommé pour lequel elle a plusieurs fois posé, comme la plupart des vedettes de l'époque. Jeanne, qui a perdu un fils à la guerre puis son mari vingt ans plus tard, n'a jamais été une femme heureuse, d'après ceux qui l'ont connue. En revanche, tous ont loué sa beauté, que certains disaient supérieure à celle de Cécile.

Cette année, au théâtre Sarah Bernhardt puis au théâtre Daunou, Cécile Sorel « marraine » la jeune France Delahalle qui joue *Le Misanthrope*. Cette jeune comédienne est la fille du directeur de l'hôtel *Miramar* de Biarritz. Cécile Sorel l'a repérée et fait travailler. France Delahalle lui ressemble beaucoup, même beauté fière, même charme altier, et elle se reconnaît dans cette jeune femme qui a décroché un prix de Conservatoire. Trois jours avant que France Delahalle ne débute dans le rôle, elle lui offre la robe qu'elle portait lors de son ultime représentation du *Misanthrope*. Mais une fois la robe endossée, elle se saisit de ciseaux et en échancre le corsage en disant : « Célimène est un être du diable, il faut qu'elle montre ses appâts. » Cécile Sorel, qui a assisté à toutes les répétitions, vient chaque soir au théâtre encourager sa filleule, « murmurant » toutes ses répliques par cœur.

En janvier 1950, elle est invitée au déjeuner organisé en honneur des « Parisiens de Paris » au Relais de France. Le repas est présidé par Pierre de Gaulle, président du conseil municipal de la capitale et frère du général. Cécile Sorel a été placée à côté de lui. En juin, elle est l'invitée d'honneur du Club de la casserole, réunion d'amateurs qui se retrouvent au restaurant *Lasserre*. Désormais âgée et plus en retrait, elle reste une personnalité du Tout-Paris. Quelques jours plus tôt, elle avait assisté au théâtre Édouard VII à la pièce *Times Runs* et, à l'entracte, en avait félicité l'auteur, metteur en scène et acteur principal Orson Welles.

Elle remonte elle-même sur la scène du théâtre Mogador. Mais c'est seulement pour un gala radiophonique où elle joue avec son ami Maurice Escande une scène de son cher *Misanthrope*. En première page, *La Presse* publie une photo d'elle avec ce titre peu élégant sur trois lignes : « Cette vieille dame, c'est Cécile Sorel faisant sa rentrée... » Une brève rentrée.

Car un nouveau rôle, inattendu... l'attend.

33.

Sœur Marie-Cécile

À 77 ans, Cécile Sorel entame une nouvelle vie : elle entre dans les ordres ! Ou, plus précisément, dans le tiers ordre franciscain.

Appartenir à cet ordre séculier consiste à mener une vie religieuse au côté d'un ordre régulier – en l'occurrence les franciscains – tout en restant dans le monde. Qui y adhère s'engage à vivre une existence exemplaire, hors de tout couvent ou monastère, selon l'esprit de son fondateur. L'acceptation dans l'Ordre se fait après une année de noviciat. La règle du tiers ordre franciscain remonte au XIIIe siècle et a été modifiée en 1883 par le pape Léon XIII. Elle demande à ses membres « de vivre l'Évangile en suivant les exemples de saint François d'Assise, de s'appliquer à une fréquente lecture de l'Évangile en passant de l'Évangile à la vie et de la vie à l'Évangile en le traduisant tous les jours dans ses engagements ». Elle enjoint aussi explicitement à ses membres de « fuir avec la plus grande vigilance les bals et les spectacles dangereux et les repas licencieux ». Il leur est également demandé de « s'abstenir dans leur habillement de tout ce qui ressent le luxe et l'élégance mondaine ». En outre, ils doivent porter en permanence un scapulaire, double carré de laine marron qui rappelle l'habit monastique. Caché sous les vêtements, il symbolise les promesses d'humilité et d'obéissance.

La nouvelle de cet engagement d'une Cécile Sorel touchée par la grâce suscite un vif émoi parmi les gens de théâtre, des arts et des lettres, mais aussi dans le grand public. Son entrée « dans les ordres » fait presque autant de bruit que ses débuts au music-hall. Ses proches, devant lesquels elle évoquait régulièrement ce changement de vie, ne sont pas réellement surpris. Ce qui ne les empêche pas de se montrer circonspects quant à sa capacité à renoncer à son exubérance naturelle, à son goût des belles choses et des plaisirs de l'existence.

Elle n'est pas la première comédienne ou mondaine à opérer ce virage radical. En 1920, la célèbre Ève Lavallière, dont Cécile Sorel dit que « le démon la mena à Dieu », entra aussi dans le tiers ordre franciscain à 54 ans, après s'être tardivement convertie. En 1932, la pensionnaire de la Comédie-Française Yvonne Hautin, connue sous son nom de scène de Gautier-Pavie, avait pris le voile chez les carmélites de Lyon, devenant Marie-Augustine de la Miséricorde. De son côté, en 1945, Liane de Pougy avait emprunté la même voie mystique, devenant membre du tiers ordre de Saint-Dominique. À l'image de Cécile Sorel, elle avait abusé des plaisirs terrestres. Et porter le voile ne l'empêcha pas de poursuivre sa vie mondaine.

Depuis quelques années, Cécile Sorel n'a jamais caché ce qu'elle nomme, bien qu'étant baptisée, sa « conversion ». Sa foi, elle la revendique et l'exprime parfois fortement, sans pour autant fréquenter églises ou confessionnaux. Sans doute est-elle davantage attirée par le mysticisme que par la religion.

Trois prêtres ont joué un rôle clé dans son cheminement récent : le chanoine Jourdain, le chanoine Mugnier et l'abbé André Boyer-Mas. Ce dernier, originaire de l'Aude, est alors une figure pour le moins originale sur laquelle courent bien des rumeurs. Pendant la guerre d'Espagne, il s'est rangé ostensiblement du côté des franquistes, aidant des prêtres menacés par les républicains à se réfugier en France puis multipliant les prises de position provocatrices. Il est devenu attaché culturel à l'ambassade de France en Espagne quand le maréchal Pétain y était ambassadeur. Au début de l'Occupation, il appuie ce dernier avant de rallier les gaullistes. En même temps, il mène une vie mondaine. Cécile Sorel est une de ses amies intimes qui évoque avec admiration son « corps d'athlète moulé dans ses robes, sa taille de matador serrée dans ses larges ceintures » et le voit comme un « Apollon en soutane ».

Le chanoine Mugnier, autre ecclésiastique habitué des dîners du Tout-Paris, l'a également influencée. Ancien vicaire de la paroisse Sainte-Clotilde, baptisé « le confident des pécheresses de la haute société », il vit modestement dans un couvent de la rue Méchain et doit sa célébrité à sa liberté de penser autant qu'à ses bons mots. À une comédienne qui lui demandait si se regarder nue dans un miroir était un péché il répondit : « Non, madame, mais c'est une erreur. » Le chanoine Jourdain, vicaire de Notre-Dame-des-Victoires, est son directeur de conscience en même temps qu'un de ses amis les plus chers. Elle lui garde une grande reconnaissance de l'avoir menée définitivement vers Dieu, de l'avoir réconfortée et accompagnée après sa rupture avec Guillaume de Ségur.

Le 7 août 1950, alors qu'elle séjourne non loin de là, à Biarritz, Cécile Sorel reçoit, à genoux, au couvent des capucins de Bayonne les insignes du tiers ordre de Saint-François : un scapulaire et une cordelette blanche. Les membres de la confrérie, les religieux du couvent et quelques proches, dont sa sœur Jeanne, assistent à la cérémonie. Une fois celle-ci terminée, la novice regagne l'*Hôtel du Palais*, son palace de Biarritz... Elle se donne le nom de sœur Sainte-Cécile de l'Enfant Jésus. Trois jours après avoir prononcé ses vœux, elle reçoit la presse et pose pour les photographes à genoux devant l'autel improvisé qu'elle a installé dans sa chambre. Cette publicité est jugée pour le moins déplacée par les franciscains de Bayonne qui l'ont « consacrée ». Frère Martin, gardien de l'ordre, le fait savoir par un communiqué sans appel : « Navrés de l'intempestive publicité qui a été faite à l'occasion de la réception de Mme Cécile Sorel au tiers ordre de Saint-François et blessés de la facilité avec laquelle notre nouvelle sœur s'est prêtée à des manifestations qui n'ont rien de commun avec l'humilité franciscaine, nous avons décidé à l'unanimité l'exclusion de Mme Sorel du tiers ordre. Nous prierons pour que Notre Seigneur ramène cette pauvre dame à une autre conception de la vie chrétienne, mais nous n'avons aucune envie d'être ridiculisés. »

Le coup est rude. Consciente d'avoir outrepassé les limites de son nouveau statut, Cécile Sorel fait amende honorable, en appelle même au pape. En réalité, les autorités du tiers ordre sont bien embarrassées par cette affaire et hésitent sur l'attitude à adopter. Quelques jours après celui du gardien de l'ordre, un autre communiqué précise que l'ancienne comédienne a été reçue dans l'ordre « à titre purement privé et sans admission dans une fraternité ; n'étant pas autrement connue des religieux de l'endroit, elle avait rempli la seule condition absolument requise, à savoir présenter une sérieuse recommandation d'une personne connue et digne de foi ». Cette personne est le chanoine Jourdain qui répond alors : « Mme Cécile Sorel est sincère et si elle a affiché trop ostensiblement son costume de tertiaire, je le mets sur son zèle de néophyte. Ici, nous gardons le souvenir de l'édification qu'elle nous a donnée et ils seront malvenus ceux qui voudront entamer sa réputation de convertie. » L'affaire se tasse. La nouvelle tertiaire se fait – relativement – discrète. Plus question de prendre l'apéritif au *Sonny's bar*, plus question de se montrer au casino ou de se faire photographier au pied d'un autel de fortune. Les rieurs, bien sûr, s'en donnent à cœur joie. Voilà Cécile Sorel baptisée « la nonne… agénaire ».

Elle quitte la côte basque et rentre à Paris. Après avoir séjourné quelque temps à l'hôtel *Windsor*, rue Beaujon, elle décide de s'installer à Mériel, au sein du vaste domaine ancestral de la famille de Ségur, dans la maison baptisée La Faisanderie. Par besoin de se poser quelque part ; par nécessité financière aussi. Située au milieu de 80 hectares de bois, la bâtisse d'un étage n'a pas de charme particulier, mais sa nouvelle occupante l'a confortablement aménagée. Elle a transformé le salon du rez-de-chaussée pour en faire sa chambre. Entouré d'arbres, l'endroit est calme et Paris n'est qu'à 35 kilomètres. La fidèle Léona est au côté de Cécile Sorel pour s'occuper de l'intendance, ainsi que Charles, le gardien. Jeanne, sa sœur, y fait également de longs séjours. Sont aussi présents dans la maison les chers chows-chows de la comédienne, Goya et Loulette, aussi agressifs l'un que l'autre, ainsi qu'un perroquet, des pigeons blancs aux plumes frisées et, dans le jardin, des lapins.

Pour répondre au vœu de pauvreté, mais, surtout, pour renflouer un compte en banque de moins en moins approvisionné, Cécile Sorel vend des bijoux, des objets précieux et quelques meubles. Pour la première fois, elle connaît de réels problèmes d'argent et éprouve des difficultés à maintenir un train de vie pourtant très largement réduit. Malgré cela et en dépit de la simplicité prônée par le tiers ordre, elle reste coquette. C'est Mme Grès qui confectionne sa tenue de tertiaire, une robe de bure de couleur blanche en place du marron « réglementaire » – Cécile Sorel déteste le marron ! –, ornée d'un collet rouge rubis copié sur celui du pape et agrémentée d'une collerette et de manchettes d'organdi. Une médaille de la taille d'une soucoupe pendue à un large ruban tombe sur sa poitrine. Sans doute se souvient-elle alors de ces vers de Célimène qu'elle a si souvent déclamés : « Dans tous les lieux dévots elle étale un grand zèle, / Mais elle met du blanc et veut paraître belle. »

Elle fait édifier par un maçon de Mériel une sorte de sanctuaire dans la Faisanderie, que vient bénir le curé du village. Les Mériellois la croisent à l'église ou à la mairie lors des consultations électorales. C'est toujours pour eux un spectacle étonnant de la voir coiffée de ses gigantesques chapeaux. Elle reçoit aussi beaucoup, des anciens amis ou de nouvelles relations, retrouvant un peu les joies des repas du quai Voltaire. Ainsi, emmenés par son amie Marie Bell, elle convie un jour à déjeuner les auteurs à la mode Barillet et Grédy, accompagnés de Françoise Fabian. Pierre Barillet témoignera ainsi de cette rencontre : « Elle habite au milieu des bois cette modeste demeure d'un style incertain entre gothique et art nouveau. Dans un coin de la salle à manger, une sorte d'autel a été aménagé tandis qu'un électrophone diffuse de la musique sacrée. Le vin est servi dans des ciboires très légers, peut-être en papier mâché. Des tourterelles blanches volettent ; se posant parfois sur Cécile Sorel. Les contours des lèvres sont gommés. Les invités reçoivent discrètement du valet la consigne que s'ils apportent un poulet, il faut lui laisser le croupion, qu'elle adore. » Elle boit du champagne, elle fume des cigarettes ou des cigares. Mais s'astreint à des exercices quotidiens de souplesse et marche deux heures par jour autour de la Faisanderie. À plus de 75 ans, allongée, elle est capable de se redresser d'un seul coup de rein.

Elle cherche à connaître Henri de Montherlant et charge son ami le peintre Édouard Mac Avoy, qui l'a plusieurs fois représentée, de jouer les intermédiaires. L'entreprise se révèle vaine. Cécile Sorel demande alors à Édouard Mac Avoy ce que Montherlant pense d'elle... Le peintre l'ignore, mais, pour ne pas vexer la comédienne, invente une réponse, lui affirmant qu'il l'admire profondément et davantage encore sa personne que son talent. Alors, Cécile Sorel, superbe, s'exclame : « Comme il a raison, je vaux tellement mieux que tous les rôles que j'ai joués ! À commencer par cette petite idiote de Célimène ! » Elle rencontre aussi Roger Peyrefitte dont le roman *Les Clefs de saint-Pierre* lui a valu quelques frictions avec les milieux catholiques. Inquiète, celle qui se fait appeler « sainte Cécile » lui demande s'il a été excommunié. L'écrivain la rassure. Alors, certaine de ne pas commettre un péché, elle se lance dans une grande conversation et avouera plus tard avoir été séduite par l'intelligence de l'auteur.

Elle répond à quelques sollicitations mondaines. Ainsi, elle assiste, voilée de tulle bleu, à la réception donnée en l'honneur de l'actrice italienne Silvana Mangano au musée de l'Homme où elle retrouve Gaby Morlay. En avril 1951, elle est à Cannes à l'occasion d'un festival organisé par le savon Lux et diffusé sur Radio-Luxembourg. Elle monte sur la scène du casino de la ville, coiffée d'un chapeau de mousquetaire et vêtue d'une immense cape bleue et, sous les yeux d'un Claude Dauphin stupéfait, se livre à un véritable prêche, parlant de courage, de foi, de fidélité, d'amour de Dieu...

Plus tard, alors qu'elle se trouve à Biarritz, elle est invitée par le marquis de Cuevas – qui occupe son ancien appartement du quai Voltaire quand il séjourne à Paris – au grand bal qu'il donne dans la ville. Et, dans le domaine de la démesure, rien ne dépasse les réceptions du marquis, époux de la petite-fille de John Davison Rockefeller, qui entretient à l'année sa troupe de quarante danseuses et danseurs ! Dans un premier temps, Cécile Sorel, qui figure parmi les invités les plus attendus, envisage de s'y rendre, vêtue en Mme de Maintenon, contrairement au désir du marquis de la voir plutôt en Pompadour. Alors Cuevas dépêche deux émissaires, le peintre Louis Touchagues et Jean-Pierre Dorian, pour tenter de la convaincre. Elle leur déclare : « Dites au marquis que j'irai à son bal comme simple invitée, au premier rang naturellement, et accompagnée de deux petites sœurs des pauvres à qui je donnerai l'argent que le marquis viendra déposer au début du spectacle dans une corbeille. » Les émissaires acquiescent. Mais, quelques jours plus tard, Cécile Sorel renonce, expliquant au *Figaro* : « Toutes ces fêtes sont stériles puisque l'objet qu'elles proposent n'est pas la charité. » Au marquis, elle envoie ce mot : « Le degré de foi chrétienne que j'atteins désormais m'empêche d'aller à ta soirée. Je suis de tout cœur avec toi et je t'embrasse. »

Retrouver l'exaltation et la légèreté de ces fêtes atténuerait sans doute, pour un moment, le voile de mélancolie qui lui brouille parfois le regard. Tant d'amis, de proches ont disparu ! Et avec eux, les moments de bonheur, de jeunesse, de gloire qu'ils ont accompagnés ou provoqués. « Guillé », bien sûr. Mais aussi Whitney Warren, mort en 1943 dans sa New York natale, Arthur Meyer, disparu en 1924 et auquel elle pense si souvent, Berthe Cerny, morte au début de la dernière guerre et enterrée au cimetière d'Auteuil, Léon Daudet, l'anti-germaniste, victime d'une hémorragie cérébrale en pleine occupation allemande. Et tant d'autres. En lisant un journal, elle apprend que, quelque temps avant sa mort au bord du lac de Garde, Gabriele d'Annunzio avait souhaité créer un parfum à partir de ses propres effluves corporels recueillis à différents moments de la journée. Baptisé l'Aqua Nuntia, il devait permettre aux hommes qui le portent de séduire les femmes autant que d'Annunzio l'avait fait lui-même... Une information qui fait sourire Cécile Sorel. Sans l'étonner vraiment : l'écrivain italien qu'elle avait admiré s'aimait tant ! Certes Simone Berriau, Coco Chanel ou Colette sont toujours en vie. Mais les liens se sont distendus. Et elles, elles n'ont pas quitté le devant de la scène.

34.

Faux baron, vrai ami

En visitant un club de chows-chows, Cécile Sorel fait la connaissance d'un personnage qui va jouer un rôle essentiel jusqu'à la fin de sa vie. Il se nomme Jean Dupuy, mais se fait appeler le baron Barclay de Lautour, ou plus communément Jean Barclay. Baron, ce fils d'une secrétaire à la préfecture de police ne l'est en aucune façon, mais un généalogiste peu scrupuleux lui ayant un jour affirmé qu'il descendait d'une noble lignée remontant à la reine Marie Stuart, il s'est alors fait appeler de ce nom imaginaire. Se prétendant propriétaire de la banque Barclays, il a fait confectionner par un faussaire de faux chéquiers de cette banque. Grugeant les uns et les autres, il emprunte ainsi de l'argent et mène grand train. Personnage flamboyant, le faux baron porte des costumes noirs de la meilleure coupe, une longue cape doublée de satin rouge et se déplace dans une vieille Rolls-Royce.

Il a des rêves de grandeur et une mégalomanie certaine. Ainsi, il souhaite organiser en la cathédrale Notre-Dame de Paris une messe à la mémoire de son « aïeule » Marie Stuart. Se présentant comme un arrière-petit-neveu de la reine, il se fait appeler « baron Barclay de Lautour, of Urie, of Cowie and of Breda, Earth of Airth ». Tels sont les titres figurant sur l'invitation envoyée à mille cinq cents personnes, dont le ministre de l'Information. La garde républicaine a même été demandée… Dans un premier temps, le clergé accepte. Puis, renseignements pris sur la personnalité du baron Barclay et sous la pression des authentiques descendants de la souveraine anglaise, les autorités de Notre-Dame, sur le conseil de l'archevêché et de la présidence du conseil municipal de Paris, font savoir à l'intéressé que la cérémonie n'aura pas lieu.

Entre Cécile Sorel et lui, c'est une sorte de coup de foudre amical et platonique. Jean Barclay est homosexuel et Cécile Sorel a presque soixante ans de plus que lui. La comédienne amuse, fascine, émeut ce fervent admirateur aux petits soins pour elle. Elle dit de lui : « C'est le dernier gentilhomme de notre époque. »

Il ne sait rien lui refuser et ne cessera de lui témoigner une vive affection et un soutien sans faille. On peut affirmer qu'il lui permettra de vivre une ultime vieillesse sinon heureuse du moins apaisée et entourée. Il la prémunira contre les besoins d'argent, lui permettant de conserver un train de vie que ne lui autorise plus la petite rente qu'elle touche de la Comédie-Française ni la modeste pension allouée par la famille Ségur. De son côté, Cécile Sorel lui ouvre de nouvelles portes, lui présente des personnages influents, conforte sa mégalomanie et l'aide à concrétiser son rêve de faire sa place dans le monde.

Jean Barclay a pour compagnon Jacques Raillard, né en 1929. Plus discret – et moins mégalomane –, il se destine à une carrière de pianiste et éprouve pour Cécile Sorel, dès leur première rencontre, une admiration et un attachement qui ne faibliront jamais. Il sera auprès d'elle pendant une dizaine d'années une présence chaleureuse et efficace, l'aidant dans son quotidien avec une sollicitude et un dévouement jamais pris en défaut. Il l'informe de la vie artistique parisienne, la distrait, lui rapporte les petits potins, lui fait ses courses de produits de beauté, s'occupe de son courrier – elle reçoit beaucoup de lettres, notamment de jeunes comédiens friands de conseils –, transmet des messages. Il l'écoute raconter sa vie et sa carrière, confident admiratif et attentif, lui joue du piano. Quand il lui parle des actrices contemporaines, elle hausse les épaules, affirmant : « Autrefois, une actrice était un personnage fabuleux, un authentique monstre sacré ; aujourd'hui les comédiennes n'ont qu'une ambition : ressembler à Madame Tout-le-Monde. Elles mettent de l'argent de côté, assurent leurs vieux jours et souffrent de l'estomac. » En revanche, elle admire le talent du général de Gaulle et se délecte de ses discours, s'enflammant devant Jacques Raillard : « Quel grand acteur ! Quelle diction ! Bien des comédiens que je connais devraient l'écouter et prendre exemple sur lui ! »

En dépit de l'aide de Jean Barclay, Cécile Sorel connaît d'importants problèmes d'argent. La maigre retraite versée par la Comédie-Française est difficilement compatible avec son train de vie. En 1956, elle demande à Pierre Descaves, administrateur général de la Comédie-Française, de bien vouloir l'exonérer du versement des contributions patronales de Sécurité sociale. Sa requête est acceptée. C'est la fidèle Léona de Pape qui se charge d'écrire la lettre de remerciement, sans doute pour préserver l'amour-propre de Cécile Sorel.

Loin de ces tracas domestiques, chaque dîner organisé par Jean Barclay autour de son illustre amie ressemble à un gala. La comédienne s'y montre toujours d'humeur joyeuse, prompte à saisir l'aspect cocasse des gens et des faits. Elle ne craint pas de se coucher tard pour profiter de ces moments. Certains voyages dans la Rolls-Royce fatiguée donnent lieu à des scènes inattendues. Comme ce jour où une panne oblige ses passagers à une halte non prévue dans un restaurant de routiers. Une expérience inédite pour Cécile Sorel !

Décidément magnanime, Jean Barclay offre à Cécile Sorel, qu'il nomme « ma mère spirituelle », une ode à sa gloire sous la forme d'un court-métrage intitulé *Victoire sur la vie.* Il n'hésite pas, pour cela, à fonder sa propre firme cinématographique, Gotha production. Il en confie la réalisation à un jeune Anglais de 23 ans, Kean David, auteur pour la télévision britannique d'une série de documentaires sur... la délinquance juvénile. C'est peu dire qu'avec Cécile Sorel, il aborde un tout autre univers. Pour conter sa « victoire » dans ce film, la comédienne de 87 ans accepte de se maquiller et de recevoir dans sa retraite de Mériel techniciens, opérateurs, projecteurs et groupes électrogènes. *Victoire sur la vie* mêle images du moment et archives ; ainsi y voit-on sœur Cécile du Tiers-Ordre de Saint-François d'Assise regardant Cécile Sorel jouer Célimène à la Comédie-Française ou, plus tard, descendre le grand escalier du Casino de Paris. Au fil des images, la comédienne se remémore des souvenirs, redit son amour de la vie et son absence de nostalgie d'un passé glorieux : « Tout ceci n'a plus d'importance car j'ai la jeunesse de l'éternité. » Évoquant le pavillon de Mériel où le film est tourné, elle témoigne : « J'ai donné là naguère avec mon mari des fêtes et des chasses. Mais j'ai tout oublié pour ne me souvenir que du bonheur trouvé avec l'espérance. »

Victoire sur la vie est projeté au ministère de l'Information devant un parterre de représentants de ce Tout-Paris dont la comédienne fut, naguère, une des reines. Mais elle-même est absente ; elle souffre d'une mauvaise grippe et son médecin lui a interdit toute sortie.

À l'été 1961, elle séjourne à Biarritz et se rend à Saint-Jean-de-Luz où on lui présente un jeune chanteur : Johnny Hallyday. Elle est conquise et dit à Jacques Raillard : « J'ai passé avec lui un moment agréable. Il est très beau, ce garçon, une vraie bête de race. S'il conduisait une revue, je suis sûre qu'il brûlerait les planches. Simplement, il faut qu'il perde cette mauvaise habitude de baisser la tête. » En le quittant, elle lui apprend à faire le baise-main.

La présence de Cécile Sorel à Mériel se révèle de plus en plus compliquée, voire contestée : certains membres de la famille souhaitent qu'elle entre dans une maison de retraite. Alors, toujours prodigue, Jean Barclay lui propose de l'héberger et lui fait aménager un appartement dans le château d'Avrainville près d'Arpajon. Édifiée au XVIIe siècle, cette grande bâtisse élégante et sans prétention, entourée d'un parc de deux hectares a été reconstruite dans le style Louis XVI. Eugène Merle, fondateur de *Paris-Soir* y a habité et reçu d'éminentes personnalités politiques, et Georges Simenon y a situé une des enquêtes du commissaire Maigret. En 1964, Jean Barclay y donne une fête en l'honneur de son hôte illustre. Il fait les choses en grand, comme à son habitude : deux cent cinquante invités, souper aux chandelles. Pour l'occasion, la vedette de la soirée décide d'abandonner provisoirement sa robe de bure et se fait faire une somptueuse robe de lamé argent. Jacques Raillard, qui assiste aux derniers essayages, l'entend dire : « Elles vont toutes en tomber sur le cul ! » Et, ainsi parée, elle fait, le soir de la réception, une entrée triomphale, applaudie par tous les invités debout. Elle a 91 ans.

Sans l'aide généreuse de son « mécène », Cécile Sorel n'aurait guère les moyens de s'offrir ces folies. Cette année-là, elle déclare au fisc 26 300 francs de revenus annuels, composés essentiellement d'une pension de 7 600 francs versés par la famille de Ségur, de 13 000 francs de pension de la Comédie-Française, de 1 200 francs de la caisse nationale de retraite des artistes du spectacle et de deux rentes viagères lui rapportant un peu moins de 5 000 francs. Qu'ils sont loin, les millions qu'elle gagnait au temps de sa splendeur !

Le chanoine Jourdain lui rend souvent visite et la confesse. Quand, prise d'un soudain scrupule, Cécile Sorel lui demande si toutes ces heures passées devant le miroir, toutes ces crèmes, ces fards ne sont pas en contradiction avec la règle du tiers ordre, il lui répond, patelin : « Dieu vous a créée coquette parce qu'Il le voulait ainsi ; sinon, vous ne seriez pas vous-même et Dieu, j'en suis certain, trouverait cela dommage... »

Elle demeure telle qu'elle n'a jamais cessé d'être : gaie malgré les drames de la vie. Elle dit : « Je déteste les enterrements, je n'aime que les naissances. » Pourtant, elle accompagne au cimetière sa sœur Jeanne puis un de ses neveux. Elle enterre aussi le marquis de Cuevas à qui la liait une amitié fondée sur un même goût du faste, une même fantaisie, une même prodigalité.

En juin 1965, la télévision lui consacre l'émission *Pour le plaisir* réalisée par Henry Magna et Yannick Bellon. Ultime hommage, elle a presque 92 ans. Après un portrait retraçant sa carrière à l'aide de photos et de reportages d'archives, elle est filmée chez elle, au coin de la cheminée, vêtue de son habit de tertiaire. Claire Vernet, nouvelle pensionnaire de la Comédie-Française, interprète des extraits du *Misanthrope* dans le rôle de Célimène face à l'ancienne sociétaire chargée de juger sa prestation. Cécile Sorel se prête à l'exercice avec un large sourire, mais sans complaisance. « Pas assez d'ironie ! », dit-elle, puis « ce n'est pas assez impertinent ! » ou « c'est trop petit ! ». Pauvre jeune pensionnaire de la Comédie-Française face à la comédienne nonagénaire qui dit « j'étais née Célimène » et qui avoue, dans un éclat de rire sonore « je suis un être extraordinaire ! »... Dans ce même décor, elle dîne avec quelques convives, dont Jean-Claude Brialy placé à sa gauche. Elle raconte ses souvenirs, fumant de fines cigarettes et buvant du champagne, à la lueur de chandelles. Pressée de questions par les jeunes hommes attablés autour d'elle, elle évoque avec gourmandise et un sens certain de l'exhibition, Gustave Larroumet, Edmond Rostand, Eugène Silvain, Réjane, Sacha Guitry, Georges Clemenceau, Sarah Bernhardt... Elle lance : « Il me semble que j'ai 30 ans, que j'ai vécu ma vie et que je vais la recommencer. »

Jean-Claude Brialy gardera de cette rencontre un souvenir ému : « Mme Cécile Sorel m'apparaît vivante, superbe, nerveuse, grandiose. Elle a le sens du théâtre, elle est le théâtre. Elle est spirituelle, tendre, orgueilleuse, charmeuse et intelligente. Ce qui m'a frappé le plus, c'est la rupture de ton dont elle est souveraine. Elle sourit, elle rit, elle est coquette et puis soudain, la gravité envahit son visage, ses yeux se brouillent et la foi naïve, enfantine qui l'habite dévore brutalement cette grande âme fragile et humble. » Pour Cécile Sorel, cette émission est un baume de jouvence, la preuve qu'elle n'est pas complètement oubliée.

À l'hiver 1966, elle assiste à la Comédie-Française à la générale de *La Soif et la Faim* d'Eugène Ionesco, interprétée par Robert Hirsch. Quand elle s'assoit dans la loge qu'on lui a réservée, des murmures parcourent la salle, les yeux se tournent vers elle, on la reconnaît, quelques applaudissements se font entendre. Après le spectacle, elle retrouve Robert Hirsch dans sa loge, bientôt envahie par de nombreux spectateurs qui veulent la voir, lui parler. Quarante-cinq ans après ses débuts dans la Grande Maison, le public ne l'a pas oubliée ! Ce sera sa dernière apparition à la Comédie-Française.

35.

Adieu l'artiste !

Au printemps 1966, quittant le château d'Avrainville, Cécile Sorel s'installe en Normandie, au manoir Réjane situé à Hennequeville, en bordure de Trouville, que Jean Barclay met généreusement à sa disposition. Dominant la mer, la maison, propriété de Robert Jauneaux et son épouse, avait été construite pour Réjane, ce qui ravit la nouvelle occupante. Luxueuse, sa chambre, au rez-de-chaussée, est meublée dans le style Louis XV. Ses journées se déroulent de manière immuable : elle se lève tard, prend son petit déjeuner, fait sa toilette, se maquille – si elle fait moins attention à sa ligne, elle soigne toujours autant son visage –, déjeune, fait une sieste, se promène dans le parc puis se retire dans sa chambre, munie de son livre de prières, s'agenouillant devant le petit oratoire qui l'accompagne depuis Mériel. Après un raccord de maquillage, elle dîne avec Jacques Raillard ou Jean Barclay ou avec des amis venus lui rendre visite.

Mais, le 15 juillet, deux mois après son installation, elle chute : fracture du col du fémur. Les docteurs Giraux et Lucien de Gennes appelés à son chevet décident de la transférer à Paris à la clinique Jouvenet pour y être opérée par l'éminent chirurgien Jean Judet. Malgré la douleur, elle ne manifeste nul découragement, nul abattement. À 18 heures, l'ambulance arrive square Jouvenet. Cécile Sorel est opérée. Ses amis, prévenus par Jean Barclay, envoient des dizaines de bouquets de fleurs pour elle à la clinique. L'opération s'est bien passée, mais le lendemain, Jean Barclay et Jacques Raillard trouvent l'opérée bien fatiguée. Elle a 92 ans. Le champagne apporté par les deux hommes lui redonne le sourire, mais elle leur apparaît un peu perdue, presque désemparée. Elle se remet rapidement et retourne à Hennequeville pour sa convalescence. Un kinésithérapeute vient tous les matins, une garde-malade a été engagée. Un semblant de vie normale reprend. Mais Cécile Sorel s'affaiblit peu à peu. Elle demande souvent à Jacques Raillard de lui lire des extraits de ses mémoires publiées vingt ans plus tôt. Elle écoute, les yeux fermés, sourit à certains passages.

Elle écrit au fidèle Maurice Escande, qui s'enquiert régulièrement de sa santé. « La cloche de ma chapelle sonne pour toi ; viens prier avec la sœur Sainte-Cécile qui voudrait te convertir, adorable démon que j'aime quand même. Le théâtre n'a plus d'attrait pour moi mais toi tu en auras toujours, cher poète qui enrichit la poésie. Bientôt, nos deux cloches vont se répondre joyeusement dans le ciel. Alléluia », lui confie-t-elle dans une première lettre. Une autre, plus brève, suit quelques jours plus tard : « C'était pour représenter la race française que Dieu nous avait fait beaux, Maurice, continue et remercie-Le. Je t'aime en Lui. » Enfin, quelques semaines après, elle lui en écrit une troisième mais demande à Jean Barclay de ne la lui envoyer qu'après sa mort. Ce qu'il fera. Elle contient ces quelques mots : « Je te nomme citoyen d'honneur de tous les artistes du monde. Mon cœur de Célimène sera près du tien, cher Alceste dont j'ai hâté la conversion. »

Fin août, des complications pulmonaires l'affaiblissent encore. Elle a pris froid. Des escarres aux jambes et dans le dos lui arrachent des cris de douleur quand les plaies touchent le drap. La nuit du mercredi 31 août est difficile ; elle respire mal, elle souffre. Le lendemain, le curé d'Hennequeville vient lui administrer les derniers sacrements. Ils restent seuls dans la chambre un long moment. Le vendredi, la comédienne est paisible mais n'a plus la force de parler. Elle sait que la fin est proche. Le samedi, une crise cardiaque la terrasse, elle sombre dans le coma. Le médecin ne parvient pas à faire baisser sa fièvre. À 21 heures, elle meurt calmement. Jacques Raillard lui ferme les yeux. Ses obsèques sont célébrées dans la petite église d'Hennequeville, dans la plus stricte intimité, comme elle le souhaitait, le 6 septembre. Le lendemain, elle aurait eu 93 ans.

La presse, qui semblait l'avoir oubliée, consacre des dizaines d'articles à sa disparition, se souvenant de la grande comédienne qu'elle était et de l'immense popularité qui fut la sienne. Ainsi, *Le Monde* reprend un portrait inédit que le célèbre critique Robert Kemp avait dressé quelques années plus tôt : « Le menton levé, le profil qui se sait royal, les hauts talons, la taille cambrée, les robes éclatantes copiées sur estampes de luxe, la canne la plus longue, les soies les plus murmurantes, des souffles de plumes, un sourire de conquête, et ces vocalises sur du Molière et du Beaumarchais, tant d'artifices magnifiques, tant d'ardeur, tant de brillant ; avec cela du courage, de la volonté ; jusqu'à de l'héroïsme, pour faire durer la jeunesse et la beauté. Aimons ce que jamais on ne reverra plus… » Les messages affluent, par dizaines, par centaines, de célébrités et d'inconnus. Un des premiers témoignages est celui de l'ancienne pensionnaire de la Comédie-Française Yvonne Hautin, devenue mère Marie-Yvonne en religion, qui dit d'elle : « Elle était bonne, très bonne. Elle avait le souci des pauvres, des délaissés. Quand j'allais la voir, à la Faisanderie, bien qu'elle fût plutôt démunie d'argent, elle s'arrangeait toujours pour me glisser, en cachette, un beau billet pour mes pauvres. » Gérard Bauër, membre de l'académie Goncourt, écrit : « Cécile Sorel a existé. Ce n'était pas un mythe, la création des échos, des chansonniers de Montmartre, de la caricature. Ce fut vraiment cette personne d'un autre siècle qui, au temps de la Fronde, se fût opposée à la duchesse de Longueville. Elle fut vraiment cette personne qui, sur la scène du Français comme dans son appartement du quai Voltaire, reine de Paris recevait des rois incognito et dans des soirées éblouissantes des princes de l'esprit. Elle fut vraiment comtesse de Ségur et, les années étant venues, cette pénitente repentie sous la robe de bure et la cordelière du tiers ordre de Saint François. Et finalement, cette image effacée, cette vieille dame dont personne ne parlait plus, ce qui était peut-être son vœu suprême. Tout est dit. Elle vient, à 93 ans, de descendre la dernière marche de l'escalier qui fut une de ses réussites – l'ai-je bien descendu ? – et l'une de ses gloires, et de pénétrer vraiment au monde du silence. »

Plus inattendu, dans un message, Fernand Raynaud écrit : « Un génie du théâtre a disparu. » Maurice Chevalier témoigne : « Cette allure, cette grande classe s'assortissaient d'une immense générosité. Cécile était un être profondément bon. Et puis tout dans notre métier lui était facile. Cet escalier du Casino de Paris, elle le descendait comme une reine et pourtant le music-hall était très éloigné de sa nature profonde. » Maurice Escande se remémore : « C'était pour moi une amie de toujours. Ce que je souhaiterais que l'on sache, c'est que derrière le personnage fastueux qui pouvait paraître extravagant, superficiel, il y avait une femme très humaine, très bonne, d'une simplicité désarmante avec ceux qu'elle aimait. » Henri Varna, de son côté, dit : « Je pensais qu'elle était éternelle. Elle laisse au sein de notre grande famille du spectacle le souvenir d'une artiste incomparable, d'un grand panache, d'une grande dame, d'un grand cœur. » Mais la plupart de ceux qui l'ont côtoyée sont morts depuis longtemps.

La Comédie-Française lui rend hommage en lui consacrant une exposition temporaire organisée dans le foyer. Rapidement après son décès, sa famille décide de vendre les meubles et les objets de la Faisanderie aux enchères, chez Drouot. Elle en retire 38 000 francs. Cécile Sorel sera ensuite inhumée au cimetière Montparnasse dans le caveau familial des Seurre. Aucune inscription ne signale alors sa présence. C'est Jacques Raillard, fidèle jusqu'au bout, qui s'occupera d'en faire graver une qu'il déposera lui-même sur la tombe deux ans jour pour jour après la mort de la comédienne.

En mai 2009, une plaque commémorative est apposée sur la façade du 7 quai Voltaire. On peut y lire : « Cécile Sorel, 1873-1966, comédienne, a vécu dans cet immeuble pendant vingt ans. »

REMERCIEMENTS

Merci pour son témoignage à Jacques Raillard qui a vécu aux côtés de Cécile Sorel durant les dix dernières années de sa vie. Dans la résidence pour personnes âgées où il vit aujourd'hui, il se souvient des longs moments partagés avec elle. Sur les étagères, il a posé dans un cadre la carte d'identité de la comédienne et, dans un autre, une mèche de ses cheveux. Plusieurs portraits d'une Cécile Sorel en pleine gloire trônent dans son entrée et dans son salon. L'entendre évoquer celle pour qui il éprouve toujours une immense admiration et une affection jamais démentie fut aussi instructif qu'émouvant.

Un merci tout particulier, pour leur accueil et leur compétence, aux conservatrices de la bibliothèque historique de la Ville de Paris et de la Comédie-Française.

Merci à Camille Mennesson pour sa précieuse contribution.

BIBLIOGRAPHIE

Max Aghion, *Hier à Paris*, Marchot, 1947.

Antoine, *J'ai coiffé le monde entier !*, La Table Ronde, 1953.

Richard Balducci, *Les Princesses de Paris*, Hors Collection/ Presses de la Cité, 1994.

Pierre Barillet, *À la ville comme à la scène*, Robert Laffont, 2004.

Pierre Barillet, *Quatre années sans relâche*, De Fallois, 2001.

Adrien Bernheim, *Trente ans de théâtre*, Hachette-BNF, 2013.

Simone Berriau, *Simone est comme ça*, Robert Laffont, 2019.

Béatrice Bretty, *La Comédie-Française à l'envers*, Arthème Fayard, 1957.

Bernard Briais, *Au temps des frous-frous*, France-Empire, 1985.

Albert Carré, *Souvenirs de théâtre*, Plon, 1950.

Édouard Champion, *La Comédie-Française. 1er janvier 1927-31 décembre 1932*, 1934-1935.

Jean Cocteau, *Le Théâtre de la rue*, Fata Morgana, 2003.

Colette, *La Jumelle noire*, Fayard, 1991.

Elizabeth Coquart et Philippe Huet, *Mistinguett, La reine des Années folles*, Albin Michel, 1996.

Yves de Becdelièvre, *Marcelle Maurette, ma femme*, Fernand Lanore, 1980.

André de Fouquières, *Cinquante ans de panache*, Pierre Horay, 1951.

Liane de Pougy, *Mes cahiers bleus*, Plon, 1977.

Alexis Danan, *L'Épée du scandale*, Robert Laffont, 1961.

François Derquenne, « Deux pionniers français de la chirurgie esthétique : François Dubois et Raymond Passot », *Histoire des sciences médicales*, 49/1, 2015, p. 29-40.

Dominique Desanti, *La Femme au temps des Années folles*, Stock, 1984.

Cyril Eder, *Les Comtesses de la Gestapo*, Texto, 2020.

Philippe Erlanger, *Clemenceau*, Perrin, 1979.

Sylvette Fillacier, *Chante cigale*, La Table Ronde, 1960.

Pierre Galante, *Les Années Chanel*, Mercure de France, 1972.

Jean Galtier-Boissière, *Mon journal dans la grande pagaïe*, Libretto, 2017.

Maurice Garçon, *Journal 1912-1939*, Les Belles Lettres, 2022.

Gilbert Guilleminault, *Le Roman vrai de la IIIe et de la IVe République*, Robert Laffont, 1991.

Sylvie Jouanny, *L'Actrice et ses doubles*, Librairie Droz, 2002.

André Kaspi (dir.), *La Libération de la France*, Perrin, 1995.

Hervé Le Boterf, *La Vie parisienne sous l'Occupation*, France-Empire, 1974.

Marie-Dominique Lelièvre, *Chanel & Co*, Denoël, 2013.

Edouard Mac'Avoy, *Le plus clair de mon temps*, Ramsay, 1988.

Gérard Mannoni, *Le Marquis de Cuevas*, Lattès, 2003.

Anne Martin-Fugier, *Comédiennes. Les actrices en France au XIXe siècle*, Complexe, 2008.

Jean Nohain, *La Traversée du XXe siècle*, Hachette, 1966.

Henri Pérol, *Cécile Sorel en toute simplicité*, France-Empire, 1979.

Jean Prasteau, *Fenêtres sur Seine*, Le livre contemporain, 1960.

Gilles et Jean-Robert Ragache, *La Vie quotidienne des écrivains et des artistes sous l'Occupation*, Hachette, 1992.

Jacques Raillard, *Mes dix années auprès de Cécile Sorel*, Émile-Paul, 1969.

Elsa Schiaparelli, *Shocking*, Denoël, 1954.

Jean-Yves Tadié, *Marcel Proust*, Gallimard, 2022.

Dominique Veillon, *La Mode sous l'Occupation*, Payot, 2014.

Miguel Zamacois, *Pinceaux et stylos*, Arthème Fayard, 1948.

TABLE

COMPOSITION ET MISE EN PAGES
NORD COMPO À VILLENEUVE-D'ASCQ

ACHEVÉ D'IMPRIMER PAR CPI
EN JUILLET 2023

N° d'impression : 174633
Dépôt légal : août 2023
Imprimé en France